KB183908

선배
시민

선배시민
시민으로 당당하게 늙어가기

초판 1쇄 발행 2022년 3월 20일
초판 2쇄 발행 2022년 7월 20일
개정판 1쇄 발행 2024년 10월 30일
지은이 유범상 유해숙
펴낸이 김민하 **펴낸곳** (주)마북 **등록** 제353-2019-000023호(2019년 10월 24일)
인천시 남동구 장아산로174번길 15, 3층
전화 070-8744-6203 팩스 032-232-6640 이메일 mabook365@gmail.com
www.mabook.co.kr, blog.naver.com/mabook365, facebook.com/mabook365
편집 정안나 **디자인** 공미경 **인쇄·제책** 한영문화사

ISBN 979-11-981387-5-0 04300
ISBN 979-11-969348-7-3(세트)

시민으로 당당하게 늙어가기

개정판

선배
시민

유범상 유해숙

마북

차례

6장 내 공간에서 나답게 · 251

prologue. 시민으로 늙으려면

자식농사에서 국가농사로

누구나 노인이 된다. 석가모니의 출가는 '자신 안에 살고 있는 노인'의 발견과 깊은 연관이 있다. 석가모니는 왕자였을 때 궁 밖으로 나들이를 갔다 병들고, 이 빠지고, 주름투성이인 노인을 만난다. 모든 사람은 노인이 되는데, 노인이 되면 이 사람처럼 될 것이라는 마부의 말을 듣고 석가모니는 외친다.

> 약하고 무지한 존재여, 애석하구나. 젊음의 허영으로 늙음을 보지 못하는구나. 궁으로 서둘러 돌아가자. 인생의 즐거움이 무슨 소용인가. 장차 나 자신도 늙음의 무덤으로 들어갈 운명인데![1]

석가모니는 자신도 언젠가 노인이 될 수밖에 없다는 사실을 깨닫고 인간과 인생의 본질을 고민하던 끝에 왕자의 자리를 박차고 나가 고행을 시작한다.

늙으면 모두 석가모니가 만난 노인처럼 되는 것일까? 분리이론에 따르면 노인에게는 경제적·심리적·사회적 측면에서 분리가 일어난다. 한국사회에서 핵심은 경제적 분리이다. 한국의 노인 빈곤율은 40.4%(2020년)에 달한다. 늙어서도 일해야 살 수 있기 때문에 노인 취업률은 36.2%(2022년)에 이른다. 노인 빈곤율과 노인 취업률 모두 OECD 회원국 중 1위이다. 이 상태에서는 심리적·사회적 분리 또한 일어날 수밖에 없다. 경제적 분리는 빈곤과 고립 그리고 고독으로 이어지기 때문이다. 그 결과 한국의 노인 자살자 수는 인구 10만 명당 39.9명(2022년)으로 OECD 회원국 평균의 두 배가 넘는다. 한 해 평균 3,500명의 노인이 자살하는 셈이다.

이같이 비극적인 상황에서 자유로울 수 있는 방법은 없을까? 자식농사를 잘 지으면 된다. 가족은 천륜으로 맺어진 상호 책임의 공동체로 요람에서 무덤까지 서로 책임을 진다. 가족이 노년을 책임지는 사회에서 최고의 노후보장 수단은 잘 키운 자식이었다. 산업화시대에는 자식농사가 중요했고 이 농사는 성공할 가능성이 높았다. 그 이유는 다음과 같다. 첫째, 경제성장기라서 일자리가 많았다. 둘째, 부모들은 자식을 많이 낳았고 이 자식들은 협력해서 노인을 부양할 수 있었다. 셋째, 당시에는 물가가 비싸지 않았다. 작더라도 내 집을 마련할 수 있는 가능성이 높았다. 마지막으로 50대는 중늙은이, 60대는 상늙은이라고 할 정도로 평균수명이 짧았다. 환갑 잔치가 의미가 있었던 이유이다.

하지만 오늘날은 상황이 완전히 바뀌었다. 신자유주의 시대에는 첫째, 더 이상 높은 성장률을 기대하기 힘들다. 저성장시대에는 양질의 일자리를 찾기 힘들다. 둘째, 오늘날 자식들은 부모는 고사하고 자신의 자식조차 돌보기 힘들어하며, 청년들은 자신의 삶도 버거워한다. 특히 경제위기와 코로나19 팬데믹을 거치면서 자식에 기대기가 더욱 어렵게 되었다. 여기에다 셋째, 집값이 너무 비싸 내 집을 마련하기가 쉽지 않다. 넷째, 100세 시대라고 할 정도로 노인의 수명도 길어졌다. 환갑잔치는 생략하거나 간소하게 하는 경우가 대부분이다. 이런 상황에서 오늘날 자식농사로 안정적인 노년을 보장받을 수 있을까. 강의 중에 '가족은 여전히 안전한 피난처인가요'라고 물으면 대부분은 아니라고 답한다. 우정의 가족공동체는 더 이상 안전한 곳이 아니다.

자식농사가 어렵다면 어떤 방법이 있을까? 국가농사를 잘 지으면 된다. 국가는 요람에서 무덤까지 시민들의 삶을 책임져야 한다. 베버리지는 1942년 국가가 다섯 개의 악을 막아 시민들을 보호해야 한다고 설파했다. '결핍, 무지, 질병, 불결, 나태를 소득보장, 의무교육, 공공의료, 공공주택, 완전고용으로 막아야 한다! 이것은 시민의 권리이다!' 유럽에서 필자가 만난 노인들은 석가모니가 만난 노인과는 달리 경제적 분리 없이 보통 사람으로 살고 있었다. 이는 자식보장이 아니라 시민권을 통한 국가보장이 있었기에 가능했다.

시민권 이론에 따르면 모든 시민은 인간다운 삶을 살 권리가 있다. 시민권은 어떻게 확립되었을까? 「베버리지 보고서」를 읽은 시민들이 시민권을 권리로 자각하고, 토론했으며, 이를 관철하기 위해 조직화했기에 가능했다. 한마디로 자기 목소리로 공동체에 참여하는 시민들 덕분이었다. 시민권이 보장되는 사회에서 노인은 분리되지 않는다. 그는 경제적 궁핍 없이 보통 사람으로 살아갈 수 있다.

선배시민이란

힘없고 무기력하고 사회적 짐인 잉여인간으로 노인을 보는 용어가 'No人'이다. No人은 사람이 아닌 존재로 늙은이라 호명된다. 늙은이는 돌봄의 대상, 잉여인간, 이등국민으로 자식과 사회에 짐스러운 존재이다. 한편 새로운 노인이 등장하고 있다. '액티브 시니어active senior'로 여가 및 취미 생활, 자기계발, 경제활동을 즐기는 생산적이고, 활동적이며 성공한 노인이다. 청바지를 입은 노인으로 상징되는 액티브 시니어는 점차 많아질 전망이다. 700만여 명에 이르는 베이비붐 세대(1955~1963년생)가 노인인구로 진입하기 시작했기 때문이다.

　노인들은 액티브 시니어를 새로운 노인상으로 삼고 희망을 가져도 될까? 그럴지도 모른다. 하지만 액티브 시니어가 될 가능성이 있는 성공한 노인은 소수에 불과하다. 더구나 수명이 점점 길어지고 있어 성공한 노인조차 경제적으로 안심하기 어렵다. 액티브 시니어에 대한 근본적인 문제 제기도 가능하다. 이들은 개인주의 성향이 강해 타인이나 공동체보다는 자신의 취미·여가와 가족의 성공에만 관심을 갖는다. 공동체의 일이나 국가보장, 즉 시민권에 대해 무관심하고 부정적이다. 자수성가한 노인들은 문제의 원인은 개인에게 있지 국가는 상관이 없다고 생각하기도 한다.

　나이 든 사람, 즉 노인이 되면 많은 것이 변화한다. 경제활

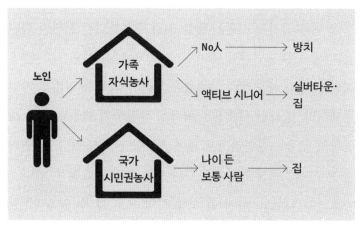

자식농사와 시민권농사

동을 하기 어렵고, 건강도 예전 같지 않을 가능성이 높다. 하지만 벌어놓은 돈이 많거나 자식농사를 잘 지었다면 노년에 액티브 시니어로서 취미나 여가 생활을 하며 오히려 활동적인 삶을 살 수가 있다. 이들은 잘 갖춰진 의료 혜택을 누리면서 집에서 안락하게 살거나 좋은 시설의 실버타운에서 산다. 반면 벌어놓은 돈이 없는데다 자식농사까지 잘 되지 않은 노인은 No人, 즉 생계를 걱정하는 노년을 보낼 수밖에 없다. 사실상 방치된 이들은 폐지를 줍거나 정부의 노인 일자리 사업으로 겨우 연명한다. 자식농사의 결과에 따라 노인의 운명이 달라진다. 반면 시민권을 보장하는 국가농사를 잘 지었다면 노인은 나이가 들어서도 최소한 인간답게는 살 수 있다. 생계를 걱정하지 않고 하고 싶은 일을 하면서 '나이 든 보통 사람'으로 살아갈 수 있다.

이 책은 요람에서 무덤까지 누구나 인간적인 삶을 살아갈 수 있도록 국가가 시민의 삶을 책임져야 한다는 시민권 이론을 바탕으로 노인론을 전개한다. 즉 노인을 시민으로 본다. 시민은 자기 목소리로 공동체에 참여할 의무와 권리를 가진 존재이다. 따라서 시민은 요람에서 무덤까지 인간답게 살 최소한의 삶을 보장하라고 국가에 요구할 권리가 있다. 이 권리를 요구하고 보장받을 때 누구나 보통 사람으로 살 수 있다.

노인이 되어도 '나이 든 보통 사람'으로 살 수 있을까? 노인도 시민이므로 당연히 국가로부터 최소한의 인간적인 삶을 보장받아야 한다. 그런데 국가는 노인에게 보통 사람으로서의 삶을 저절로 보장해 주지 않는다. 노인이 시민임을 자각하고 요구하고 실천할 때, 비로소 나이 든 보통 사람으로 살아가는 것이 가능하다. 이 책은 이런 실천을 함으로써 누구나 나이 든 보통 사람으로 살 수 있는 세상을 만드는 노인을 선배시민으로 규정한다.

정당한 대가

1절
당신은 민족중흥의 역사적 사명을 띄고 이 땅에 태어났다
그렇게 살았다. 국민의 사명을 다하기 위해
열심히 열심히 아주 열심히
나는 의무를 다한 국민이다. 배우고, 세금 내고, 국방 하고

2절
자랑스런 태극기 앞에 몸과 마음을 바쳐 충성을 다하라
그렇게 살았다. 한강의 기적을 이루기 위해
열심히 열심히 아주 열심히
나는 의무를 다한 국민이다. 근면하고, 근로하고, 건설하고

3절
가난은 나라도 구하지 못한다. 그러니 최선을 다하라

> 그렇게 살았다. 부모의 사명을 다하기 위해
> 열심히 열심히 아주 열심히
> 나는 의무를 다한 국민이다. 가정에서, 공장에서, 중동에서
>
> 후렴
> 이 땅에서 그렇게 나이를 먹었다
> 이제는 정당한 대가, 내 권리를 요구한다
> 새로운 사회계약, 나이 든 보통 사람의 평범한 삶을 위해

필자가 쓴 노래 〈정당한 대가〉의 가사이다. 오늘날 한국의 노인들은 열심히 국가가 지운 의무들을 수행했다. 의무를 다하다 보니 어느덧 노년이 되었다. 노인은 이제라도 자신이 국가의 명령을 따르는 국민을 넘어 인간으로서 권리를 가진 시민이라는 것을 깨닫고, 정당한 권리를 요구해야 한다. 부모가 자식을 돌볼 때 자식의 기여와 업적을 따지지 않듯, 시민권 이론은 시민의 기여와 업적을 따지지 않는다. 시민권 이론은 시민들이 인간적으로 살아갈 수 있는 최소한의 조건을 무조건적으로 제공할 책임이 국가에 있다는 주장을 담고 있다. 게다가 오늘날 한국의 노인은 과거 한강의 기적과 민주화를 이루었다. 이들은 자신들의 권리를 당당하게 주장할 자격 이상을 갖췄다.

시민이 국가보장을 받게 되면, 어떤 상황에서도 생존의 문

제로부터 자유롭다. 따라서 누구나 보통 사람으로 살 가능성이 높아진다. 국가보장을 받게 된다면, 노인도 젊었을 때처럼 각자 개성을 지닌 다양한 사람들로 살아갈 수 있다.

이 책은 시민으로서의 노인을 '선배시민'이라 호명하고, 관련 철학과 실천을 '선배시민론'으로 체계화한다. 선배시민이란, '시민권이 당연한 권리임을 자각하고, 시민권을 실현하기 위해 공동체에 참여하여 후배시민과 함께 인간이자 시민으로서 목소리를 내는 노인'을 말한다. 선배시민의 자각, 연대, 실천이 실현된다면 누구나 어떤 상황에서도 보통 사람으로 살아갈 수 있다.

선배시민론은 첫째, 생존을 위한 '빵'을 늙어서도 품위 있게 획득하는 방법을 제시한다. 시민이라면 누구나 인간다운 삶을 위해 필수적인 빵을 국가로부터 권리로 보장받아야 하기 때문이다. 선배시민은 국가보장을 권리로 자각하는 노인이다. 둘째, 선배시민론은 노인을 선배로 규정한다. 이때 '선배'는 명사라기보다는 동사에 가깝다. '앞서서 실천하다', '나가서 맞이하다'라는 의미를 내포한다. 선배시민은 시민권을 보장받기 위한 실천을 앞장서서 함으로써, 누구나 시민으로 살 수 있는 세상을 마중하는 존재이다. 이제 노인은 돌봄의 대상에서 돌보는 주체가 된다. 선배시민은 시민권을 획득하고 유지하기 위해 실천하는 노인이다. 이를 위해 노인만이 아니라 후배시민과 연대함으로써, 무기력하고 쓸모없는 존재가 아닌 공동체의 의미 있는 존재가 된다.

여기서 주목할 것은, 선배시민론의 핵심은 노인이 시민임을 전제한다는 점이다. 선배시민론에서 강조하는 '선배됨' 또한 시민으로서 선배됨이다. 선배시민론은 선배론이 아니라 시민론이다. '시민 없는 선배론'은 권리 없는 의무만을 강조한다. 이것은 노인이 사회의 모범이 되고 귀감이 되어야 한다는 또 하나의 굴레가 될 우려가 있다.

선배시민은 자기 목소리로 공동체에 앞장서서 참여해, 모두가 최소한 배고프지 않을 권리를 보장할 것을 국가에 요구한다. 그 결과 인간답게 살기 위한 최소한의 의식주를 의미하는 '빵'과 함께 인간으로서의 인정·존엄·품위를 의미하는 '장미'를 누린다. 이처럼 선배시민론은 노인이 시민이자 선배로서 빵과 장미를 획득하는 존재임을 보여주고 이를 위한 실천 방법을 이야기한다. 이를 통해 누구나 '나이 든 보통 사람'으로 노년의 삶을 누려야 한다고 주장한다.

책의 흐름

이 책의 1장에서는 노인에 대한 세 가지 담론을 살펴본다. 첫째, No人이다. 이 담론에서 노인은 대개 늙은이라고 불리는데, 노인을 사람도 아닌 존재라고 비하하는 인식이 깔려 있다. 둘째, 'Know人'이다. 노인을 현자로 여기며 어르신이라 칭한다. 셋째, 액티브 시니어이다. 활동적 노화, 생산적 노화, 성공적 노화 이론에 기반하는 용어로 노인을 활력 있는 존재로 본다. 여가 활동, 취미 생활, 자기계발에 힘쓰는 존재이다.

Know人, 즉 어르신이라는 호칭은 노인에게 부담스럽다. 노인을 지혜롭고, 자비로운 존재로 신비화하기 때문이다. 노인에게 '나잇값을 하라'고 채근하는 듯하다. 액티브 시니어는 돈이 있는 성공한 소수의 노인만이 될 수 있다. 이들은 개인주의 성향이 강하고, 복지국가에 반대하는 경향이 있다.

2장은 세 노인상에 대한 대안으로 선배시민을 제안하고 선배시민론을 전개한다. 선배시민은 첫째, 시민이다. 배고프지 않을 권리, 아프지 않도록 예방하고 아프면 치료받을 권리, 불결하지 않은 곳에서 잠을 잘 권리, 소득 결핍이 발생하지 않도록 요구할 권리를 가진 존재이다. 시민은 늙어도 사회로부터 분리되지 않고 보통 사람으로 살아갈 수 있어야 한다. 둘째, 선배이다. 선배는 공동체를 안전하게 만들고, 동료와 후배시민과 함께 실천하는 존재이다. 셋째, 인간이다. 생각하고, 대화하고, 늙음에 대해 성찰하며 사회의 부당함, 특히 연령차별주의에 저항하는 존재이다.

3~5장은 앞서 말한 선배시민의 세 가지 특징을 자세히 다룬다. 3장은 시민의 집을 살펴본다. 시민이라면 아파도 실패해도 괜찮은 안전한 집에 살아야 한다. 4장은 선배로서 '나

때는'이 아니라 '너 때는'에 관심을 갖고 이해하는 노인의 태도를 살펴본다. 그는 후배들과 함께 부당한 권력과 질서를 비판하고 변화시키기 위해 실천한다. 5장은 노인을 인간이라는 측면에서 살펴본다. 상식을 의심하고, 이타성에 대해 성찰하며, 늙음이 주는 자유와 죽음의 긍정적 측면을 이해한다.

6장은 선배시민의 실제 실천 사례를 세 가지 범주에서 살펴본다. 자신을 성찰한 '소크라테스 유형', 내 주위를 둘러본 '헬렌 켈러 유형', 시민을 조직화한 '은발의 표범 유형'에 속하는 실천 사례를 통해 국내외 선배시민을 만난다.

이 책의 초판이 나온 이후 2년 7개월이 흘렀다. 그 사이 선배시민론은 성장을 거듭해 다양한 실천적 기반을 만들고 있다. 선배시민학회, 선배시민협회가 만들어졌고 여러 지방 자치단체에서 선배시민 조례가 제정되었다. 선배시민론을 정책적으로 실현하기 위한 제도적 토대가 마련되고 있는 것이다.

개정판에서는 이러한 실천을 알리고, 현장에서의 다양한 토론과 경험을 통해 다져진 필자의 생각을 담고자 했다. 특히 선배시민론에 대한 오해를 해소하고, 불분명한 개념을 명확히 하고자 했다. 첫째, 선배시민론은 선배론이 아니라 시민론임을 명확히 했다. 둘째, 누구나 나이 든 보통 사람으로 살아가려면 시민으로 자각하고 권리를 마중하는 실천을 하는 선배시민이 되어야 함을 강조했다. 셋째, 연령차별주의 등 선배시민론의 논의를 풍부하게 하는 기존의 이론을 보충하였다.

마지막으로 필자가 스웨덴의 노인 복지 현장에서 접한 다양한 사례를 통해 선배시민론에 대한 확신을 전하고자 했다. 이상의 내용을 추가하다 보니 책의 분량도 초판에 비해 40쪽 가량 늘었다.

노인은 생계를 위한 빵과 더불어 의미 있는 존재로 인정받는 것, 즉 장미를 필요로 한다. 시민권이 실현된 사회에서는 누구나 보통 사람으로 품위 있게 살 수 있다. 빵을 걱정하지 않는다면, 노인은 각자의 개성과 고유성을 드러내고, 더 나은 자신과 공동체를 위해 실천할 수 있는 조건을 확보할 수 있다. 이처럼 선배시민론은 노인이 권리로 빵을 얻어 노후에도 보통 사람으로 살면서 공동체를 위해 노력하는, 장미를 가진 존재가 되는 방법을 제시한다.

> 선배시민대학 수료자 한 분의 말씀이 생각난다. "뒷방 늙은이가 피해를 주는 것 같아 모든 것을 내려놓으려 정리 중이었는데, 후배들과 함께 무엇이든 할 수 있다는 용기를 주니 감사하다." 우울증을 앓고 계셨던 어르신 한 분은 선배시민 리플릿을 접하고 '뒤통수를 한 방 맞고 정신이 번쩍 드는 느낌이었고, 살아갈 희망을 갖게 됐다'며 감사의 인사를 전하기도 하였다.[2]

자신을 선배시민으로 인식하는 순간, 노인들은 새로운 정체성을 찾게 된다. 이 책은 노인이 자기 목소리로 공동체에 참여하는 선배시민으로서 주체적인 삶을 살아갈 권리가 있음을 강조한다. 이 권리는 선배시민들이 공동체에 대해 성찰하는 가운데 다른 시민들과 대화할 때 비로소 실현할 수 있음을 이야기한다. 궁극적으로 이 땅의 나이 들고 퇴직한, 아픈 노인들이 빵을 권리로서 품위 있게 얻고, 공동체의 일에 참여하며 누구나 보통 사람으로 살아가는 철학과 실천 방법을 모색한다.

1장

No人인가
Know人인가

1. 두 노인, 늙은이와 어르신

No人, 늙은이는 사람도 아니래요

"노인을 어떻게 생각하는 것 같아요?"
"사람들이 우리 보고 No人이래요, 사람이 아니라는 말이지요."

강의 중에 나눴던 대화이다. No人보다 더 충격적인 말도 들었다. 경로당에 인문학 강의를 갔을 때, 노인회 회장은 '산 송장한테 무슨 인문학 교육이냐'라고 말했다. 노인은 살아 있는 송장, 즉 강시나 좀비 같은 존재라는 것이다. 일선의 사회복지사들에게 사람들이 생각하는 노인상에 대해 말해달라고 했다.

[돌봄의 대상, 노쇠한 존재] 허약함, 도움이 필요함, 힘없음, 집에만 있음, 약한 사람, 뒷방 늙은이, 돌봄이 필요한 사람,

대접받기만 바라는 사람, 나잇값 못 하는 이, 할 일 없음, 경
제적으로 어려움, 어려운 삶, 불쌍함, 구닥다리, 할 수 있는
일이 거의 없고 도움이 필요한 사람

[불통의 존재] 자기중심적인 나이 많은 사람, 고집불통, 소통
이 안 되는 사람

[쓸모없는 존재] 불필요한 존재, 잉여 인력[1]

이처럼 부정적인 이미지를 담고 있는 대표적인 말이 '늙은
이'다. 늙은이 담론에는 No人, 산송장, 이등국민 등의 노인에
대한 부정적 이미지가 담겨 있다. '아이고, 저 늙은이 왜 저
래!'라는 말 속에는 다음과 같은 인식이 포함되어 있다.

첫째, 늙은 '몸'에 대한 부정적인 고정관념이다. 젊음처럼
늙음도 하나의 자연 현상이다. 그런데 젊음이 긍정적인 이미
지라면, 늙음은 추하고 냄새나는 현상이다. 늙음은 추레하고
추잡하며 노인네 냄새를 풍기는, 기피와 혐오의 대상이다. 이
처럼 늙음에 대한 고정관념은 노인들에게 굴욕적이고 모욕
적인 내용으로 채워져 있다. 이에 대해 미국의 철학자 마사
누스바움은 쓰레기 취급받는 늙은 몸이 문제라면 성형수술
을 할 준비가 되어 있다고 말하기도 했다.[2]

둘째, 늙은이에 대한 부정적 인식은 외양에 대한 판단에 그
치지 않는다. 노인의 마음, 생각, 태도에 대해서도 나타난다.
정신도 육체와 함께 늙는다는 인식이다. 아리스토텔레스는

육체의 늙음은 영혼도 쇠약하게 만든다고 보았다. 늙음은 사람 안팎의 쇠퇴를 초래한다는 것이다.[3]

> 노인들은 지나치게 비관적이고 불신이 강하고 악의적이며 의심이 많고 편협하다. 왜냐하면 그들은 삶에 콧대가 꺾이고, 그래서 그들의 가장 큰 희망도 생존하는 것 이상을 넘어서지 못하기 때문이다. 그들은 관용이 부족하며 비겁하고 항상 위험을 예상한다.[4]

아리스토텔레스는 노인들이 과거 속에 살면서 과거에 대해 수다스럽게 말한다고 비판했다. 이런 점에서 고리타분함, 꼰대, 불통, 이기심, 숙명론 등이 노인에 대한 이미지로 거론된다. 더 나아질 희망이 없어 '세상은 늘 그렇다'며 숙명론에 빠져 산다는 것이다. 늙은이는 무언가를 해보려 하지 않는다. 노인은 약하고 의존적이며 눈치를 보는, 주체성이 사라진 존재이다. 인간의 이성을 강조하는 근대의 눈으로 볼 때 노인은 비인간인 셈이다. 살아 있는 생명이 아니라 죽어가는 사물과 다름없는 No人인 셈이다. 인터넷에서는 늙은이를 '늘 그런 이'라고 설명하기도 한다.[5] 늘 그런 이로서 세상에 대해 체념하고 순응하고 적응하는 존재이다.

셋째, 늙은이는 가족과 사회에 짐스러운 존재이다. 불필요한 잉여 인력으로 돌봄의 대상이다. 자기 몫의 회전이 끝났음에도 회전목마를 떠나지 않는 노인들 때문에 인구 과밀, 경제 위기, 실업, 많은 세금 등이 발생했다고 본다.[6] 생산적이지 않고 영혼도 쇠퇴하는 이들을 위해 공공재를 사용하는 것은 정당화될 수 없다. 따라서 아이와 청년에 대한 지원은 투자이지만, 노인에 대한 사회적 노력은 낭비이다.

> 낙관주의자들은 아이들을 위해 지출하는 것을 선호할 것이고, 회의론자들은 노인들을 위해 지출하면 다음 세대가 은퇴에 대비한 저축을 할 동기가 감소한다고 주장할 것이다.[7]

이 같은 시각대로라면 No人에 대한 공적인 책임 강화는 잘못된 정책이다. 노인의 빈곤은 열심히 일해서 저축하지 않은 그들의 탓이기 때문에 노인복지정책은 부당한 것이 된다.

넷째, '늙으면 애가 된다'라는 말이 있다. 60세가 넘으면 나이를 거꾸로 먹는다고 한다. 유아는 늘 누군가의 돌봄을 필요로 하는 존재이다. 그런데 노인 또한 어린애 대하듯이 하는 모습을 많이 본다. 먹을 것만 찾고, 비생산적이고, 질병이 있고, 지저분한 노인은 돌봄이 필요한 어린애 대하듯 한다. 의사와 간호사 그리고 사회복지사는 환자나 노인에게 말할 때 아기에게 말하듯 고음의 목소리, 느린 속도의 또렷한 발음, 쉬운 단어와 문장을 구사한다.

'어르신, 여기 보세요. 들리세요? 들리면 손을 들거나 눈을

깜빡거려보세요.'

'밖에 나가지 마시고요, 위험해요. 약은 꼭 정해진 시간에 드시고요!'

'아셨죠?'

이런 말투를 '어르신 언어elderspeak'라고 하는데, 어린 아기들이 쓰는 말 혹은 아기에게 쓰는 말투baby talk와 같다. 이런 말을 사용함으로써 노인 개개인에 대한 존중은 사라지고 무능하거나 서투른 사람으로 대한다.[8]

이상에서 보듯이 노인은 나이를 먹었다는 이유만으로 동일한 집단으로 다루어지는 것은 물론 열등한 존재로 인식된다. 이를 미국의 여성학자인 마거릿 크룩생크는 '연령차별주의ageism'라고 정의한다.

> '연령차별주의'는 나이 때문에 받는 부정적인 태도, 부당한 대우를 의미하지만, 더 심각한 것은 노인의 비인간화 현상이다.[9]

육체와 정신이 쇠퇴한 No人, 즉 늙은이는 '분리이론disengagement theory'으로 설명할 수 있다. 이 이론에 의하면 노인에게는 경제적·사회적·신체적·심리적 측면에서 분리가 일어난다. 분리이론은 노인들이 늙은 몸 때문에 경제적으로 무능해지고 삶의 현장에서 벗어난 존재로 사회와 노인 간에 간극이

커진다고 주장한다. 경제적·사회적 분리는 노인을 심리적으로도 위축시킨다.

분리이론은 노인들이 생산 현장에서 퇴출되고 사회 참여를 피하면서 은둔 상태로 지내게 된다는 가정을 바탕으로 한다. 노인이 되면 점진적으로 사회로부터 유리된다. 분리이론의 관점에서 볼 때, 노인들은 역할이 축소되고 수동적인 생활을 하게 되면서, 다른 사람들과의 사회적 관계에도 소홀해진다. 그 결과 체념, 비관, 순응을 내면화하고 자기만의 삶에 몰두하게 된다. 크룩생크는 이러한 현상을 연령차별주의로 보고 비판적으로 분석한다.

> 식민지에 사는 사람들이 열등감의 메시지를 내면화하듯 많은 노인 여성이 자기 나이를 수치스러워한다. 이것은 연령차별주의가 취하는 가장 은밀한 형태다. (…) 내면화된 연령차별주의로 인해 사람들은 스스로의 능력을 정확하게 평가하지 못하고, 심지어 '타인이 그들에게 던지는 부당한 평가마저도 합리화'하게 된다.[10]

분리이론과 연령차별주의 관점에서 볼 때, 노인은 No人이 된다. 노인은 특정한 활동을 할 수 없는 사람, 또는 매력이 없는 사람으로 간주된다.[11]

이상에서 보듯이 노인을 분리이론과 연령차별주의에 입각해서 이해하면, 신체와 심리가 약해지고, 사회로부터 분리된 늙은이로서 경제적으로 많은 비용이 드는 돌봄의 대상이 된다. 노년은 필연적으로 사회와 경제로부터 물러나는 단계이고, 이것을 숙명으로 받아들여야 한다. 분리이론과 연령차별주의는 사회로부터의 퇴각이 노인의 운명임을 열심히 설명하고 있는 듯하다.

'늙으면 죽어야 해.'

노인들이 자주 하는 말이다. 자신의 존재에 대한 사회적 시선과 돌봄의 비용에 따른 자기비하와 무기력 상태에서 나오는 말로 보인다. 그런데 과연 노인은 육체와 함께 영혼도 늙은 존재이고, 사회적인 짐이며, 돌봄의 대상일까? 노인은 아무짝에도 쓸모가 없어 사람으로 간주할 수 없는 존재란 말인가? 나이가 들면 어느 순간부터 나이를 거꾸로 먹어 어린애 대하듯 해야 하는가? 연령차별주의는 정당한 것일까?

Know人, 어르신은 도서관이다

'노인 한 명이 사라지는 것은 도서관 하나가 사라지는 것과 같다'라는 아프리카 격언이 있다. 프랑스 작가 베르나르 베르베르의 단편소설 「황혼의 반란」에도 "노인 한 명이 죽는 것은 도서관 하나가 불타는 것"이라는 말이 나온다. '집안에 노인이 없으면 옆집에서 빌려 와라'라는 덴마크 속담도 있다. 이처럼 노인은 사회 구성에 매우 중요한 존재이다.

중국의 고서 『한비자』에 '노마지지老馬之智'라는 고사성어가 있다. 춘추전국시대에 제나라의 황제 환공과 재상 관중은 전쟁터에 나갈 준비를 하고 있었다. 관중은 늙은 말을 데려가자고 주장했지만, 환공은 반대했다. 전쟁에서 늙은 말은 걸림돌이 될 거라 판단했기 때문이다. 긴 전쟁 끝에 드디어 승리했다. 하지만 겨울이 가까워져 고국으로의 귀환을 서두르던 군대는 길을 잃었다. 절체절명의 순간에 관중은 '이제 늙은 말을 풀어라'라고 명령했고, 늙은 말은 길을 찾아냈다.[12] 노마지지는 '늙은 말의 지혜'라는 의미인데, 이에 대입해보면 노인은 '경험을 바탕으로 공동체의 길을 찾아내는 지혜로운 존재'라고 볼 수 있다.

앞서 언급한 격언과 고사 속 노인은 No人과 사뭇 다르다. 노인은 오랜 경험을 통해 얻은 지혜가 있어 공동체를 안전하게 이끄는 Know人으로, 세상에 대해 잘 아는 사람이다. 이 같은 시각에 따른 호칭으로는 '어르신'을 들 수 있다.

> 70~80세가 된 사람의 힘은 자신 안에 지나온 나이를 모두 품고 있다는 겁니다! 진정한 내맡김의 자세로 살아가며 육체나 정신의 쇠퇴는 본질적인 것이 아니라고 생각하는 노인들. 이들은 우리에게 살아 있는 본보기입니다. 오늘날 사회가 추구하는 의미와 존재 목적은 무엇인지, 어디로 가는지 모르겠단 말을 자주 듣는데요. 우리는 노인들이 체현해내는 초연함에서 많은 것을 배울 수 있겠지요.[13]

노인은 경험과 지혜를 지닌, 『삼국지』의 제갈공명 같은 현자이다. 플라톤과 그의 스승 소크라테스는 이러한 노인의 장점을 적극적으로 옹호했다. 플라톤은 영혼이 육체를 초월한다고 주장한다. 즉 영혼은 육신을 이용할 수는 있지만, 육체를 필요로 하지는 않는다. 영혼은 늙음과 이로 인한 노쇠의 영향을 받지 않는다. 심지어 육체의 욕망과 활기가 감소하면, 영혼은 오히려 자유로워진다.[14]

플라톤의 관점에서 노인은 이데아를 알 수 있는 위치에 있다. 본질이 아닌 그림자를 보면서 살다 노인이 되어서야 비로소 동굴에서 나와 진리를 깨우치게 된다. 따라서 노인만이 통치자가 될 수 있다. 플라톤은 『국가』에서 나이 많은 사람이 명령하고 통제해야 한다고 서술하며, 그 나이를 50~75세로 규정한다.[15]

어르신의 딜레마

노인은 No人이 아니라 Know人이다. 노인은 가난하고 늙어 쓸모없는 존재가 아닌, 지혜와 통찰로 젊은이를 돕는 존재이다. 이제 노인 비하는 노인 예찬이 된다. 키케로는 노인을 완숙한 존재로 나아가는 종착점으로 보았고, 플라톤은 노인만이 통치자가 될 수 있다고 주장했다. 이처럼 노인이 No人에서 Know人으로 격상되어 어르신으로 대접받는 것은 좋은 일일까?

한국사회복지협의회는 세계노인의 해인 1999년 노인을 대체할 용어를 고민했다. 이때 채택된 용어가 '어르신'이었다. 어르신이 남의 아버지나 어머니를 높이는 말이기 때문에 노인에 대한 존경을 담은 용어로 적절하다고 봤다. 이후 어르신이라는 용어는 보편적인 담론의 하나가 되었다. 일부 복지관은 '노인복지관'에서 '어르신복지관'으로 이름까지 바꿨다. 그렇다면 어르신이라는 호칭은 환영받았을까?

어르신이라는 용어에 긍정적인 측면이 없는 것은 아니다. 노인 존중의 의미가 충분히 담겨 있기 때문이다. 또한 이와 같은 호칭에 대한 고민은 노인의 위상에 대한 본격적인 고찰의 토대로서 중요한 의미를 지닌다. 그러나 어떤 노인들은 어르신이라는 호칭이 자신들을 뒷방 늙은이 취급하는 것 같아 싫다는 반응을 보였다. 또한 65세 전후의 노인들은 아직 젊은데 이 호칭을 들으면 낯부끄럽다고 했다. 실제 일부 사회복지 현장에서는 어르신이라는 호칭의 사용을 꺼리기도 했다.

> 노인복지관을 이용하는 노인에게 우리는 '노인님'이라 부르지 않는다. 직원들 간에 '어르신'으로 통일하여 부르기도 하지만, 정작 어르신은 깜짝 놀라며 우리에게 말한다. '나 아직 안 늙었다'고….[16]

이처럼 어르신이라는 호칭을 매우 늙은 존재라는 의미로 받아들이는 경우가 있다. 이런 점에서 60대에 접어든 베이비붐 세대들은 어르신이라는 호칭을 매우 불편해한다. 부담스럽다는 반응도 많다. 아래에 열거한 것처럼 '어르신답게' 행동해야 할 것 같은 압박감이 든다고도 말한다.

> 어르신은 현자여야 한다. 지혜를 갖고 있어야 한다. 현명한 판단을 해야 한다. 참아야 한다. 욕망을 가져서는 안 된다. 백발이 성성한 어른으로 언제나 멋진 모습이어야 한다. 사랑이나 연애를 해서는 안 된다.

키케로는 말한다. "합리적 이성과 현명한 판단은 노인들의 특징이다."[17] 노인이 이러한 모습을 갖추지 않으면 어떻게 될까? '나잇값도 못 한다'고 비난받을 것이다. 나이에도 값이 매겨지고, 그 값에 맞게 행동해야 하는 의무가 주어진다. 이 값만큼 하지 못하면, 체면을 구기게 된다. 이것은 노인에게 보이지 않는 족쇄일 수 있다. 늙음을 비하하는 말도 편견을 갖게 하지만, 노인을 신비화하는 말도 또 다른 편견을 심어줄 수 있다. 거리에서 아이스크림을 먹고, 카페에서 친구들과 떠들고, 사랑이나 연애를 하는 것은 어르신답지 않은 행동이다. 철없는 노인 취급을 받게 될 수도 있다.

Know人으로서 어르신은 지혜와 지식을 갖추어야 한다. 농경사회에서는 이것이 가능했다. 농사를 짓고 질병에 대처하는 데에 노인의 경험은 중요한 자산이었다. 하지만 하루가 다르게 변화하는 정보화시대에는 수십 년 묵은 과거의 지식과 경험이 더 이상 의미가 없을지도 모른다.

손주를 둔 할아버지라면 지갑은 열되 입은 닫아야 한다. 말이 많으면 꼰대 취급을 받기 십상이다. 하지만 지갑도 돈이 있어야 열 수 있다. 그런데 오늘날 노인은 자식을 키우느라 돈을 모으지 못했다. 지갑에 돈이 없다. 손주들은 농경사회와 산업화시대의 지식을 더 이상 궁금해하지 않고, 지갑마저 빈 할아버지에게 다가올 이유가 없다.

물론 이런 어른이 없는 것은 아니다. '어른은 없고 꼰대만 가득한 시대, 당신은 어떤 사람이 될 것인가?'라는 화두를 던진 다큐멘터리 영화 〈어른 김장하〉는 지갑은 열되 입은 닫는 어르신상을 제시한다. 김장하는 수많은 기부를 했지만 모든 인터뷰를 거부하고 입을 굳게 닫았다. 하지만 노년에 이렇게 많은 돈을 가진 사람이 얼마나 될 것이며 자신의 선행을 알리지 않는 사람은 얼마나 될 것인가? 더 나아가 노마지지처럼 시대의 길을 내는 어른은 또 얼마나 있을까?[18]

할아버지에게 두둑한 지갑을 요구한다면, 할머니에게는 자애로운 할머니상을 기대한다. 완벽한 할머니는 모든 것을 자식과 손주에게 양보하는 존재이다. 유순하고 따뜻하며 한없이 너그럽고 헌신적인 존재이다.

이처럼 오늘날의 어르신은 자녀와 손주 들에게 따뜻하고 자애로운 할머니, 돈이 넉넉하고 지혜로운 할아버지, 게다가 공동체의 길을 내는 노마지지를 지닌 존재가 되어야 한다. 하지만 이것이 현실적으로 가능할까? 이와 같이 신비화되고 이상화된 역할은 노인에게 좋은 이미지를 심어줄 수 있다. 기대하는 역할 또한 좋은 의도에서 비롯됐다. 하지만 실상은 노인이 욕망도 없고, 선호도 없고, 선택지도 없는 존재로 인식될 수 있다. 노인도 인간으로서 고유성과 개성을 지니고 있다. 그런데 이것을 억누르는 것이 가능하고 바람직할까? 노인이 되었다고 갑자기 성인군자가 될 수 있을까? AI 시대의 노인은 자신의 경험과 지식으로 청년들을 가르치고 감동시킬 수 있을까? 도서관 하나만큼 지혜로워야 존경받을 수 있다면, 누가 이런 자격을 갖출 수 있을까? 게다가 하루 세끼를 걱정하는 경제적 결핍 상태에 있는 노인에게 Know人이 되기를 기대할 수 있을까? 생존의 문제를 해결해야 어르신도 될 수 있지 않을까?

　노인을 Know人으로 규정하는 것은 존재의 본질을 드러내기보다 선량한 편견이 될 위험이 있다. 노인을 높이는 듯 보이지만 노인에게 엄격한 '어른다움'의 기준을 요구하기 때문이다. 이 기준을 만족시키지 못하는 노인은 비인간, 혹은 부적격 인간이 된다. 이런 점에서 Know人은 노인에 대한 과도한 역할기대로, 굴레가 될 우려가 있다. 이 책의 결론을 미리 말하자면, 노인은 Know人이기 때문에 존경과 존중을 받는 것이 아니라 인간이기 때문에 존중받아야 한다. 모든 인간은 태어나면서부터 나이, 성별, 재력과 상관없이 존중받을 권리가 있다.

2. 새로운 노인, 액티브 시니어

즐기라, 꽃보다 할배

　늙은이와 어르신의 일반적인 이미지를 떠올려보자. 늙은이는 경제적으로 궁핍하고 체념적인 삶의 태도를 지녔다. 잉여인간으로서 사회적 부담이다. 반면 어르신은 늘 옳은 판단을 내리며, 공동체의 방향을 제시하고, 자애롭고 자비롭다. 체면과 체통을 지키며 젊은이들의 귀감이 된다. 이처럼 No人과 Know人은 둘 다 보통 사람이 아니다.

　한편 새로운 노인, 즉 나이 든 보통 사람이 나타났다. '세시봉'과 〈꽃보다 할배〉 속 노인들이다. '세시봉'은 1960~1970년대 유행했던 대한민국 최초의 대중음악감상실 이름이자, 이곳에서 활동하던 음악그룹의 이름이다. 당시 대표 멤버는 이장희, 송창식, 윤형주, 조영남 등이었다. 2024년 이들의 평균 나이는 70대 중반을 넘었지만, 아직도 왕성하게 활동한다. 홍

미롭게도 이들에게는 어르신보다 동네 형이나 선배의 이미지가 더 잘 어울린다.

몇 년 전 인기를 누렸던 〈꽃보다 할배〉는 왕년의 스타였던 노년 배우들의 해외 배낭여행 과정을 담은 TV 프로그램이다. 배낭여행의 주인공들은 이순재, 신구, 박근형, 백일섭, 김용건 등인데 프로그램이 방영될 당시인 2018년 막내인 김용건이 74세, 맏형인 이순재가 80대로 평균 연령은 76세였다.

〈꽃보다 할배〉가 인기 있었던 이유는 무엇일까? 나영석 PD의 탁월한 연출 실력을 빼놓을 수 없지만, 그보다 주요한 건 출연자들이 나이 든 보통 사람으로 등장했기 때문이다. 그들은 '노인'이라는 고정된 이미지가 아닌 각기 다른 개성을 드러낸다. 이순재는 '직진 순재', 백일섭은 '심통 일섭', 신구는 '미소가 아름다운 신구', 박근형은 '청년 근형' 등이다.[19] 거기에 더해 출연자들이 여행을 하며 보고 느끼는 것을 솔직하게 보여줌으로써 노년의 특징 또한 자연스럽게 배어 나왔다. 죽음의 의미, 다난한 역사를 거쳐온 삶, 늙은 몸 등 자칫 낯설 수 있는 이야기에도 시청자들은 거부감 없이 공감할 수 있었다.

'세시봉'과 〈꽃보다 할배〉 속 노인들은 청바지를 입은 노인, 즉 활동적인 노인이다. 이들은 개인의 개성과 감정, 욕구를 숨기지 않는다. 성공한 노인이라는 점에서 No人이 아니고, 자유롭게 자신의 의견과 개성을 드러낸다는 점에서

Know人도 아니다. 과거 스타였음에도 불구하고, 그저 나이 든 보통 사람으로 등장한다. 이것이 보는 이들의 공감과 감동을 불러일으켰던 것이다.

개발하라, 인생 이모작

최근에 늙은이와 어르신과 달리 자립과 독립의 존재로 노인을 묘사하는 용어가 등장했다. 이들은 나이 들어서도 여전히 자신을 계발한다. 취미, 여가, 구직 등의 활동을 왕성하게 한다. 이들은 의존적이지 않고, 경제적 생산활동이 가능하며, 개성 있는 노인의 모습을 보여준다.[20] 이런 노인들은 '신노년new aging', '활동적 노화active aging', '성공적 노화successful aging', '생산적 노화productive aging' 등으로 묘사된다.[21] 이 책에서는 이러한 특징을 가진 노인을 '액티브 시니어'라고 부르고자 한다. 이 담론은 단어에서 유추할 수 있듯, 매우 긍정적이고 적극적인 노인상을 보여준다.

구체적으로 '활동적 노화'는 노년을 활기차고 행복하게 사는 노인상을 뜻한다. 중년처럼 지속적으로 활동하고 새로운 역할을 찾는 삶을 의미한다. '성공적 노화'는 질병과 장애의 낮은 가능성, 높은 인지적·물리적 기능 유지, 삶에 적극적인 참여 등 세 가지 요소를 노인의 성공 지표로 제시한다.[22] '성공적 노화'는 자기 관리와 깊은 연관이 있기 때문에 규범적인 판단이 내재되어 있다. 한편 '생산적 노화'는 노년을 경제적 능력이나 기여와 연결 짓는다. 이러한 관점에서 노인은 노동 시장에서 생산력이 있는지에 따라 판단된다.

프랑스의 수사修士인 브누아 비요는 노년이야말로 자신에 게 관심을 갖고 자기계발을 할 시점이라고 주장하며 다음과 같이 말한다.

> 왜 노년의 시간을 스스로 깨어 있는 상태를 계발하고 존재와 의 관계를 가꾸어나가는 일에 쓰지 않습니까? 만일 어린 시 절부터 했다면 더할 나위 없이 훌륭한 일이겠지요. 하지만 유년기에도, 성인기에도, 심지어 시니어기에도 하지 못했다 면 이제라도 시작합시다. 존재한다는 행복을 느낄 수 있도록 말이죠.[23]

미켈란젤로는 89세를 한 달 앞두고 죽음에 임박해 의사가 휴식을 권하자 이렇게 대꾸했다.

> 재촉하지 말아요. 나는 끌과 망치로 휜 대리석을 조각하는 일이 제일 좋아요. 죽으면 영원히 쉴 텐데.[24]

성공적 노화와 생산적 노화를 이룬 액티브 시니어는 자신 에 대해 적극적으로 묻는다. '나는 건강한가? 나의 죽음을 잘 준비할 수 있는가? 내가 일할 수 있는 곳은 있는가?' 그리고 자신의 삶을 활기차게 만들기 위해 노력한다.

액티브 시니어 담론은 한국에서 1990년대 말에 등장했다. 특히 1997년 말 IMF 외환위기 이후 '생산적 복지론'이 정책의 방향으로 자리 잡으면서 노인의 경제적 참여를 강조했다. '생산적 복지'는 일을 하는 동기와 기술을 제공하는 데 기여해야 한다고 주장한다. '생산적 복지론'은 '사회복지welfare'와 대비해서 '일을 위한 복지workfare'로 전환해야 한다는 '제3의 길'에 기반한다. 이때부터 노인을 인적자원관리 차원에서 보았고 '고령자 적합 직종 채용 및 권고', '노인 일자리 사업', 「저출산·고령사회기본법」, 「고령친화산업진흥법」 등이 도입되었다.

한국에도 자신을 계발하는 생산적 노인이 많이 나타나기 시작했다. 대표적으로 2023~2024년 연극 〈고도를 기다리며〉에서 열연한 87세의 신구, 82세의 박근형과 박정자 배우가 있다. 이들은 막대한 대사량과 긴 연기시간에도 불구하고 원숙한 무대로 감동을 주었고, 50회 전석이 매진되는 대흥행을 기록했다.

생산적 노화와 성공적 노화는 노년의 잠재성에 주목한다는 점에서 의미가 있다. 하지만 '백인 중산층 전문직 남성'의 관점을 담고 있다는 비판을 받는다. 생산성의 측면에서 성공한 노인만을 높이 평가하고, 실패한 나머지 사람들에 대한 편견을 합리화한다. 즉 개인의 노력에 초점을 맞추면서 사회정책, 계급, 불평등, 구조 등의 문제를 등한시하는 경향이 있다. 이런 생산적 노화와 성공적 노화는 '경제적 유용성'과 '단호한 개인주의'의 관점에서 노인을 이해하는 '지독히도 단순한 논리'에 불과하다는 비판이다.[25]

나도 액티브 시니어가 될 수 있을까

액티브 시니어의 성공 신화는 노인들의 삶을 행복하게 해주었을까? 이 담론은 노인들의 욕구에 부합하고 사회적으로 도움이 되었을까? 액티브 시니어는 무기력한 노인에게 긍정적이고 활기찬 자신을 찾으라고 충고한다. 정부는 생산적 노화를 위해 노인들에게 일자리를 제공하고 있다. 신노년은 경제력과 학력을 갖춘, 능력 있는 노인의 성공적인 인생 이모작 전략일 수 있다. 반면 액티브 시니어 담론은 능력 없는 노인, 여성 노인, 빈곤층 노인, 유색인종 노인 등을 비난하고 사회에서 배제하는 도구로 악용될 수 있다.[26] 성공적 노화를 이룬 노인은 사회에 기여하는 일등시민이며, 그렇지 못한 노인은 사회에 불필요한 이등시민으로 인식되기 때문이다.[27]

특히 문제가 되는 것은 일하는 노인이 실제로 행복하지 않다는 점이다. 한국 노인들의 일자리는 대부분 저임금에 질이 낮다. 노인택배, 희망근로, 경비원 등의 저임금과 장시간 노동은 성공적 노화라는 신화를 무색하게 한다. 이런 일자리는 노인의 자존감을 오히려 낮출 우려가 있다. 더 나아가 소수의 성공 사례에 기대어 노인의 삶에 대한 책임을 개인에게 돌리는 입장을 합리화하고, 공적 책임을 약화시킬 수 있다. 이처럼 성공적 노화와 생산적 노화를 기반으로 하는 액티브 시니어 담론에는 모든 것이 개인의 마음먹기에 달렸다는 논리가 내재되어 있다.

그렇다면 성공한 소수의 노인은 사회의 환대를 받을까? 사회복지사들과 액티브 시니어에 대해 이야기를 나눈 적이 있다. 사회복지사들은 대체로 성공한 노인에 대해 부담을 느꼈다. 복지관에 무리한 요구와 문제를 제기하는 민원인 중에는 액티브 시니어가 많다고 했다. 이들은 사회복지사를 무시하기도 한다고 했다. 왜 그럴까?

액티브 시니어는 젊은 시절 좋은 직장을 다녔거나, 학벌이 좋거나, 재산이 많은 계층에 속한다. 자신의 노력으로 성공했다고 믿는다. 따라서 이들은 자신의 여가·취미·교양 활동에 관심이 많다. 자연스럽게 복지관 프로그램으로 이와 관련된 것을 요구한다. 건강·인문학 관련 프로그램 등이 이들을 위해 마련된다. 그런데 기대나 욕구에 조금이라도 못 미칠 경우 대응하기 힘든 민원인으로 돌변하기도 한다.

'내가 누군지 알아? 관장 나오라고 해!'

복지관의 사회복지사와 프로그램 책임자는 이들에게 쩔쩔맨다. 심지어 두렵다고 말한다. 무엇이 문제일까? 늙은이나 액티브 시니어나 복지관을 이용하는 이유는 같다. 자신에게 필요한 지원을 해달라는 것이다. 액티브 시니어는 개인의 시간을 즐길 수 있는 프로그램을 요구한다. 인문학이나 취미, 여가 활동, 자기계발 등과 관련한 프로그램이 그것이다. 늙은이는 도시락, 김치, 주택 수리 등 생존과 관련된 사회 서비스나 프로그램에 관심이 많다. 액티브 시니어와 늙은이의 요구 사항은 구체적 내용은 다르지만, 개인적인 필요에 집중돼 있다는 점에서 본질적으로 같다.

액티브 시니어에게는 또 다른 특징이 있다. 액티브 시니어는 자신과 자신의 가족에만 관심을 갖는 개인주의 성향이 강하다. 누스바움은 앤드루 블레츠먼의 소설 『레저빌』을 예로 들어 성공한 노인을 비판한다. '레저빌'은 최고의 의료진과 재활시설을 갖춘, 부자들이 가는 요양시설이다.

> 레저빌은 현재지상주의적 향락을 제공함으로써 노인들이 자기 성찰과 고통스러운 감정을 잊도록 해준다. 라디오 방송국은 어디에서나 하루 종일 '아름다운 날입니다'라는 말을 반복한다. 사회적인 문제들은 사라진다. 사람들은 의미를 추구히지 않고 골프, 음식, 섹스에서 일시적인 쾌락을 얻는다.[28]

이처럼 레저빌의 부자 노인들은 천박하지만 활기차다. 그들 간에 사회적 관계도 활발하게 형성한다. 누스바움은 이들의 특징을 다음과 같이 설명한다.

> 레저빌 주민들은 많은 자원을 소유하고 있어도 이타주의는
> 전혀 없다. 이들은 아이들을 피하는데, 이것은 자신의 자원
> 을 좋은 일에 쓸 수 있는 바깥 세상에 무관심하다는 것을 보
> 여준다.[29]

이처럼 레저빌 노인들의 관심은 자신의 건강, 재산, 여가, 자기계발에만 집중되어 있다. 이것은 레저빌 주민들이 공동체와 이웃에 대해 무관심하다는 것을 의미한다. 그렇다면 성공한 노인들을 위한 사회는 건강할까?

> 노인들은 착취의 대상이 되었다. 프랑스, 미국 등지에 재산
> 이 많은 노인들을 위한 병원, 휴양소, 양로원, 심지어 도시나
> 마을이 생기고 있다. 이러한 곳에서는 불충분한 안락함과 보
> 살핌을 제공하고는 가능한 한 많은 비용을 노인들에게 청구
> 하는 게 보통이다.[30]

레저빌은 한국에도 있다. TV 프로그램 〈전지적 참견시점〉의 한 에피소드에서 개그맨 이영자는 도시형 실버타운과 전원형 실버타운을 방문한다. 이곳에서 노인들은 행복해 보인다. 편의시설과 돌봄시스템이 완벽하기 때문이다. 이곳의 노인들은 자신들이 최소 100세까지는 살 수 있을 것이라 말한

다. 이영자는 이곳은 실버타운이 아니라 드림타운이라고 말한다.[31] 최고급 실버타운에 들어가려면, 보통 보증금 10억 원에 월 500만 원의 생활비가 든다.

이처럼 성공한 노인을 위한 사회는 불평등을 당연시한다. 부유층이 모여 사는 동네의 노인들을 대상으로 강의할 때의 일이다. 필자는 빈곤층 어린이와 노인 들에 대한 사회복지를 강화해야 한다고 주장했다. 그러나 대부분의 수강자들은 개인의 노력 부족이 문제의 원인이라고 보았기 때문에 열악한 상황 속 이웃을 위한 복지정책에 대해 부정적이었다.

액티브 시니어의 삶은 행복할까

액티브 시니어는 아무나 될 수 없다. 경제력, 직장, 건강 등 갖추어야 할 조건이 까다롭기 때문이다. 그런데 이 모든 것을 갖춘 채 액티브 시니어로 살아간다면 이 삶은 과연 행복할까?

대학원이나 시민강좌에서 액티브 시니어의 조건을 갖춘 분들을 종종 만난다. 이들은 퇴직했을 때 매우 기뻤다고 말했다. 직장 때문에 즐길 수 없었던 여가를 마음껏 누릴 수 있게 되었기 때문이다. 여행도 가고, 골프도 치고, 다양한 교양 강좌를 들으면서 배우고 싶었던 지식도 쌓았다고 했다. 그런데 1년이 지나자 허전함과 함께 두려움마저 느꼈다고 했다. 무엇이 문제였을까? 이 감정은 세 가지 차원의 위기에서 비롯된다.

첫째, 우정의 위기이다. 퇴직 이후 만나는 친구들이 한정되어 있다. 직장을 다닐 때는 선후배, 일과 관련된 사람들, 신입사원 등 새로운 사람을 만날 기회가 있었다. 하지만 퇴직 후에는 매일 똑같은 친구들만 만난다. 이들과 나누는 이야기도 뻔했다. 옛날 추억 이야기가 좋은 것도 한두 번이다. 인간관계의 협소함에 갑갑함을 느끼지만, 이들이라도 만나는 수밖에 없다. 이 친구들이라도 없으면 100세 시대를 어떻게 살아갈까.

둘째, 실존적인 위기이다. 퇴직 이전에는 가족을 위해, 회사를 위해, 그리고 산업역군으로 국가를 위해 살았다. 하지만 현재는 취미, 여가, 건강 등 나만을 위해 사는 삶이다. 이런 자유로움을 꿈꿨지만, 내 삶은 과연 무엇을 위한 것인가 하는 실존적인 위기를 느끼기도 한다.

셋째, 동일성의 위기이다. 보부아르는 내가 보는 나와 사회가 보는 나 사이의 괴리를 동일성의 위기라고 말한다. 나는 아직 젊고 할 일도 많은데, 사회적 시선은 나를 쓸모없는 존재로 여기고 있다. 아직 청춘이라고 생각했는데 복지관에 가니, 자신을 여사님이나 어르신으로 불렀다는 것이다. 과연 나는 화를 내야 하는가, 아니면 이런 현실을 순순히 받아들여야 하는가.

3. 어떤 노인이 될 것인가

세 노인

노인에 대한 세 가지 이미지가 있다. 늙은이인 No人, 어르신인 Know人 그리고 성공한 노인인 액티브 시니어.

늙은이는 경제적으로 무능해 생존 문제에 직면해 있다. 삶의 태도는 체념과 숙명론에 젖어 있을 가능성이 높다. 질병에 걸리더라도 비용 때문에 적절한 치료를 받지 못할 수도 있다. No人으로 사회적 짐, 잉여인간, 이등국민 취급을 받는다.

어르신은 No人과 완전히 다른 지위에 있다. 그는 Know人으로 지혜롭고 존경받는 현명한 존재이다. '노마지지'의 비유에 적합한 신비로운 인물이다. 그런데 과연 모든 노인이 그럴까? 나이가 들었다고 해서 어느 날 갑자기 모두가 현자가 되는 건 아니다. 현자가 되고 싶지 않을 수도 있다. 어르신으로 살려면 체면을 지켜야 하고, 감정과 욕구를 자제해야 한다. 이런 점에서 어르신은 노인에게 매우 부담스러운 호칭일 수 있다.

이에 비해 액티브 시니어는 부담이 적다. 그는 왕성하게 활동한다. 취미 생활과 여가 활동을 즐긴다. '청바지를 입은 나이 든 보통 사람'이라는 이미지에 적합하다. 자기계발에 힘쓰고 인생 이모작을 꿈꾸는, 경제력을 지닌 존재이다. 모두가 꿈꾸는 노인상이다. 그런데 조건을 갖춘 소수의 노인만이 이 범주에 들 수 있다.

노인 담론과 특징

호칭	늙은이	어르신	액티브 시니어
의미	No人	Know人	성공한 노인
이미지	체념, 빈곤, 노망	지혜, 존경, 현자	경제력, 인생 이모작
문제점	이등국민이라는 인식, 비존재	신비화된 존재, 굴레	경제력 있는 소수의 노인, 실존의 위기

출처: 유범상·이현숙, 2021.

누구도 늙은이가 되고 싶지 않을 것이다. 어르신이 되고 싶을 수는 있다. 하지만 너무 부담스럽다. 어르신이 되기 위해서는 개인의 개성이나 자유를 꽁꽁 싸매고 자애로운 할머니나 지식과 돈을 가진 할아버지가 되어야 하는 부담을 지고 살아야 한다. 경제적 여유도 어느 정도 있어야 한다. No人이 어르신이 되기란 쉽지 않을 것이다. 제일 그럴듯한 역할기대가 액티브 시니어일 것이다. 하지만 아무나 될 수가 없다. 경력과 재력이 받쳐줘야 가능하다. 그리고 개인주의 성향이 강한 액티브 시니어에게 사회적 역할을 기대하기는 어렵다. 이들은 우정과 실존의 위기를 겪을 우려도 있다.

나는 어떤 노인으로 불리고 싶은가? 나는 어떤 노인이 되어야 할까? 어떤 노인이 행복한 삶을 누릴 수 있을까? 앞서 만나본 세 노인상 중에서 내가 되고 싶은 노인이 있는가?

나이 든 보통 사람의 사회를 위하여

지금까지 노인 앞에 세 갈래의 길이 있었다. 첫 번째는 No人이다. 두 번째는 Know人이며 세 번째가 액티브 시니어이다. 53쪽 그림에서 보듯이 한 인간이 도서관 하나와 같은 현자가 되는 것을 지향할 수는 있지만, 이 경지에 이르는 사람은 극소수이다. 이처럼 과도한 기대는 대다수 노인에게 환상이자 굴레가 될 수 있다.

현실적으로 가능한 노인상은 두 가지이다. No人은 경제력이 없어 자립하기 힘든 노인이다. 보통 늙은이라 불리고 사회적 짐이라 여겨진다. 어디서도 인정받지 못하는 비존재이다. 액티브 시니어는 우월한 경제력과 경력을 기반으로 인생이모작을 꾀하며 여전히 왕성하게 활동한다. 하지만 이 같은 여건을 갖춘 노인은 소수에 불과한데다, 액티브 시니어 스스로

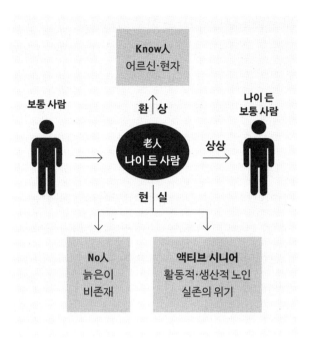

노년의 길

삶에 대한 회의론에 빠질 가능성이 있다.

　노인의 한자어는 '老人'이다. 문자 그대로 풀이하면 '나이 든 사람'이다. 나이가 들었다고 해서 사람이 어느 날 갑자기 달라질까? '세 살 버릇이 여든까지 간다'라는 속담이 있다. 나이가 들었다고 해서 갑자기 기존의 습관이 사라지지 않는다는 말이다. 사람은 누구나 자신만의 개성과 고유성을 지닌다. 유아·청소년기를 지나 청년기를 거쳐 장년기를 지나는 과정에서 개개인의 개성이 자리 잡는다. 노인이 되었다고 해서 그것이 사라지고 모두가 동일한 인간이 되는 것은 아니다.

〈꽃보다 할배〉에서 노인들은 서로 다르다.

이 책은 노년이 누구나 나이 든 보통 사람으로 살아가는 시기여야 한다고 주장한다. 이것은 노인이 자신을 시민으로 자각하고 이를 실천할 때 가능하다. 즉 있는 그대로 인정받는 가운데 공동체에 참여하는 삶을 사는 선배시민(2장부터 본격적으로 다룬다)을 새로운 노인상으로 제시한다. 인권은 인간이 어떤 기여나 업적, 혹은 능력이 있어서 보장받는 것이 아니다. 사람, 인간이기 때문에 존중받을 권리가 있는 것이다. 노인도 인간이다. 따라서 그는 어른, 어르신, 노인이기 때문에 존중받는 것이 아니라 인간이라는 이유만으로 무조건 존중받아야 한다. 나이는 개인의 여러 특징 중 하나에 불과하다. 이것이 존중이나 혐오의 이유가 되어서는 안 된다. 그는 나이 든 보통 사람으로 살 수 있어야 한다. 나이 든 보통 사람은 나름의 개성을 갖고 자신만의 삶을 꾸리는 존재이다. 노년이 되면 각자 축적해온 다양한 경험으로 인해 자신을 성찰하고 새로운 자신을 발견하여 또 다른 잠재력을 발휘하는 매우 다른 삶을 살아갈 가능성 또한 높아진다.

어떻게 나이가 들어서도 보통 사람으로 살아갈 수 있을까? 이를 위해서는 노인 개인만이 아니라 사회와 국가의 노력이 필요하다. 동일성의 위기는 시민들의 태도에서 비롯되고 경제력은 사회보장 정책과 관련되어 있기 때문이다. 이런 점에서 노인을 바라보는 새로운 관점이 필요하다.

나이 든 보통 사람을 위한 관점 1 총체성의 눈

이제 '나이 든 사람'을 총체성의 눈으로 봐야 한다. 총체성의 눈으로 본다는 것은 노인들이 다양하다는 사실을 인정하는 것이다. 보부아르는 노년에 대해 이야기한 대표적인 철학자이자 작가이다. 하지만 누스바움은 보부아르가 노인에 대해 나쁜 관점을 지니고 있다고 비판한다. 보부아르가 노인을 획일적인 관점에서 보고 있다고 생각했기 때문이다.

> 철학자(보부아르)여, 당신의 경험은 오직 당신의 경험일 뿐! 세상의 다양한 사람들에 대해 호기심을 가지고 배우시오. 사람들에게 삶을 어떻게 경험해야 한다고 설교하기 전에 그들이 경험하는 삶에 대해 물어보고 다른 삶들에서 의미를 발견할 준비를 하시오. 한마디로 사람들의 다양성을 존중하시오.[32]

누스바움은 노인이 개인에 따라 서로 다른 개성을 가진 다양한 사람임을 강조한다. 노년기에 나타나는 특징에만 초점을 두면 노인이 단일한 모습으로 비춰질지 모른다. 하지만 '나이 든'이라는 특징 이면에 있는 개개인의 모습은 매우 다양하다. 이런 시선이 총체성의 관점이다. 총체성의 관점은 노인에 대한 선입견을 거부한다. 한두 가지 특징만으로 노인을 일반화하기를 거부한다.

총체성의 눈으로 노인을 바라본다면, 다양한 보통 사람으로 각각의 노인이 다가올 것이다. 총체성의 관점은 첫째, 노인의 능력이나 특징이 사람 수만큼이나 다르다는 태도를 취한다.

> 노년기에 어떤 사람은 신체적 장애를 가졌어도 정신적으로 탁월할 수 있다. 어떤 사람은 단거리 달리기는 못 하지만 피아노 연주는 젊을 때와 똑같이 잘하고 탁월한 대중 연설 능력을 갖고 있다. 정신적 능력에도 여러 가지가 있다. 어떤 사람은 정치나 문화에 대해 어려움 없이 이야기를 나누면서도 사람들의 이름은 잘 기억하지 못한다.[33]

둘째, 총체성의 관점은 노인을 그들 세대의 맥락 속에서 이해하려는 태도이다. 노인들이 살아왔고, 살고 있고, 살아갈 정치적 관계, 제도와 구조, 시대와 환경은 다른 세대와 다르다. 노인들의 시대에는 초등학교가 아닌 소학교나 국민학교가 존재했다. 소학교나 국민학교가 있던 시절과 지금은 정치, 제도, 관습이 확연히 다르다. 따라서 노인은 그들의 맥락 속에서 이해해야 한다.

셋째, 총체성의 관점은 노인이 처한 개인적·사회적 상황이 서로 다르다는 것을 인정하는 태도이다. 일반적으로 노인은 가난하다고 생각한다. 퇴직 이후 경제력을 상실했다고 보기 때문이다. 또한 건강, 돌봄, 의료 등에 지출을 많이 하기 때문에 노인의 가난은 심화된다고 본다. 이 말은 진실이다. 그런데 또 틀리기도 하다. 노후 준비 정도와 자신이 속한 계급에 따라 다르기 때문이다. 한국의 경우 〈꽃보다 할배〉의 노인들은 가난하지 않다. 하지만 40%에 달하는 노인 빈곤율에서 알 수 있듯 한국의 많은 노인들은 가난하다. 영국의 경우 노인 대부분은 한국의 빈곤층 노인들만큼 가난하지 않다. 사회보장제도가 잘 구비되어 있는 나라에 살고 있기 때문이다. 의료가 무상이고, 돌봄도 정부가 책임지고, 노령수당에 노인 1인당 매월 최소 140만 원이 지급되는 캐나다에서도 노인은 빈곤하지 않다. 노인은 단일한 특징을 갖는 동일한 개체군이 아니라 복합적인 요인을 통해 다양한 계급, 성, 마을, 사회, 국가의 구성원으로 존재한다.

총체성의 관점은 노인에 대한 편견에 맞선다. 늙음이 사람을 지혜롭게 하거나 불쌍하게 만들지는 않는다. 젊음이 그 자체만으로 적극적이고 활동적이며 건강하지 않은 것처럼. 예를 들어보자. MIT 에이지랩 창립자인 조지프 F. 코글린은 『노인을 위한 시장은 없다』에서 다음과 같이 질문한다.

> 노인은 성능보다 가격이 우선이다? 노인은 건강에 좋은 것만 신경 쓴다? 노인은 컴퓨터와 인터넷을 잘 사용하지 못한다? 은퇴 이후에는 실버타운에서 편하게 쉬어야 한다?[34]

이상의 질문은 노인에 대한 편견에서 비롯됐다. 하지만 어떤 노인은 싼 것보다 질 좋은 물건을 선호한다. 건강만이 아니라 의미를 좇는 노인도 많다. SNS와 컴퓨터를 잘 다루는 노인도 얼마든지 있다. 제3의 인생을 설계하여 은퇴 후의 삶이 더 바쁜 노인도 있다. 특히 베이비붐 세대들은 완전히 다른 노인의 모습을 보여준다. 노인에 대한 편견 가득한 시선을 거두어야 한다.

거듭 말하지만 노인은 보통 사람으로 늙음이라는 특징이 더해진 존재, 즉 나이 든 보통 사람일 뿐이다. 그 사람은 개인의 태도와 속해 있는 계급, 사회 등에 따라 다양한 모습으로 존재한다. 따라서 노인은 신비롭거나 분리된 존재라는 선입견을 갖고 바라봐서는 안 된다.

노인은 각자가 개성을 갖고 살아가는 나이 든 보통 사람이다. 그런데 대부분 은퇴를 하기 때문에 경제적인 문제에 직면할 수 있다. 또한 늙음으로 인해 건강에 적신호가 켜질 수 있다. 궁핍과 질병은 노인을 사회적인 존재로부터 분리시킬 가능성도 있다. 이런 경우 노인은 분리이론의 틀에 갇히게 된다.

나이 든 보통 사람을 위한 관점 2 투기하는 시민

어떻게 하면 모든 노인이 분리이론의 틀에 갇히지 않고 보통 사람으로 살아갈 수 있을까? 이를 위해서는 개인과 가족은 물론 사회와 국가의 노력이 필요하다. 아이 한 명을 키우는 데 한 마을이 필요하듯이 한 명의 노인이 나이 든 보통 사람으로 살기 위해서는 한 사회와 국가가 필요하다. 노인을 어느 집안의 가족으로만 본다면, 그에 대한 책임은 가족이 져야 한다. 그는 개인이고 가족의 구성원이자 국가의 국민이며 시민이다. 국민이자 시민으로 그가 호명된다면, 책임은 사회와 국가에도 있다.

그렇다면 국가와 사회는 노인의 빵과 장미가 자신의 책임이라고 순순히 인정할까? 당사자인 노인이 권리를 알고 권력을 가졌을 때에만 그렇다. 그럼 노인은 권리와 권력의 주체가 저절로 되는 것일까? 사르트르는 『실존주의란 무엇인가』에서 존재가 본질에 앞선다고 주장한다. 어떤 본질이 먼저 주어지고 존재가 그 본질을 찾아 자신을 맞추는 것이 아니다. 툭 던져진 존재는 특정한 관계와 실천을 통해 어떤 본질을 갖게 되는 것이다. 예를 들어 문명의 혜택을 전혀 받지 않은 부시맨에게 콜라병이 주어졌다고 하자. 그는 콜라병의 본질을 항아리, 망치, 악기 등으로 생각할 수 있다. 그리고 콜라병을 본질에 맞게 사용할 것이다. 흑인의 본질은 노예가 아니다. 특정한 관계에서 노예라는 본질을 갖게 된 것뿐이다.

여성은 태어나는 것이 아니라 만들어지는 것이라고 본 보부아르는 『노년』에서 노인의 본질 또한 주어지는 것이 아니라 사회적 관계에 의해 만들어진다고 보았다. 그렇다면 그 본질은 누가 만드는 걸까? 사르트르는 투기投企를 통해 만들어진다고 보았다. 투기란 미래를 향해 스스로 던지는 행위를 의미한다.

> 이 투기, 곧 미래를 향해 스스로를 던지기 이전에는 아무것도 존재하지 않는다. 그 무엇도 명료한 신神의 뜻 안에 존재하고 있지 않다. 인간은 무엇보다도 먼저 미래를 향해 스스로 이렇게 되고자 투기해야 한다.[35]

투기는 결단하는 것으로 일종의 책임 있는 행동이다. 이때 사르트르는 이 책임이 개인을 넘어서서 인류에 대해 지는 책임이라고 주장한다.

이상의 맥락에서 노인은 투기하는 존재이다. 자신을 이 사회가 준 틀, 즉 No人이나 Know人, 혹은 액티브 시니어의 틀에 가두지 않고 개인과 사회 그리고 국가의 본질을 만들고 운명을 개척하는 존재로서 실천해야 한다.

노인이 분리이론의 틀에 갇히지 않은 세상을 만들려면, 노인에게 시민권을 보장해야 한다. 이를 위해서 우선 노인은 자신을 인간답게 살 권리를 가진 시민으로 인식하고 공동체에 참여해야 한다. 이제 시민권의 관점에서 새롭게 노인을 규정해보고자 한다.

2장

새로운 노인상을
찾아서

1. 상이한 풍경의 비밀

분리된 노인들

'짤짤이 순롓길'이라는 말을 들어본 적이 있는가? 짤짤이는 동전 또는 동전으로 하는 놀이를 뜻한다. 빈곤 노인들이 동전을 얻기 위해 혹은 무료 식사를 위해 돌아다니는 모습을 짤짤이 순롓길이라고 표현한다. 보통 종교단체나 시민단체가 운영하는 자선 현장에서 빈곤 노인들은 동전을 모으고 밥을 얻는다. 짤짤이 순롓길에 있는 할머니에게 PD가 물었다.

PD 얼마 정도의 돈이 있으면 살 만할까요?
할머니 우리가 많이 타 먹으면 후손들이 세금을 많이 낼까 두렵고, 대한민국이 돈 찍는 나라도 아니잖아요.[1]

할머니는 생계를 위협받는 상황에서도 나라 걱정을 했다. 할머니는 '가난은 나라님도 구하지 못한다'고 믿고 있기에 국가에 기대지 않는 것이다. 할머니가 어린 시절 가슴에 손을 얹고 수없이 외웠을 「국기에 대한 맹세」는 시민들에게 '조국과 민족의 무궁한 영광을 위해 몸과 마음을 바쳐야 한다'고 가르쳤다. 그래서 할머니는 생계를 위협받고 있음에도 국가가 의무를 다할 것을 주장하지 않는다. '가난은 나라가 구해야 한다'는 사실을 상상도 하지 못하는 것이다.

송 씨 할아버지는 빈곤 독거노인이다. 그는 노인 일자리에 나가고 노령 수당을 받아 생활한다. 하지만 삶은 녹록치 않다.

한 달 수입 40만 원(기초연금 20만 원+노인 일자리 20만 원)
한 달 지출 43만 원(월세 13만 원+의료비 30만 원)[2]

적자 가계부 앞에서 송 씨 할아버지는 돈을 아끼는 방법을 고안한다. 먼저 머리를 빡빡 민다. 그래야 세 번 이발할 것을 한 번으로 줄일 수 있기 때문이다. 약도 하루 먹을 것을 나누어서 이틀 동안 먹는다. 할아버지는 기자 앞에서 이 사실을 전하며 끝내 울음을 터뜨린다. 할아버지는 왜 「국민기초생활보장법」이 규정하는 수급권자가 될 수 없을까? 부양의무자[3]인 딸이 있기 때문이다. 하지만 딸의 삶도 빈곤하기는 마찬가지이다. 송 씨 할아버지는 수급권자가 될 수 있다는 희망을 버린다. 그는 오늘도 폐지를 줍는다.

이러한 한국의 노인들은 분리이론으로 설명할 수 있다. 이들은 노인이 되면서 체력과 경제력이 현저히 떨어진다. 그리고 사회적 관계망이 사라진다. 한국의 노인들이 분리된 노인이 되는 결정적인 이유는 생존을 위한 '빵'을 구할 수 없기 때문이다. 그래서 짤짤이 순롓길의 할머니와 송 씨 할아버지는 시민들의 자선과 국가의 최소한의 복지에 기대어 하루하루를 연명한다.

부모님과 성공한 노인들

필자들의 부모님은 가족을 위해 열심히 산 산업화 세대이다. 두 분 모두 1938년생으로 2024년 올해 87세이다. 강원도 영월과 정선이 고향인 부모님은 인천으로 이사 와 노동자와 자영업자로서의 삶을 살았다. 이들은 그렇게 네 남매를 키웠다. 부모님은 노후에 호스피스 병동에서 오랫동안 자원봉사를 했다. 특히 장로와 권사로 교회에서도 많은 활동을 해왔다.

요즘 부모님의 생애사를 기록하고 있다. 두 분의 첫 만남에 대해 물었다. 아버지는 스무 살 때 사촌누나가 이쁘다는 동네 아이의 자랑을 듣고 나의 어머니가 된 '이쁜 누나' 집에 쳐들어갔다. 하지만 약혼식장에 들어가서야 어머니의 얼굴을 볼 수 있었다고 한다. 연애 시절 이야기를 하며 80대 후반의 두 분은 여전히 상기되었다. 아버지는 지금까지도 어머니가 다른 남자를 만난 이야기를 하면 싫어하는 눈치다. 여전히 연애를 하고 있는 청춘이다.

부모님의 지난날은 내 삶과 한국사의 보고이다. 부모님 이야기에 두 분의 삶은 물론이고 나의 어린시절과 한국사의 장면들이 담겨 있다. 어머니의 일본식 이름은 이츠마타 준코이다. 일제시대 소학교를 다닐 때의 이름이다. 어머니의 고향인 정선과 아버지의 고향인 영월에서 인민군을 만난 이야기는 한국전쟁을 이해하는 데 도움이 된다.

우리 부모님은 나이 든 평범한 보통 사람의 일상을 사신다. 부모님이 노후를 걱정 없이 보낼 수 있는 것은 비교적 잘 지은 자식농사 덕분이다. 부모로서 양육의 의무를 다한 부모님에게 네 자녀가 빵을 제공하기 때문이다.

자식의 지원 없이 스스로 빵을 해결하는 노인들도 존재한다. 성공한 노인들이다. 〈꽃보다 할배〉의 출연진과 '세시봉' 소속 가수들도 성공한 노인의 범주에 속한다고 할 수 있다. 이들은 이 시대 평균적인 노인들과는 달리 대졸자가 대부분이다. 이들이 보편적인 노인의 모습은 아니다.

최근 성공한 노인들이 집단적으로 노인인구에 편입되고 있다. 베이비부머들이다. 베이비붐 세대가 모두 성공한 것은 아니다. 하지만 1955~1963년에 태어난 700만 명 이상의 베이비부머들은 확실히 이전 세대와 다른 노인들이다. 이들은 부모의 헌신과 자신들의 노력에 힘입어 대학에 진학했다. 산업화는 물론 1980년대 민주화도 경험했고, 연금을 받을 수 있는 세대이기도 하다. 노후를 자식에게만 의존했던 전 세대와 달리, 스스로 노후를 책임질 수 있는 사람들이 다수이다.

베이비부머가 노인이 된다는 것은 여러 의미가 있다. 이 세대는 농업 세대와 IT 세대를 연결하는 다리 역할을 한다. 고등학교 졸업률이 50%로 앞선 산업화 세대의 노인과 비교해 학력도 높다. 국가도 기존 세대 때와는 달리 이들의 노후에 대비하고 있다. 연금보장률이 높고, 50플러스 재단 등과 같은 퇴직 후를 위한 지지체계도 만들고 있다.

한국전쟁 및 산업화 세대의 노인들이 노후를 가족에게 의존했다면, 성공한 노인들은 스스로 노후를 대비할 수 있다. 문제는 베이미부머 중에서도 성공한 노인들이 매우 적다는 점이다. 정부의 정책적 지원 또한 제한적이다. '용돈연금'이라고 할 정도로 연금액이 낮고, 정부가 제공하는 노인 일자리도 불안정하고 임금 또한 용돈 수준이다.

"수상이 우리 집 맏아들"

EBS〈다큐 프라임〉에서 캐나다로 이민 간 75세 유송

희 씨 부부를 보았다. 이 부부는 마흔이 넘은 나이에 이민을
와 세금을 많이 내지 못하고 연금 가입도 하지 못했다. 하지
만 한 달에 1인당 140만 원 소득을 얻는다. 기초노령연금 60
만 원과 소득보조금 80만 원을 합한 액수이다. 의료비는 무상
이다. 이민자를 시민으로 받아들인 이상, 그들의 빈곤은 국가
의 책임이기 때문에 '집세도 내주고, 먹을 것도 주고, 돌봄도
해준다'고 말한다.

우리는 캐나다 수상을 장자라고 생각해요!

국가가 매달 어김없이 돈을 준다고 유송희 씨는 말한다.
'가족의 집'에서는 가족의 구성원들이 돌봄을 책임진다. 복지
국가를 의미하는 '시민의 집'에서는 사회적 가족이 돌봄을 책
임지는데, 사회적 가족의 가장은 정부의 수반인 대통령이나
수상이다. 캐나다는 나라가 가난에서 시민을 구하고 있는 셈
이다.[4]

이는 캐나다에 국한된 이야기가 아니다. 로니와 오드리는
필자가 영국 유학시절 자원봉사를 하러 갔던 스코틀랜드 광
산박물관에서 만나 친구가 된 노부부이다. 당시 70대였던 로
니는 어느날 필자에게 말했다.

퇴직하면서 내가 생각한 것이 무엇인지 알아? 이제 하고 싶

은 일을 하게 됐다는 거야. 그래서 탄광에서의 경험을 살려 여기서 자원봉사를 하고 있어!

초등학교 교사 출신인 오드리는 광산박물관의 정원을 가꾸고 있었다. 그 정원은 오드리의 취미 활동 장소인 동시에 시민들의 꽃밭이었다.

두 분의 초대로 집에 여러 번 방문했다. 아담한 집 뒷마당은 두 분이 가꾸는 아름다운 화초로 가득했다. 로니가 집 안의 벽장을 열자 위스키가 가득했다. 그는 은퇴 이후 취미로 위스키 감별사를 하고 있었다.

로니와 오드리는 젊은 날 열심히 일했으니, 노후를 여유롭게 보낼 권리가 있다고 생각하고 있었다. 경제적인 문제는 연금과 나라가 주는 각종 수당으로 해결되었다. 젊은 시절에 생계를 위해 일하면서 살았다면, 지금은 자기 자신과 공동체를 위해 시간을 보내고 있었다. 노후는 생의 순환에서 나눔, 즉 이타성의 시간이다. 노년은 나, 이웃, 공동체에 대한 깊은 이해의 시간이고, 소통의 광장으로 나갈 때이며, 모든 것을 포용하는 아름다운 비행의 시간이다. 로니와 오드리 부부에게 늙음은 자유롭고 넉넉한 사람이 되었다는 것을 의미했다.

2024년 여름에 스웨덴에서 만난 노인들은 도처에서 자신의 삶을 즐기고 있었다. 필자는 스웨덴의 지방 도시 벡셰Växjö의 작은 카페에서 노인들로 구성된 그룹사운드의 공연을 보앉다. 관객 대부분을 차지하는 노인들은 여유로운 표정으로 공연을 즐기고 있었다. 또한 여행은 스웨덴 노인들이 노후를 즐기는 주요한 방법 중 하나인 듯했다. 여행 방식도 다양했는데, 요트나 캠핑카를 이용하기도 하고 자전거나 도보 여행을 즐기는 모습도 자주 만날 수 있었다. 스웨덴 최대 노인단체인 PRO(4장에서 구체적으로 다룬다)가 부설기관으로 여행사 'PRO Member Trips'를 운영하는 것만 봐도 스웨덴 노인들이 얼마나 여행을 사랑하는지 알 수 있다.

스웨덴의 노인들은 문화 활동을 활발하게 하고 있었다. 시민교육기관인 ABF의 한 관계자는 이것을 '빵과 장미에서 장미를 누리는 것'이라고 해석해주었다. 이처럼 빵이 해결된 국가에서 노인들은 장미를 누리고 있었다. 장미인 문화는 소수의 전유물이고, 대다수가 빵인 생계 해결에 급급한 한국의 노인들이 떠올라 만감이 교차하였다.

스웨덴에서 만난 노인들은 적극적으로 취미와 여가 활동을 하고 있었다. 동아리들은 단순하게 취미를 즐기는 것을 넘어 민주주의의 가치를 실현하는 동력으로 작동하고 있다. 이들은 동아리 활동을 통해 사회성을 향상하고 민주주의의 기반을 튼튼하게 다지고 있었다. 동아리 활동은 대화를 통해 민주적 의사 결정을 하는 공론장인 셈이다. 필자는 스톡홀름 왕의 정원에서 만난 한 동아리를 통해 이런 사실을 확인할 수 있었다. 이 동아리는 월 1회 모여 사진을 찍는 모임으로, 한 달

임기의 회장 또한 돌아가며 맡는다. 필자가 그들을 만난 날은 한 중국계 스웨덴인이 회장을 맡아 지도력을 발휘하고 있었다. 그는 "오늘은 제가 리더입니다. 이것이 민주주의이지요"라며, 이러한 방식은 서로를 이해하고 책임을 나누는 데 도움이 된다고 말했다. 이 만남은 스웨덴의 학습동아리민주주의를 구체적으로 확인할 수 있는 기회가 되었다. 학습동아리는 단순히 취미를 공유하는 것을 넘어, 사회성과 책임감을 학습하고 공동체의 가치를 실현하는 민주주의의 교실이었다.

시민권만 있다면

No人으로 상징되는 늙은이는 경제적인 빈곤 상태에 있고, 숙명론적 태도를 지닌 존재이다. 분리이론에 따르면, 첫째, 육체적인 어려움이 생긴다. 둘째, 경제활동을 하지 않기 때문에 생계상의 어려움에 처할 수 있다. 셋째, 사회활동을 그만두기 때문에 사회적인 분리를 경험할 수 있다. 실제로도 그럴까?

첫 번째 문제와 관련하여 노인들이 청년보다 육체적으로 취약한 것은 사실이다. 하지만 몸을 쓰는 일을 적게 하면 된다. 〈꽃보다 할배〉에서는 배우 이서진이 여행자인 원로 배우들을 돕는 짐꾼 역할을 한다. 부모님과 여행을 할 때도, 자녀들은 노인의 몸에 무리가 가지 않게 일정을 짠다. 한편 요즘 노인들은 높은 수준의 의료 기술과 개인 차원의 건강관리 덕분에 건강 상태가 양호하다. 배우 이순재는 80세에 연극 〈리어왕〉에서 3시간 30분 동안 열연했다.[5] 이제 70대 노인들은 체력으로 인해 일상생활에 제약을 크게 받지 않는다.

두 번째로 노후의 경제적인 사정은 어떨까? 경제문제 해결에는 세 가지 대안이 있다. 자신이 벌어놓은 돈으로 사는 것, 또는 가족, 특히 자식들의 지원을 받는 것, 그리고 사회적인 돌봄에 의지하는 것.

성공한 노인들의 경우에는 자력으로 경제문제 해결이 가능하다. 〈꽃보다 할배〉에 출연한 이순재와 백일섭의 경우가 그렇다. 이들은 취미 생활, 여가 활동, 자기계발에 관심을 가질 여유가 있어 액티브 시니어가 될 가능성이 높다. 이들은 물려줄 재산이 있기 때문에 자식들 앞에서도 당당할 가능성이 크다. 한편 우리 부모님은 가족의 돌봄을 받는다. 이 경우는 가족이 경제적인 여유가 있거나, 부모를 지원할 마음이 있어야 한다. 하지만 노인의 자력과 가족 돌봄으로 노인의 경제 상황이 안정되기는 쉽지 않다. 한국사회의 높은 노인 빈곤율은 경제문제를 자신과 가족의 능력에 의존하는 데에 한계가 있음을 보여준다. 앞서 소개한 영국의 오드리와 로니처럼 노후의 경제문제 해결을 위해서는 사회적 협의가 중요하다. 예를 들어 기초노령연금으로 소득 결핍을 면할 수 있고, 노인에 대한 무상의료 지원으로 병원비 걱정없이 치료를 받으며,

공공주택을 제공받아 주거 문제를 해결할 수 있다. 이를 모두 국가가 책임지고 있다.

마지막으로 노인이 되면 사회적 분리를 경험할까? 〈꽃보다 할배〉의 노인들은 취미 생활과 여가 활동을 즐긴다. 오드리와 로니 그리고 우리 부모님은 자원봉사를 하며 새로운 활력을 얻는다. 교회에 다니는 부모님은 교인들과 사회적 연결망이 지속된다. 로니와 오드리도 다양한 지역사회 모임에 참여하고 있다.

이렇듯 분리이론은 필자가 만난 노인들의 삶을 제대로 설명하지 못한다. 그렇다면 이들은 왜 사회로부터 분리되지 않았을까? 결정적인 차이는 빵을 확보했는지 여부에 있다. 이순재와 백일섭은 성공한 노인으로 빵을 스스로 얻었다. 우리 부모님의 경우 네 자녀의 협력으로 생존 문제를 걱정하지 않는다. 오드리와 로니에게는 사회보장제도가 든든한 버팀목이다.

모든 노인이 빵의 문제로부터 자유롭다면 어떻게 될까? 보통 사람으로 살 수 있다. 이순재와 백일섭은 어르신 행세를 하지 않는다. 소년처럼 지적인 호기심을 갖고 더 많이 알려고 하고, 어린애처럼 심통을 부리기도 한다. 이들은 체면 때문에 뒷짐을 지고 있지 않는다. 취미 생활을 하고, 여행을 떠나며, 자원봉사에도 열심이다. 오드리와 로니는 물론이고, 우리 부모님도 자신만의 감정과 생각을 갖고 표현하는 보통 사람들이다. 이들은 각자 개성을 지닌 매우 다양한 존재이다. 공통점이 있다면 나이가 들었다는 것뿐이다. '노인이 되면 동일한 특징을 가진 비슷한 존재가 된다'는 가설이 이들 앞에서는 무색하다.

문제는 빵이다, 그리고 장미도

분리이론에 따르면 노인은 서럽다. 몸은 말을 듣지 않고, 경제적인 능력은 현저히 떨어지며, 퇴직 후 사회적인 관계망은 작동하지 않는다. 그런데 모두가 서러운 것은 아니다. 어떤 노인은 지금이 가장 좋다고 말한다. 그 노인은 젊었을 때 불확실한 미래를 선택해야 했고, 경제적인 어려움을 겪었다. 하지만 지금은 안정감이 생겼고, 경제적으로도 크게 어렵지 않다. 그는 이제야 보통 사람들처럼 세상을 넉넉하게 즐기고 있다고 한다. 이 노인은 기본적으로 경제적 어려움이 없기 때문에 노후를 즐길 수 있는 것이 아닐까?

노후의 가장 큰 문제는 빵이다. 행복한 삶의 전제 조건은 생존이다. 노후에 경제적인 어려움이 없다면 자신의 개성을 유지하며 보통 사람으로 살 가능성이 높다. 이순재와 백일섭처럼 성공한 노인들은 취미 생활과 여가 활동을 즐기면서 생긴 모습 그대로 살아간다. 자식농사를 비교적 잘 지은 우리 부모님도 자원봉사를 하면서 넉넉한 마음으로 노후를 보내고 있다. 영국의 로니와 오드리도 잘 갖춰진 복지국가의 제도 덕에 빵을 걱정하지 않는다. 영국 유학 당시 한 이웃 노인에게 크리스마스 수당이 지급되는 것을 보았다. 이것이 무엇이냐고 물었더니, 그는 '손주들에게 용돈을 주라는 의미'라고 답했다. 그때 나는 '노인의 품위도 국가가 지켜주는구나'라고 생각했다.

안정적으로 먹을 수 있는 빵만 확보된다면, 노인들은 더 이상 짤짤이 순례를 위해 거리로 나오지 않을 것이다. 그들은 생존을 위한 먹이활동을 멈추고 나이 든 보통 사람으로 지역사회에서 어울려 살아가게 될 것이다.

동물이 살아가는 데 필수적인 것은 빵이다. 그런데 인간은 빵만으로 살 수가 없다. 장미도 필요로 하는 존재이기 때문이다. 즉 생존에 필수적인 빵을 얻어야 함은 물론, 인간다운 품위를 상징하는 장미를 가져야 한다. 미국의 시인 제임스 오펜하임이 1911년에 발표한 시 「빵과 장미」를 음미해보자.

우리가 저항하면서, 수많은 여성이 죽었다.
빵을 향한 선배들의 오랜 요구를 우리의 목소리로 외친다.
고된 노동 속에서도 그들의 영혼은 작은 예술과 사랑과
아름다움을 알았다.
맞아, 우리는 빵을 위해서만이 아니라 장미를 위해서도
싸운다.[6]

이 시에서 장미의 의미는 '작은 예술과 사랑과 아름다움'이라는 구절에서 유추할 수 있다. 이것은 인간다움의 권리, 즉 인권, 시민권, 노동권, 참정권 등을 의미한다. 동정에 기반한 적선과 시혜 덕분에 `생존한다면, 장미 없이 빵만 얻는 것이다. 시민은 시민권에 따라 권리로서 빵을 제공받고 장미도 함께 누리는 존재이다.

2. 노인은 누구인가

시민으로서의 노인

돌아온 탕자와 빵

렘브란트의 그림 〈돌아온 탕자〉는 『성경』에 나오는 이야기를 형상화한 것이다. 무릎을 꿇고 있는 사람이 작은아들이고, 그 앞에 있는 노인이 아버지이다. 이들을 못마땅한 표정으로 쳐다보고 있는 큰아들도 오른쪽에 보인다. 작은아들은 떼를 써서 아버지의 유산을 미리 받아 외지로 나갔다. 돈을 다 탕진한 아들은 아버지의 집 주변을 배회한다. 이 아들을 아버지가 발견하고 안아주면서 잔치를 베풀자고 하자 큰아들은 불만을 터뜨린다.

"아버지, 저는 동생과 달리 집을 지키며 충성스럽게 일했는데, 왜 저를 위해서는 염소 새끼도 안 잡아주시면서, 집 나가

재산을 탕진한 동생을 위해서는 살진 송아지를 잡아주시려 합니까?"

"큰애야, 적어도 배는 굶지 않게 해줘야 하지 않겠냐? 적어도 잠은 자게 해줘야 하지 않겠어? 적어도 아픈 데는 치료해줘야 하지 않겠느냐고. 내 자식이잖니, 너는 형이고! 하지만 걱정하지 말아라. 지금 집의 재산은 모두 너의 것이다. 네 동생에게는 인간으로서 살 수 있도록 최소한으로 먹여주고, 재워주고, 치료해주고, 일할 수 있도록 해주는 것이란다."[7]

시민 강좌를 할 때면 〈돌아온 탕자〉 이야기를 한 뒤 질문한다. '여러분이라면 재산을 탕진하고 돌아온 아들을 어떻게 하겠습니까?' 대부분은 탕자의 아버지처럼 할 것이라고 말한다. 그러면 다시 묻는다. '아들이 여전히 일은 안 하고, 게으르고, 놀러 나가려고만 해도 그럴 것입니까?' 그래도 최소한 먹여주고 재워는 줘야 하는 것이 부모자식 관계라고 말한다.

'자식이 원수죠! 하지만 부모니까 그 정도는 해줘야죠.'

부모와 자식의 관계를 '천륜'이라고 한다. 서로는 권리와 의무로 묶여 있다. 자식이 아무리 미워도 부모에게는 양육의 책임이 있다. 자식은 보호받을 권리가 있다. 그러나 자식이 장성하면 이 관계는 역전된다. 여기에서 중요한 것은 가족 간의 연대이다.

돌봄은 연대에 기반한다. 연대는 어려운 이웃 누구에게나 조건 없이 돌봄을 제공한다는 사회적 약속이다. 연대는 공동

렘브란트, 〈돌아온 탕자〉, 1668, 캔버스에 유채.

돌봄을 통해 사회적 위험에 맞서는 인간적인 태도이자 실천이다.

시민의 권리로서의 빵

〈돌아온 탕자〉의 이야기를 좀 더 들여다보자. 이 이야기의 전제는 부자 아버지이다. 오늘날 아버지는 탕자의 아버지처럼 부자일까? 1960년대 산업화 세대의 아버지들은 스스로 번 돈으로 부모와 자식을 돌보면서 집까지 장만할 수 있었다. 경제성장의 시기였고, 집값이 지금처럼 비싸지 않았다. 그런데 1997년 IMF 외환위기 이후의 아버지들은 부모를 돌볼 능력을 상실했다. 저성장시대에 자식의 교육과 부양만으로도 버거운 상태다. 2020년 코로나19 팬데믹 이후의 아버지들, 즉 지금의 청년들이 아버지가 되었을 때는 어떻게 될까? 현재의 청년들을 'N포세대', 즉 결혼, 연애, 직장 등을 무한대로 포기하는 세대라고 일컫는 것에서 알 수 있듯이, 자신을 돌보는 것만으로도 벅차다. 이제 급속한 핵가족화와 젊은 세대의 고용불안으로 가족 내에서의 돌봄은 기대하기 힘들게 된 듯하다. 이런 점에서 한국의 노인들에게 늙음은 자유가 아니라 고통이다.

현재 한국의 노인 다수가 No人으로 존재한다. 정치적·경제적·사회적으로 소외상태에 있다. 가족과 사회의 짐이고 잉여인간으로 인식되기도 한다. 노인을 얘기할 때면 항상 '노인

문제'라는 단어를 떠올린다. 노인 빈곤율은 40% 수준이다. 경제적으로 무능력하고 무기력한 존재이다. 노인 자살률이 OECD 회원국 가운데 부동의 1위인 것은 이와 무관하지 않다. 이런 상황에서 정부의 노인복지 예산은 OECD 회원국 중 최하위 그룹에 속한다. 지금까지 노인 돌봄은 사적인 영역, 즉 가정과 민간에게 맡겨져왔다. 하지만 이제는 전통적인 가족의 효도에 기반한 돌봄조차 불가능해 보인다.

〈돌아온 탕자〉의 결말처럼 아름다운 가족의 이야기는 더 이상 지속될 수 없다. 현실적으로 부자인 아버지나 부자인 아들이 존재하기 힘들다. 이는 돈 있는 소수의 집에서나 가능한데, 돈이 있다 하더라도 그들의 돌봄의지와 효심에 호소해 돌봄을 맡길 수 있을까?

근대국가는 돌봄을 가족이 아닌 국가가 감당해야 한다고 생각했다. 이와 같은 생각을 이론적으로 체계화한 것이 시민권 이론이고, 정치와 제도로 구현한 것이 복지국가이다. 〈돌아온 탕자〉의 비유를 통해 시민권과 복지국가를 이해해보자.

〈돌아온 탕자〉에서의 아버지는 국가이고, 아들은 국민이라고 생각해보자. 아버지가 자식이라는 이유만으로 탕자를 돌봐야 하듯이, 국가는 국민이라는 이유만으로 국민을 보호할 의무가 있다. 작은아들은 가족을 위해 어떠한 업적을 세우거나 기여를 하지 않았고 오히려 가족의 돈을 탕진했다. 아버지의 돌봄은 아들의 업적, 기여, 능력과 상관이 없다는 것을 보여준다. 자식은 가족 구성원이라는 지위만으로 부모의 보호를 받을 권리를 가진다. 이런 맥락에서 시민권 이론은 지위에 관한 이론이다. 국민은 국가의 일원이라는 이유만으로 보호받을 권리를 갖는다. 이것은 천부인권설에 기반하는데, 인간은 인간이라는 이유만으로 하늘로부터 권리를 부여받는다는 것이다.

그렇다면 권리로 어느 정도까지 보호해줘야 할 것인가? 탕자의 아버지는 말한다. '적어도 ~는 해줘야 하지 않겠냐.' 그렇다. '적어도' 즉 최소한 이 정도까지는 이런저런 영역에서 보호해줘야 한다. 시민은 품위를 잃을 정도로 배가 고파서는 안 된다. 그리고 비굴하고 모욕적인 상태에 있어서도 안 된다. 근대국가는 이것을 '사회권적 인권'으로 구체화하고 '최소한의 시민기준선national minimum standard of living'을 정했다.

이러한 최소한의 복지를 어떤 영역에서 시민들에게 제공해야 할까? 영국의 경제학자 베버리지는 1942년 그의 보고서에서 결핍, 무지, 질병, 불결, 나태를 시민을 괴롭히는 '5대악'으로 보고 이에 대해 국가가 공적으로 대응해야 한다고 주장했다.

> 이 땅의 국민이라면, 국가는 그들에게 최소한 소득 결핍이 없게 하고, 최소한 무식하지 않도록 하고, 최소한 질병을 예방하고, 질병에 걸리면 치료는 해주고, 최소한 집이 불결하

베버리지의 5대 악을 표현한 일러스트, 〈데일리 헤럴드〉, 1942.

지 않도록 해주며, 최소한 일자리가 없어서 게으르게 해서는 안 된다. 일을 할 권리를 보장해야 한다.[8]

이를 위한 제도적 조치가 사회보험, 의무교육, 공공의료, 공공주택, 완전고용 정책 등이다. 한편 영국의 사회학자 마샬은 시민권 이론을 제시한다. 그는 시민권에 자유권, 정치권, 사회권이 있다고 말한다. 자유권이 말할 권리라면, 정치권은 선거권과 피선거권처럼 정치 참여의 권리다. 그리고 사회권은 의료, 교육, 주거 등 빵을 얻을 권리다. 이렇게 볼 때 「베버리지 보고서」는 시민권 중 빵과 관련된 사회권을 이야기한다. 시민권을 얻으려면 어떤 자격을 갖추어야 할까? 시민권은 기여나 업적에 따라 주어지는 것이 아니라, 시민이라면 누구나 당연히 받아야 할 지위에 관한 권리이다.

시민권의 관점에서 볼 때 돌아온 탕자는 누구인가? 소득 결핍, 질병, 주거 빈곤, 실업 등의 상태에 있거나, 노인, 장애인 등 삶에 결핍이 발생할 위험에 처한 사람들이다. 이런 문제가 시민들을 괴롭히지 않도록 국가는 안전망을 구축해야 한다. 이것이 가능하려면 사회 전체가 협력해야 한다. 이것이 연대이다. 연대는 할아버지와 아버지에서 아버지와 자식으로 이어진다. 또한 가진 사람으로부터 그렇지 않은 사람 간의 소득 이전을 통해 이루어진다.

이런 점에서 국가는 시민권 실현을 위해 시민 간 연대성을 형성할 책무가 있다. 즉 국가는 시민권의 실현을 위해 시민교육 등을 통해 아버지와 자식 세대를 연결해줘야 한다, 돌아온 탕자의 아버지와 아들처럼. 그리고 아들들, 즉 첫째와 둘째 아들의 연대도 중요하다. 〈돌아온 탕자〉에서 첫째는 둘째에 대해 불만이 많다. 아버지는 큰아들에게 '이 집의 재산은 모두 너의 것이다. 둘째에게는 가족으로서 최소한 먹여주고 재워주는 것'이라고 말함으로써 타협의 길을 연다.

이처럼 연대는 노년 세대와 성인 세대 그리고 자식 세대 간의 수직적 관계에서 이루어지기도 하지만, 동시대 서로 다른 계급 간에도 이루어져야 한다. 소득 이전을 통한 시민들 간의 연대는 불평등을 줄일 수 있다. 이런 수평적인 연대는 어떻게 가능할까? 복지정치를 통해 갈등, 설득, 타협의 과정을 거쳐 도달할 수 있다. 이것을 통해 시민의 집이 완성된다. 시민은 공동체의 구성원이다. 이들은 모두 국가로부터 인간답게 살 수 있는 최소한의 빵을 보장받아야 한다.

노인은 시민이다

노인은 나이 든 사람이다. 늙음은 몸의 쇠퇴, 소득 결핍, 사회관계의 축소 등으로 인간을 내모는 경우가 많다. 하지만 모든 노인이 동일한 운명은 아니다. 노인의 쇠퇴 곡선은 개인, 계급, 국가에 따라 다르기 때문이다.

자기 관리를 잘 하는 노인은 술과 담배를 과도하게 하는 사람보다 건강하게 살 수 있다. 잘사는 동네의 상층계급 노인은 못사는 동네의 하층계급 노인보다 활기가 있다. 복지국가의 노인은 빈곤국가의 노인보다 노후를 보장받을 가능성이 높다.

유엔은 「세계인권선언」을 통해 모든 인간에게는 천부의 존엄성과 타인에게 양도할 수 없는 평등한 권리가 있다는 것을 선포하고, 국가에게 이를 보장하는 책임을 다하라고 권고했다. 특별히 생존권을 보장하는 사회권을 명시했다.

> 모든 사람은 의식주, 의료 및 필수적 사회복지를 포함하여 자신과 가족의 건강과 안녕에 적합한 생활수준을 누릴 권리와 실업, 질병, 장애, 배우자 사망, 노령 또는 기타 불가항력의 상황으로 인한 생계 결핍의 경우에 사회보장을 누릴 권리를 가진다.[9]

노인은 인간이다. 따라서 「세계인권선언」의 대상이다. 이뿐 아니다. 「노인권리선언」, 「비엔나 국제고령화행동계획」, 「노인을 위한 UN원칙」, 「마드리드 국제고령화행동계획」 등 노인만을 대상으로 한 결의문도 많다. 이 결의문들은 노인들의 사회권, 노동권, 참여권 그리고 존엄권을 보장할 것을 주장한다. 「노인을 위한 UN원칙」에서는 독립, 참여, 돌봄, 자아실현, 존엄의 다섯 가지 원칙을 제안한다. 노인의 독립을 보장하기 위해서는 적절한 '식량, 물, 주거, 의복 및 건강보호에 접근'할 수 있어야 하고, '소득을 얻을 수 있는 기회에 접근' 할 수 있어야 한다. 또한 '적절한 교육과 훈련 프로그램에 접근'할 수 있어야 한다. 노인의 참여를 증진하기 위해서는, '정책의 형성과 이행에 적극적으로 참여'할 수 있어야 하고, '지역사회 봉사를 위한 기회를 찾고 개발'하여야 한다. 특히 '노인들을 위한 사회운동과 단체를 형성'할 수 있어야 한다. 돌봄과 관련해서는 '가족과 지역사회의 보살핌과 보호는 물론 사회적·법적 서비스를 받을' 수 있어야 한다. 자아실현의 경우, '노인은 사회의 교육적·문화적·정신적 그리고 여가에 관한 지원에 접근'할 수 있어야 한다. 또한 노인은 존엄과 안전 속에 살아야 한다. '노인은 나이, 성별, 인종이나 민족적인 배경, 장애나 여타 지위에 상관없이 공정하게 대우받아야 하며, 그들의 경제적인 기여와 관계없이 평가되어야 한다.'

시민들에게 빵과 장미를 보장하는 시민권은 우리나라 헌법에도 잘 명시되어 있다. 헌법 제10조는 행복을 추구할 권리를, 제34조는 인간답게 생활할 권리를 담고 있다. 사회권 관련 헌법 조항은 제31조부터 제36조까지로 노동권, 교육권, 환경권, 가족생활권 및 건강권 등을 아우른다.

하지만 한국의 노인이 처한 현실은 암울하기만 하다. 2017년 OECD가 발표한 「불평등한 고령화 방지」 보고서에서 한국은 노인 빈곤율과 노인 자살률 1위를 기록했다. 2015년 '세계노인복지지표'에 따르면, 한국 노인의 사회적·경제적 복지

수준은 세계 96개국 중 60위이며, 노인의 소득보장 순위는 82위로 노인의 인권 상황이 매우 열악하다.[10]

이상에서 보듯이 한국의 노인들은 권리, 특히 빵을 보장하는 사회권을 누리지 못하고 있다. 강의에서 만난 노인들에게 시민의 의무가 무엇인지 물어보면 대부분 쉽게 대답한다. 비교적 최근에 추가된 환경보존의 의무는 모르는 경우가 종종 있지만, 납세의 의무, 국방의 의무, 근로와 교육의 의무 등은 대부분 인식하고 있다. 납세는 우리가 일상에서 행하고 있다. 국방은 국가를 지키는 일에 해당하기에 군복무하는 것에만 국한해서 생각하지 말자고 하면 노인들은 애도 낳아 키우고, 산업전사로 일도 열심히 했기 때문에 이 의무도 다 했다고 생각한다. 이때 시민의 권리에 대해서도 말해보자고 제안한다. 놀라운 것은 의무는 그렇게 잘 알던 노인들이 참정권 외 권리에 대해서는 잘 답하지 못한다는 점이다. 특히 사회권이 언급되는 경우는 전무했다.

헌법에도 명시된 권리를 왜 모를까? 이들이 청소년이었을 때에 의무만을 배웠기 때문이다. 국민교육헌장은 '민족중흥의 역사적 사명'을 강조했고, 국기에 대한 맹세는 '조국과 민족의 무궁한 영광을 위해 몸과 마음을 바'칠 것을 다짐하게 했다. 이에 따라 의무는 비장한 어조로 말하는데, 권리에 대해서는 침묵하게 되었다.

이 책은 앞서 언급했듯이 노인이 시민이라는 데 주목한다.

나이 들었다는 특성을 반영해 노인을 정의한다면 나이 든 시민, 즉 '선배시민'이다. 선배시민은 '노인 고유의 상황과 노인들의 특수한 환경, 노인들에게 직접적인 영향을 미치는 결정에 노인들이 자신들의 목소리를 효과적으로 낼 수 있는 방법'을 찾아야 한다.[11] 즉 선배시민은 시민권에 초점을 둬 빵과 장미를 얻을 권리를 요구하고, 이를 실현하기 위해 국가와 지역 일에 주체로서 참여해야 한다. 모든 사람은 인간답게 살 권리가 있다. 특히 여러모로 취약해지는 시기인 노년에 인간답게 살 수 있는 사회를 요구해야 한다.

사회 구성원들이 시민권을 통해 인간다운 삶을 보장받을 수 있었던 것은 계속된 투쟁의 결과이다. 노동자들은 노동조합을 조직했고, 시민들은 학습하고 지역사회와 정치에 참여해서 자신들의 권리를 요구하고 관철했다. 문제는 사회권이 보장되지 않은 가운데 노동자들이 나이 들어 퇴직을 하면 사회는 그들이 다른 종족인 것처럼 외면한다는 데 있다.[12] 이처럼 늙음은 자칫 혐오와 배제의 표적이 될 수 있다. 시민성에 입각하여 늙음을 바라보는 사회적 시선과 이를 제도적으로 구현한 안전장치의 유무가 노년의 운명을 결정한다.

인류의 역사 속에는 부당한 취급을 받던 대상을 자연스러운 존재로 바꿔낸 선례들이 있다. 봉건제에 반대하는 운동, 인종차별을 철폐하기 위한 운동, 여성들의 권리를 찾기 위한 운동, 동성애자와 트랜스젠더의 평등을 위한 운동, 장애인 권리를 위한 운동은 모두 그런 목표를 지니고 있었다. 연령은 새로운 차별의 전선이다. 우리는 모두 연령차별이라는 비도덕적인 차별에 반대해야 한다.[13]

사람은 저마다 고유한 자신만의 역량을 가지고 있고, 노인이 된다고 해서 이 역량이 모두 사라지지 않는다. 역량은 "사람은 무엇을 할 수 있고, 무엇이 될 수 있는가, 사람이 누릴 수 있는 실질적인 기회는 무엇인가" 하는 문제이다.[14] 즉 할 수 있고 될 수 있는 능력이 역량이다. 그런데 주목해야 할 것은 저마다 갖고 있는 잠재된 역량을 실현할 수 있느냐 여부가 사회의 능력과 깊은 연관이 있다는 점이다. 누스바움에 따르면 내적 역량은 "훈련되거나 계발된 특성과 능력으로 대부분 정치적·사회적·경제적·가족적 환경과의 상호작용 속에서 길러진다."[15] 국가, 사회, 가족은 개인의 내적 역량이 발전할 수 있도록 다양한 방식으로 지원해야 한다. 특히 국가는 시민의 역량과 삶의 질을 향상시키기 위한 토대를 만들어야 한다. 개인의 역량 실패는 그 사회의 불평등, 차별, 소외에서 발생하는 경우가 많기 때문이다. 이처럼 개개인이 인간다운 삶을 누리고 자신의 역량을 발휘할 자유를 누리는 것이야말로 진정한 의미의 발전이고 사회정의라고 보고, 이를 끌어올리는 것을 목표로 삼는 이론이 '역량 접근법'이다.

역량 접근법의 눈으로 보면 노인은 살아오면서 얻은 다양한 내적 역량들을 가지고 있다. 불평등한 사회, 정책적 실패, 연령차별 등은 내적 역량을 드러내고 발전시키는 데 걸림돌이 된다. 노인은 존중받는 사회적 기반 위에서 굴욕 없이 살아야 한다. 노인들도 다른 사람들과 똑같이 가치 있는 존엄한 존재로서 대우받아야 한다. 노인은 원래 역량이 없는 존재가 아니라 지원 부족과 차별로 역량을 발휘할 기회를 상실한 것이다. 인간은 연령은 물론 인종, 성별, 성적 지향, 국적, 신분, 종교, 혈통 등으로 인해 차별받지 않아야 한다.[16] 노인은 사람이 지닌 모든 가능성을 갖고 있는 인간이다. 잠재역량이 억압되는 원인은 불평등한 사회에 있고, 개인에게 조건의 평등을 제공하지 않는 국가에 있다. 개인 가능성의 실현은 시민으로 자신을 자각하고 권리 실현을 하는 과정에서 이뤄진다.

선배로서의 노인

유럽노인연합과 노인동맹단 강우규처럼

노인은 그 사회에서 연장자, 즉 선배이다. 그런데 강의를 하다 보면 선배라는 단어를 부정적으로 받아들이는 경우가 많다. 어떤 분은 군대에서 만난 선배를 떠올리면서 분노하기도 한다. 직장선배와 학교선배도 마찬가지이다. 살다 보면 좋은 선배도 있지만, 상처를 준 선배도 많다. 선배라는 존재 자체가 억압자로 느껴질 수 있다.

그런데 선배시민론에서 말하는 선배는 군대선배, 직장선배, 학교선배, 동네선배와 다른 선배, 즉 시민선배를 의미한다. 시민선배란 시민권을 권리로 알고 앞장서서 실천하는 선배이다. 그는 자신은 물론 동료시민과 후배시민이 안전하게 살 수 있는 공동체 형성에 관심을 갖는다.

시민선배의 전형은 '유럽노인연합EURAG'이다. 유럽노인연합은 「유럽연합인권헌장」 제25조에서 언급한 노인의 권리를 실천하고 있다.

> 존엄성 있는 독립적 생활을 영위하고 사회적·문화적 생활에 참여할 수 있는 노인의 권리를 인정하고 존중한다.

유럽노인연합은 1962년 룩셈부르크에서 만들어진 비영리 단체로 유럽 28개국에 지부가 있다. 자원봉사 활동을 통해 유럽연합과 개별 회원국에서 제기되는 노인 관련 이슈들에 개입하고 있다. 유럽노인연합의 모토는 다음과 같다.

> 모든 노인들은 사회적·문화적 삶에 대한 권리를 갖고 있으며, 미래 세대의 공동체와 동료들에 대한 책임을 진다.

유럽노인연합은 사회권을 노인의 권리로 주장하고, 동료시민은 물론 미래 세대의 공동체까지 책임지고자 한다. 이것

은 노인들이 스스로는 물론 후배시민을 대변하는 일에 앞장
서고 있음을 의미한다.

외국의 시민선배로 유럽노인연합이 있다면, 한국에는 '대
한국민노인동맹단(이하 노인동맹단)'과 강우규 열사가 있다.
강우규 열사는 1919년 서울역에서 신임 조선총독에게 폭탄
을 던졌다. 그는 당시 65세 노인이었다. 1920년대 평균수명이
40대 초반이었던 점을 감안하면, 강우규 열사는 고령의 노인
으로 거사에 참여한 것이다. 그가 속한 노인동맹단은 3·1운동
에 자극을 받은 노인들이 주축이 되어 블라디보스토크에서
만들어진 단체이다. 청년이 아닌 노인들이 독자적으로 단체
를 만들어 독립운동을 전개한 드문 경우이다.

한의사였던 강우규 열사는 청년들의 교육을 위해서도 헌
신했다. 평생 모은 돈으로 영명학교, 관동학교, 협성학교 등
을 설립했다.[17] 청년들에게 좋은 공동체를 물려줘야 한다고
생각했으며, 청년들이 깨어 있어야 한다고 주장했다.

> 내가 이때까지 우리 민족을 위하여 자나 깨나 잊지 못하는 것
> 은 우리나라 청년들의 교육이다. (…) 내가 이번에 죽으면 내
> 가 살아서 돌아다니면서 가르치는 것보다 나 죽은 것이 조선
> 청년의 가슴에 적게나마 무슨 이상한 느낌을 줄 것 같으면 그
> 느낌이 무엇보다도 귀중한 것이다.[18]

강우규의 거사는 청년들에게 '가슴에 이상한 느낌'을 주었다. 1920년 한 청년은 서울역에서 외친다. "강우규 어른은 연로하신 노인임에도 불구하고 민족을 위해 희생되셨다. 젊은 우리가 어찌 가만히 있을쏘냐."[19] 강우규 열사의 동상은 현재 서울역전에 세워져 시민선배의 위용을 보여주고 있다.

시민선배는 유럽노인연합처럼 시민권을 얻기 위해 노력하는 선배이다. 시민권에 대해 먼저 알고, 다음 세대에게 알려주고, 이를 실현하기 위해 노력한다. 시민선배는 노인동맹단의 강우규 열사처럼 후배시민들에게 더 나은 공동체를 물려주려는 선배이다. 그는 후배시민의 교육과 식민지 조국의 독립을 위해 헌신했다.

소통할 줄 아는 선배

미국의 소설가 헤밍웨이의 노벨상 수상작 『노인과 바다』에서는 노인과 소년이 친구 같은 관계로 나온다. 작품의 주인공은 노인이지만, 노인과 끊임없이 대화하는 사람은 동년배가 아니라 소년이다. 노인이 고기를 잡지 못하자, 소년의 부모는 다른 배를 타라고 한다. 혼자 배를 타고 고기를 잡으러 나간 노인은 5.5미터, 700킬로그램에 이르는 청새치와 사투를 벌이고, 잡은 청새치를 먹으려는 상어와 긴 싸움을 한다. 이때 노인은 반복해서 말한다.

그 애가 옆에 있다면 얼마나 좋을까. 나를 도와줄 수도 있고, 이걸 구경할 수도 있을 텐데.[20]

노인에게 소년은 없어서는 안 될 조력자였다. 늘 노인을 마중했고, 힘든 일을 적극적으로 도왔다. 낚싯줄, 작살, 돛대 등을 함께 운반했다. 그렇다면 소년에게 노인은 어떤 존재였을까? 고기잡이의 스승이었다. 고기 잡는 법과 인생의 경험을 나누었다. 노인은 말한다.

생각만큼 그렇게 힘이 세지 않을지도 몰라. 하지만 난 요령을 많이 알고 있는 데다 배짱도 있지.[21]

소년에게 노인은 몸은 늙었지만, 의지와 생각만큼은 활기로 가득 찬 존재였다. 노인의 "두 눈을 제외하면 노인의 것은 하나같이 노쇠해 있었다. 오직 두 눈만은 바다와 똑같은 빛깔을 띠었으며 기운차고 지칠 줄 몰랐다."[22] 이런 맥락에서 『노인과 바다』에는 유명한 구절이 있다.

인간은 패배하도록 창조된 게 아니야. 인간은 파멸당할 수는 있을지 몰라도 패배할 수는 없지.[23]

노인은 청새치와 사투를 벌이고 오두막으로 무사히 돌아와 깊은 잠에 빠졌다. 소년은 그가 살아 있음을 확인하고 엉 엉 울었다. 바다에서 돌아온 노인과 소년은 말한다.

> "네가 보고 싶었단다."[24]
> "얼른 나으셔야 해요. 전 아직 할아버지한테 배울 게 너무 많으니까요. 할아버지는 제게 모든 걸 가르쳐주셔야 해요. 대체 얼마나 고생하신 거예요?"[25]

『노인과 바다』는 '노인과 소년'이라는 제목으로 출간되었어도 이상하지 않을 정도로 노인과 소년의 우정을 멋지게 그렸다. 이들은 서로 의존하고, 지지하고, 소통한다. 이들은 평등한 친구로서 서로가 가진 장점을 공유하고 돌본다.

선배의 권위는 어디에서 오는가

강의 중에 이런 질문을 던지곤 한다.

> "여러분, 제가 권위가 있어 보입니까?"
> "아니요!"

대부분의 경우 필자는 권위가 없어 보인다고 대답한다. 그때서야 필자는 권위와 권위주의를 설명한다. 'authoritarian'이라는 영어 표현은 '권위주의적'으로 번역된다. 권위주의는 비판하거나 도전하는 것을 허용하지 않으며, 지위를 이용해 과도한 요구를 하려는 태도나 행동을 의미한다. 가령 아랫사람이 윗사람의 자동차 문을 열어주려니 하거나, 상사의 이삿짐을 나르는 데 동원되는 식이다. 한편 '권위 있는'으로 번역되는 'authoritative'는 어떤 분야나 일에서 인정받는 것을 의미한다. '그는 심리학의 권위자야!'처럼 권위는 믿음과 존경을 표시한다. 그러니까 '제가 권위주의적으로 보입니까'라고 하면 '아니요'라는 대답이, '제가 권위가 있어 보입니까'라는 질문에는 '네, 그 분야에서 권위를 갖고 있습니다'라는 답이 일반적이다.

노인은 권위주의적인 존재로 인식되는 경향이 있다. 나이가 많다는 이유로 모든 것에서 우선권을 가지려 하고 모든 것을 양보받길 바라는 순간, 권위주의적이라는 비판을 받을 것이다. 선배라는 말을 싫어하는 사람들은 한국사회에서 선배가 권위주의적인 모습을 많이 보여줬기 때문에 그리된 것이다. 그들에게는 직장선배나 대학선배가 강제로 술을 먹였다든가, 군대 선임이 괴롭혔다든가 하는 경험이 있다. 이와 달리 선배시민론에서 선배는 시민으로서의 선배, 즉 시민선배를 의미한다. 그렇다면 시민선배는 어떤 권위를 가져야 하는가? 즉 시민으로서 선배다움은 어떤 것인가?

시민권을 권리로 주장하는 데서 선배의 권위가 나온다. 모두를 시민권을 가진 존재로 인식하고 앞장서서 권리를 요구할 때 후배들은 그 선배를 시민선배로 인정할 것이다. 시민권은 모두가 안전한 공동체에 대한 상상으로 공공성을 보장하기 때문이다.

선배는 또한 소통의 과정에서 권위주의적이지 않을 때 권위를 가질 수 있다. '너 몇 살이야? 나는 젊어도 보고 늙어도 봤는데, 너는 늙어봤어?'라고 말하는 노인은 권위주의적인 노인이다. 늙어서 보이는 것도 있지만, 늙었기 때문에 보지 못하는 것도 있다. 국민학교에 다닌 세대는 초등학교에 다닌 세대를 이해할 수 없을지도 모른다. 따라서 선배의 권위는 차이를 인정하고, 묻고 듣고 이해하고자 할 때 생긴다. 『노인과 바다』 속의 노인과 소년은 서로에게 권위를 갖고 있다.

이상에서 보듯이 시민선배는 시민권에 대해 먼저 알고, 이를 실현하기 위해 몸소 실천하고, 후배시민과 소통하는 존재이다. 따라서 시민선배는 시민권으로 빵을 얻고, 시민권을 자각하고 실천하는 활동을 통해 시민사회에서 존중, 즉 장미를 얻을 수 있다.

인간으로서의 노인

환경과 평화를 돌보는 일상
아리스토텔레스의 『니코마코스 윤리학』에 따르면 인간에게 행복이란 잠재력을 탁월하게 발휘할 때 찾아온다. 그는 인간이 시민이 되어 공동체에 참여할 때 행복이 가능하다고 보았다. 인간은 공동체를 만드는 정치적인 존재이며, 우정과 탁월성을 보장하기 때문이다. 프레이리는『페다고지』에서 인간이란 오늘보다 더 나은 내일을 창조하고, 내일보다 더 나은 모레를 재창조하는 행위, 즉 프락시스를 할 때 인간답게 살 수 있다고 주장했다.

스웨덴의 구닐라 할머니가 필자의 눈에는 인간답게 사는 것으로 비춰졌다. 구닐라는 2024년 5월, 스웨덴 스톡홀름에서 만났다. 간호사 출신인 그녀는 80세의 나이에도 불구하고 사회 활동에 적극적으로 참여하는 열정적인 사람이다. 그녀는 68혁명을 통해 의식과 삶의 큰 변화를 겪었고, 지속적으로 사회 문제에 관심을 가지고 행동해온 사람이다. 그의 집을 방문했을 때, 놀랍게도 프레이리의『페다고지』가 있었다.

구닐라는 '스웨덴 지구의 벗Jordens Vänner'의 회원으로 활동하며, 사람과 지구를 지키는 운동에 참여하고 있다. '스웨덴 지구의 벗'은 환경과 연대를 위한 세계 최대의 풀뿌리 조직인 '지구의 벗 인터내셔널Friends of the Earth International'의 스웨덴 지부이다. 이 단체는 75개국에서 200만 명의 회원과 5,000명 이상의 활동가가 활동하고 있으며, 대중 교육 및 활동을 통해 생태적 지속 가능성과 지구 자원의 공정한 분배를 위해 지역, 국가 및 국제적으로 일한다. 또한 기후변화, 자원 관리, 사회적 정의 등 여러 분야에서 영향력 있는 활동을 펼치고 있다.

구닐라는 스톡홀름 감라스탄에서 열린 집회에서 처음 만났다. 항구 근처를 지나가는데 일군의 사람들이 연설을 하고 연주를 하며 행사를 진행하고 있었다. 한쪽에서는 차와 빵, 쿠키 등을 나누어주며 사람들에게 행사 취지를 알리고 있었는데, 그중에서도 가장 활달하고 적극적인 사람이 구닐라였다. 그녀는 저자에게 음식을 권하며 행사 취지에 대해 설명해주었는데 고령임에도 열정적인 모습이 인상적이었다.

그 광장은 원래 돌로 만든 보도와 주차장이 전부였는데 구닐라가 속한 지구의 벗 스웨덴 지부가 정치인들을 만나 그곳에 나무를 심을 것을 건의하였다. 이날 파티는 광장에 녹지가 조성된 것을 자축하고, 시민들에게 알리는 자리였다.

며칠 후 의회 광장을 걷다가 구닐라를 다시 만났다. 이번에는 청년들과 반전 캠페인을 하고 있었다. 스웨덴은 300년 동안 자국에서 전쟁이 없었고, 지난 200년 동안 전쟁에 참여한 적이 없는 평화로운 나라였다. 하지만 러시아의 우크라이나 침공으로 전쟁 위기가 고조되면서 북대서양조약기구에 가입하고 미군기지가 들어설 예정이다. 이런 상황에서 노인들은 전쟁과 미군기지 설치를 반대하는 목소리를 높이고 광장에서 시민들에게 알리는 활동을 전개하였다. 구닐라는 떠나는 필자에게 자신은 오늘 끝까지 여기에 있어야 한다고 말했다. 자신들이 떠나면 경찰들이 청년들을 끌고 갈지도 모르기 때문이란다. 구닐라가 말했다.

나 같은 노인이 있어야 청년들이 안전하다.

구닐라 할머니와 같은 선배시민들이 후배시민과 공동체를 돌보기 위해 적극적으로 앞장서고 있다는 것을 확인하는 순간이었다.

특별한 나이를 사는 사람들

노년은 자신을 인간으로서 발견하는 특별한 나이이다. 크룩생크는 『나이 듦을 배우다』에서 말한다.

> 노년 이외 그 어디에도 이렇게 복잡다단한 곳은 없으며 (…) 오래 살면서 자신의 재능을 충분히 꽃피우는 사람들은 우리에게 인간의 잠재력이 무엇인지 보여준다.[26]

노년은 "성숙의 계절이고, 자기 자신이 되어가는 시간"[27]이고, "사회에 이익이 될 잠재력이 아직 싹을 틔우지 못한 채 잠들어"[28] 있는 시기이다. 따라서 거듭나는 과정이 노년이다. 이런 생각으로 필자는 노년이 특별한 시기라는 것을 주제로 하는 〈특별한 나이〉라는 제목의 노래를 지었다.

1절
노년이란 무엇인가요
사람들은 말하지
역경의 삶을 살았지만, 이제 쇠퇴의 시기라고
역경을 거꾸로 말해보세요. 경력이잖아요

노년은 경력을 밑천 삼아 다시 시작하는 특별한 시기랍니다

2절

노년이란 무엇인가요

사람들은 말하지

무기력한 삶을 사는 늘 그런 이의 시기라고

re-tire, re-thinking, re-membering

노년은 나와 공동체의 의미가 보이는 특별한 시기랍니다

3절

노년이란 무엇인가요

사람들은 말하지

다시 어린이가 되는 돌봄을 받는 시기라고

과일처럼 우리도 잘 익어가고 있어요

노년은 돌봄의 주체로 세상을 마중하는 특별한 시기랍니다

4절

노년이란 무엇인가요

사람들은 말하지

죽음만을 기다리는 체념의 시기라고

험한 세상에서 이제야 공동체에 정착했어요

노년은 공동체의 미래를 위해 결단하는 특별한 시기랍니다

후렴

나이는 달력이 아니다

나이는 세상에 대한 호기심이다

노년은 나이 든 보통 사람의 특별한 시간이다

이처럼 노년은 세상에 대한 호기심을 갖고 자신과 공동체를 위해 투기하는 결단의 시간이다. 이런 점에서 가장 인간다운 삶의 기회가 주어진 특별한 시기이다.

3. 이제 선배시민이라 불러다오

선배시민 담론의 탄생

'담론'은 체계적인 의미를 담고 있는 말을 뜻한다. 한국사회에서는 그동안 노인이라는 용어를 대체할 긍정적인 담론을 찾으려는 시도가 있어왔다. 기존의 노인 담론이 수동적·소극적·부정적인 의미를 담고 있다고 보았기 때문이다. 그렇다면 노인을 가리키는 새로운 용어 찾기에 성공했을까?

노년의 긍정적인 면을 조명하는 TV 프로그램이나 언론 기사들은 '아름다운 실버', '시니어 시대', '굿모닝 실버', '인간, 나이 듦, 행복', '일하는 노년은 아름답다', '시인들의 노년, 노년의 시와 삶'과 같은 제목을 내놓았다. 이를 통해 노인에 대한 긍정적인 담론이 다양하게 제시되었다.[29]

현재 주로 사용하고 있는 호칭은 '어르신', '어머님·아버님', '시니어', '실버' 등이다. 어머님·아버님은 친근감을 나타내기는 하지만 공식적인 호칭이 되지 못한다. 모든 노인을 포괄할 수 있는 호칭은 아니기 때문이다. 어르신은 공경과 존경을 담은 호칭인 반면에 권위주의적인 느낌을 준다.

2년 전 비행기를 탔을 때이다. 한국인 승무원이 '아버님'이라고 불렀다. 무척 당황했고, 지금까지도 기분이 좋지 않다. 그 이후로 직원들에게 더욱 힘주어 말한다. '어르신' 또는 '아버님', '어머님'이라는 호칭을 가능한 한 쓰지 말고 '회원님', '○○참여자 여러분!', '선배시민님' 등 정체성에 어울리는 호칭을 적재적소에 쓰라고. 아버님·어머님과 어르신처럼 과잉 친절한 호칭을 쓰면 도움이 필요한 유치원생들에게 가르치는 듯하는 인상을 주거나 노인을 신비화하여 동반자적 대상으로 인정하지 않으려는 행위로 보일 수 있기 때문이다. 장애인복지의 최종 목적이 사회 통합이듯이 노인복지 또한 사회 분리가 아닌 사회 통합을 이루어야 한다.[30]

이처럼 어르신, 아버님·어머님이라는 호칭은 사회복지사와 노인 들을 분리시키는 담론이 될 우려가 있다는 것이 군포시노인복지관 윤호종 관장의 의견이다. 한편 시니어나 실버 같은 외래어는 상업적으로 주로 쓰여왔다. 이들 호칭은 한국의 정서나 노인의 특성을 담지 못한다.

1장에서 살펴보았듯 어르신, 늙은이, 액티브 시니어는 노인의 모습을 총체적으로 보여주는 용어가 아니다. 그렇다면 노인을 어떤 담론으로 표현해야 할까? 1950~1960년대 영국에서는 노인을 'old people'이라고 표현했다. 그런데 점차 '노령연금 생활자'가 노인과 동의어가 되었다. 이 용어는 부정적인 이미지와 겹쳐졌다. 노령자를 국가나 젊은이에게 의존하는 존재로 받아들였기 때문이다. 영국과 미국에서는 좀 더 긍정적인 이미지의 용어를 모색했다. 그 결과 영국에서는 '연장자the elderly'가 널리 사용되었다. 'old people'이 한국의 노인 혹은 늙은이의 의미를 담고 있다면, 'the elderly'는 어르신에 가까울 것이다.[31]

한편 유럽에서는 '시니어 시티즌senior citizen'이라는 용어를 사용하기도 한다. 우리말로 번역하면 '선배시민'이다. 『케임브리지 사전』은 시니어 시티즌을 "an older person, usually over the age of 60 or 65, esp. one who is no longer employed"라고 설명하고 있다. 이는 60세 혹은 65세 이상의 은퇴한 노인을 가리키는 명사이다. 미국도 시니어 시티즌이라는 용어를 사용한다. 미국은 노인의 날을 정하고 'National Senior Citizen Day'라 이름 붙였다. 1988년 로널드 레이건 대통령은 8월 21일을 노인의 날로 선포하는 「선언문 5847」에 서명했다.

하지만 이들 나라에서 쓰이는 시니어 시티즌이라는 용어는 부정적인 이미지가 있는 기존의 노인이라는 용어를 대체하는 완곡어법에 불과하다. 서구 문헌 어디에서도, 시니어 시티즌이라는 용어를 학문 혹은 사회운동 차원에서 시민권 이론과 연관지어 서술한 사례를 찾아볼 수 없었다.

필자는 2009년 무렵부터 '선배시민'이라는 용어를 특별한 의미를 담은 담론으로 발전시키고자 했다. 필자가 노인 교육 프로젝트를 수행하면서 진보적이면서도 보편적인 노인 담론의 필요성을 절감한 것이 직접적인 계기였다. 우선 '시니어 시티즌'이라는 서구의 용어는 비록 수사적 차원에 불과하지만 노인과 시민을 연결하는 데 주목했다. 그리고 시민권 이론 차원에서 본격적으로 의미를 부여했다. 따라서 필자가 주창한 선배시민의 공식 영어 표기는 'social senior citizen'이다. 종전의 수사적 용어인 시니어 시티즌에, 사회구조와 관계 속 존재로서의 개인을 강조하는 단어인 'social(사회적)'을 더한 것이다.

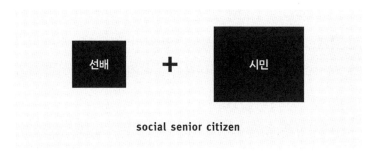

선배시민 개념도

이처럼 '선배'와 '시민'의 합성어인 선배시민에서 중심을 이루는 개념은 선배가 아니라 시민이다. 선배시민이라는 용어 자체가 '노인은 시민'이라는 선언인 것이다. 노인은 시민이다. 따라서 시민권을 가진 존재이다. 시민은 안전한 삶을 살 수 있는 공동체를 요구할 권리가 있다.

노인은 시민인 동시에 삶을 더 살아온 선배이다. 군대선배, 직장선배, 학교선배 등은 먼저 군대에, 직장에, 학교에 들어온 사람이다. 그렇다면 선배시민의 선배란 무엇을 의미할까? 선배는 선배인데, 시민으로서 삶을 먼저 산 존재, 즉 시민선배이다. 시민선배는 시민권을 누리고, 시민권을 요구하고 실천하며, 시민권이 보장된 공동체에서 사는 존재이다. 또한 시민선배는 시민성을 가진 존재로서 후배에게 시민권을 알려주고, 이들이 더 안전한 공동체에서 살아갈 수 있도록 실천하는 존재이다. 후배시민과 소통하고, 학습하며, 시민권이 보장된 사회를 함께 만들어간다. 즉 시민선배는 후배시민과 시민성을 공유하고, 더 나은 공동체를 만들기 위해 연대한다. 이런 점에서 노인의 권위는 물리적인 나이에서 오는 것이 아니라, 시민의 권리와 의무를 이행하고 이것을 후배시민과 학습하고 소통하는 데서 나온다.

선배시민은 공동체의 일원인 시민이며 후배와 함께하는 시민선배라는 의미를 담고 있다는 점에서 연령, 의무, 권리에 대한 개념이다. 선배시민의 시민성은 빵을 권리로 자각하고 요구하며, 자신과 이웃을 넘어 국가공동체 시민의 삶에 관심을 가진 존재로서의 특성이 있다. 선배시민의 선배로서의 특징은 돌봄의 대상인 늙은이와 자신만을 돌보는 성공한 노인,

그리고 공동체에 대해 훈수만 두는 어르신과 비교하여 볼 때 더욱 명확해진다. 선배시민은 공동체를 돌보는 주체로서 후배시민과 연대하며 변화를 추구한다.

이상의 논의를 종합하여 선배시민을 다음과 같이 정의한다. 선배시민은 '시민권이 당연한 권리임을 자각하고, 시민권을 실현하기 위해 공동체에 참여하여 후배시민과 함께 인간과 시민으로서 목소리를 내는 노인'이다.

선배시민, 무엇이 다른가

선배시민의 특징을 보다 명확하게 하기 위해 앞서 살펴본 세 노인상인 어르신, 늙은이, 액티브 시니어와 비교해보자.

어르신은 존경의 대상이지만 사회와 정치로부터 초월해 있는 현자의 이미지이다. 하지만 선배시민은 시민성을 갖고 시민권을 요구하고 실천하는 존재이다. 후배시민과 함께 소통하고 학습하고 연대하는 존재이다. 어르신과 달리 선배시민은 후배시민과의 관계에서 수직적이기보다는 수평적이다.

늙은이와 선배시민의 차이는 명확하다. 늙은이는 수동적이며 돌봄의 대상이다. 빈곤을 자신의 숙명으로 받아들인다. 모든 책임은 개인에게 있지 국가나 사회에 있지 않다고 생각한다. 배고픔과 추위를 해결하기 위해 민원인이 된다. 반면

노인 담론의 비교 분석

노인상	늙은이	어르신	액티브 시니어	선배시민
정체성	돌봄의 대상	존경의 대상	자신을 관리하는 노인, 독립적이고 생산적인 노인	공동체를 돌보는 노인,변화를 만드는 노인
인식	늘 그런 이	현자	나를 묻는 노인	본질을 묻는 노인
태도	체념과 숙명	자애와 지혜	기회와 노력, 자기계발	비판, 관계와 구조의 변화
위험의 원인	개인	개인	개인	국가와 사회
실천	순응	해결책 제시	개인의 변화와 자선	관계와 구조의 변화
제도	잔여적 복지	잔여적 복지	잔여적 복지	제도적 복지
집의 유형	연민의 집	가족의 집	가족의 집	시민의 집
관련 이론	분리이론, 연령차별주의	역할이론	신노년, 성공적 노화, 활동적 노화, 생산적 노화	비판적 노년학, 진보적 노년학, 시민권 이론

출처 : 유범상·이현숙, 2021.

선배시민은 돌봄을 권리로서 요구한다. 이들은 시민권을 실천하기 위해 노력한다는 점에서 돌봄의 대상이 아니라 자신과 공동체를 돌보는 주체이다.

선배시민과 유사해서 가끔 혼동되는 개념이 액티브 시니어, 혹은 성공한 노인이다. 활동적이고 능동적이라는 측면에서 둘은 비슷해 보인다. 하지만 인식과 실천의 측면에서 차이가 있다. 액티브 시니어가 개인의 성공적인 삶을 중시한다면,

선배시민은 개인을 넘어 시민권의 실현을 위한 측면, 즉 정책과 구조적 요인에 주목한다. 액티브 시니어는 성공이 개인의 노력에 달렸다고 보고 실패한 개인의 구제를 위해 자선적 실천을 한다. 반면 선배시민은 개인이 일정 수준 이상의 삶을 살 수 있도록 하는 사회권을 보장할 것을 국가에 요구한다.

110쪽 표에서 보듯이, 선배시민은 '나'를 관계와 공동체 속에서 묻고, 시민권의 관점에서 더 나은 공동체를 상상하고 실천하는 존재이다. 시민이자 선배로서 생각하고 실천할 때 그는 품위와 권위를 가질 수 있다. 늙은이와 액티브 시니어는 모두 돌봄의 대상이다. 늙은이가 국가에 도시락과 연탄 등 생필품을 요구한다면, 액티브 시니어는 직업과 인문학 프로그램을 요구한다. 국가는 이들에게 맞춤형 서비스를 제공한다. 반면 선배시민은 국가에 사회권과 인권 보장을 요구하고 이를 위해 조직하는 시민이다. 학습하고 토론하고 실천하는 시민이며, 후배들을 대변하고 이들과 소통하고 연대한다는 점에서 시민의 선배이다. 시민의 삶을 실천하는 선배시민은 인간다운 삶의 원형이다. 더 나은 공동체를 위해 투기하고, 공동체에 참여하여 이웃들과 대화를 통해 자신의 잠재력과 창의성을 발휘하는 삶을 살기 때문이다.

노인 담론의 차이를 이해하기 위해서는 각 담론의 이론적 기반을 이해해야 한다. 주류 담론을 지지하는 이론으로는 노인을 돌봄의 대상으로 보는 분리이론, 연령을 문제의 원인으로 보는 연령차별주의, 연장자로서의 역할을 강조하는 역할이론이 있다. 이 이론들은 노인을 늙은이와 어르신으로 보는 시각을 정당화한다. 신노년, 성공적 노화, 활동적 노화, 생산적 노화 이론 등도 주류 노인 담론을 뒷받침한다. 이 이론들은 개인이 노화를 책임질 수 있다고 보며 자기계발을 강조한다. 따라서 이 이론은 상이한 처지에 있는 계급적 조건을 무시한다. 이상의 주류 노년학은 다음과 같은 문제점을 가진다.

> 노화는 늙어빠진 존재로 추락하는 무시무시한 과정이며, 나이 든 사람은 매력도 잃는다. (…) 반드시 의료적 개입이 필요하고, 개개인이 분석의 단위라는 생명의학 관점으로 이해된다. (…) 그들은 사회적 향상(위생, 주거 환경, 교육 등)의 주요한 역할은 무시한다.[32]

비판적 노년학은 주류 노년학의 모든 가정을 문제 삼는다. 즉 연령차별주의의 맥락에 주목하여 연령을 차별하는 사회적 구조와 권력관계에 문제를 제기하고, 문제의 원인을 개인에서 사회, 국가, 계급 등의 차원으로 확장한다. 이 과정에서 비판적 노년학은 노인 삶의 다층적 복합성에 주목하며, 노인이 인간이자 시민으로서의 잠재력을 실현할 수 있어야 한다고 주장한다. 노인이 주체가 되어 정치적·경제적·사회적·문화적 지배로부터 해방되도록 하는 것이 비판적 노년학의 목

표이다. 이런 점에서 비판적 노년학은 대항 문화로서의 노년학이라고 할 수 있다.[33]

사례관리에서 사회관리로

빈곤지역에서 활동하는 의사가 있었다. 그가 치료를 아무리 해도 빈곤층의 환자는 늘어만 갔다. 그는 남아메리카 전역을 여행하면서 깨달음을 얻는다.

나는 라틴아메리카 전역을 여행했고 거기에서 빈곤과 기아, 질병으로 죽어가는 무리들을 보았다.

그 의사는 빈곤층의 질병이 가난과 불평등에서 기인한다는 것을 알았다. 여행에서 그는 환자의 질병보다 사회의 모순을 먼저 치료해야 한다는 사실을 자각한 것이다. 그 의사의 이름은 체 게바라이다. 이후 그는 남아메리카의 구조적인 문제를 해결하기 위해 혁명에 뛰어든다.

사례를 관리할 것인가, 사회를 관리할 것인가? 질병, 빈곤, 저출산, 자살 등 우리는 살아가면서 많은 위험에 처한다. 왜 이런 현상이 벌어지는 것일까? 궁극적인 원인은 무엇일까? 예를 들어보자. 우리는 늘 피로하다. 왜일까? 내가 나를 너무 괴롭히기 때문이다. 『피로사회』에서는 오늘날의 사회를 업적과 성취에 몰입하는 '성과사회'라고 본다. 성과사회에서는 스스로 목표를 정하고 그 목표에 도달하기 위해 자신을 채찍질한다. 스스로 자신을 착취하는 '자기착취사회'이다.[34] 그렇다면 왜 우리는 스스로를 가만히 놔두지 않는 것일까? 그것은 내가 나를 채찍질하지 않으면 살아남기 힘든 현재의 구조와 관계 때문이다. 결국 내가 나를 피로하게 하는 이유는 특정한 관계와 구조 때문이다.

이와 관련하여 재미난 비유가 있다. 인디언은 말을 타고 질주하다 멈춰 서서 뒤를 돌아본다.[35] 왜일까? 지친 내 영혼을 기다렸다 위로해주기 위해서다. 자신의 영혼을 지지하고 위로해주기 위해서다.

한국의 노인들은 은퇴 후 허무할 수 있다. 몸과 마음은 지쳤을 것이다. 이때 자신의 영혼을 보며, '고생한 너도 이제 하고 싶은 것을 해라!' 하고 자기를 위로해야 한다. 이것이 성공적 노화이다. 그런데 생각해보자. 노후대책이 완전하지 않은 상태에서 위로를 받을 수 있을까?

말을 타고 질주하던 인디언은 멈춰 서서 자기의 영혼을 기다릴 것이 아니라 다른 행동을 해야 한다. 말이 이렇게 앞만 보고 질주한 이유는 무엇일까, 물어야 한다. 그 이유는 말이 눈가리개를 했고 귀마개를 해서 보지도 듣지도 못했기 때문이다. 그는 누가 내 말에 눈가리개와 귀마개를 해두었는지를 물어야 한다. 그런 다음에 그것들을 벗겨내야 한다.

한국의 노인들은 젊은 날 자식과 가족을 위해 아무것도 묻지 않고 달렸다. 이것은 숙명과도 같았다. 노후는 생각할 겨를이 없었다. 이후의 삶은 막연하게나마 자식이 책임져줄 것이라고 믿었다. 따라서 당시에는 자신의 삶과 노후에 대한 국가와 사회의 책임을 묻지 않았다. 그런데 열심히 일한 나의 현재는 안전하지 못하다. 연금, 의료, 주거 등이 불안정하고 믿었던 자식들은 자신들의 삶을 꾸려가기도 버겁다. 노인들은 죽을 때까지 또 달려야 할까, 달릴 수 있을까, 아니 달린다고 될까? 더 나아가 이렇게 피로하게 살아야 하는 것이 인생일까? 등을 물어야 한다.

선배시민은 나와 사회적 관계를 문제 삼아 묻고, 그 이면에 대해 또 묻는 존재이다. 세상은 늘 그런 것이 아니다. 세상이 그렇게 된 이유를 묻고, 그 본질을 묻는 존재가 되어야만 선배시민의 역할을 제대로 이행할 수 있다.

필자는 사회복지를 '불쌍한 사람을 돕는 것을 넘어 불쌍한 사람이 생기지 않는 공동체를 만드는 것'이라고 주장해왔다. 불쌍한 사람을 돕는 것은 어려운 이웃을 찾아내서 그의 상처를 치료해주는 행위이다. 반면 불쌍한 사람이 생기지 않는 공동체를 만드는 것은 사람들이 애초에 다치지 않도록 지켜주는 사회를 건설한다는 뜻이다. 전자가 사례관리이며 후자가 이에 대비되는 사회관리이다.

사회관리를 이야기하면 대부분 어렵게 생각한다. 하지만

사회관리는 사회복지 현장에서 쉽게 실천할 수 있다.[36] 사회관리의 실천 활동 자체가 기존의 실천과 다른 것이 아니기 때문이다. 한 노인복지관의 사례를 살펴보자. 모든 노인복지관은 복지관에 오는 노인들의 건강을 위한 프로그램을 운영하고 있다. 그런데 한 노인복지관의 사회복지사가 어느 날 "어르신, 우리 건강을 챙겼으니 이제 우리 지역의 건강도 챙겨봐야 할 것 같아요. 어떻게 해야 할까요?"라고 질문을 던졌다. 노인들은 처음에 의아하게 여겼을지 모른다. 그러나 곧 사회체육시설을 관리해야 한다, 미세먼지 제거를 위해 환경 관련 활동을 해야 한다, 쓰레기 배출을 줄여야 한다는 등의 의견이 나왔다. 이에 사회복지사는 "어떻게 시작해야 할까요?"라고 다시 질문을 던졌다. 노인들은 자발적으로 조직도 만들고 실천 아이디어도 냈다. 개인에서 지역사회로 관심의 범위가 확대되었고, 사회복지사의 매뉴얼에 의존하던 프로그램과 조직도 노인이 스스로 만드는 방향으로 바뀌었다. 특히 이 모든 과정이 사회복지사의 지시에 따른 것이 아니라 노인들의 대화와 토론으로 만들어졌다는 점은 주목할 만하다. 이처럼 노인들은 토론을 통해 지역사회의 문제와 상처의 원인을 찾으려 하고, 자기 공간에서 자기다운 실천을 통해 공동체를 변화시키는 존재로 바뀌었다. 철학이 달라지면 프로그램의 실천 방향이나 방법도 달라진다는 사실을 알 수 있다.

노인복지 현장은 6대 사업이라는 체계에 따라 사업을 벌인다. 6대 사업은 상담, 사례관리 및 돌봄, 건강 증진, 사회화 교육, 지역자원 및 조직화, 사회 참여 및 권익증진 등이다. 6대 사업의 프로그램 대부분은 선배시민 철학에 따라 운영될 수 있다.[37] 예를 들어 상담의 경우 기존에는 노인복지관 이용법과 같은 정보 제공을 목표로 해왔다. 전문 상담의 경우에도 개인 치유에만 초점을 맞추었다. 선배시민 관점에서의 상담에서는 선배시민 철학을 바탕으로 노인복지관을 소개하고 각종 프로그램과 실천을 제시한다. 전문 상담의 경우도 문제의 원인을 개인과 가족을 넘어 사회와 정책, 그리고 사회적 돌봄 등의 차원에서 총체적으로 바라보게 한다. 또한 자조모임과 선배시민 실천 조직을 통해 사회적 우정을 경험할 수 있도록 한다.[38] 이는 클라이언트로 보던 노인을 시민으로 보고, 공동체 참여를 통해 자기실현을 할 수 있도록 하는 상담이다.

3장

시민이라면
아파도 실패해도
괜찮아

1. 가족의 집에서 시민의 집으로

개인에서 구조로

늙음으로 인해 발생하는 위험은 누가 책임질까? 개인의 책임이라는 설명은 매우 오랜 역사를 갖고 있다. 키케로는 문제의 원인이 개인의 결함에 있지 나이에 있다고 보지 않았다. 절제 등 성품이 좋은 노인은 노년을 즐기나, 무례하고 불평 많고 통명스러운 사람은 나이와 상관없이 고통스러운 삶을 산다고 보았다.[1]

키케로는 기억력 저하도 자연스러운 현상이 아니라고 주장한다. 테미스토클레스라는 노인이 모든 시민의 이름을 다 암기하고 있는 점을 근거로 기억력 저하는 훈련을 하지 않은 탓이라고 진단한다. 노인 개인의 성격과 노력 부족이 문제이다. 따라서 노력하는 노인에게는 이런 현상이 일어나지 않는다.[2] 키케로는 현실을 대하는 개인의 열정이 중요하다고 보았다. 열정만 있다면 지적인 능력을 유지할 수 있다.[3] 그는 노인이 나이 들어 쇠퇴하는 것이 아니라 오히려 더 현명해질 수 있다고 보았다. 이처럼 키케로는 노인이 겪는 어려움의 원인을 노년 자체가 아닌 개인의 결함에서 찾았다. 키케로는 이 결함을 품위 있고 깨어 있는 교육으로 해결할 수 있다고 주장한다.[4]

이렇게 노인의 문제를 개인의 측면에서 보는 것과 달리, 제도나 구조 차원에서 보는 입장도 존재한다. 노인 삶에 격차가 있고 많은 노인이 생존과 실존의 갈림길에 서게 되는 것은 구조의 문제라는 견해이다. 제도의 차이가 삶의 차이를 낳는다는 것이다. 체제와 구조에 주목한 대표적인 노인학자는 보브 아르이다. 그는 노인의 문제는 체제에서 비롯되었고, 이에 대한 책임은 불평등한 권력관계에 있다고 보았다. 실제로 시대와 복지국가의 유형에 따라 소득과 돌봄 정책이 달랐으며, 이는 노인들의 삶에 차이를 만들었다. 쉬운 예로 유럽에서는 노인 거지를 만나기 쉽지 않다. 이 같은 차이는 사회정책의 차이에 기인한다.

그렇다면 제도와 구조의 차이는 어떻게 발생했을까? 제도와 구조는 정치와 깊이 연관되어 있다. 영국의 사회학자 밥 제솝은 세력관계의 차이가 제도의 차이를 만들고 제도가 지속되면서 구조가 만들어진다고 주장한다.[5] 예를 들어 노동조합의 조직화가 잘 되고 영향력이 클수록 복지제도의 보편성을 높이는 방향으로 발전한다. 즉 노동, 자본, 국가 등 삼자 간의 세력관계가 복지제도와 국가의 유형을 결정한다. 한번 형성된 제도는 정치적 관계를 규정한다. 노동법이 노동조합의 결성과 활동에 유리하게 만들어졌다면 노동운동이 활성화될 가능성이 높다. 정치적 관계는 또다시 제도에 영향을 미친다. 정치적으로 강한 세력이 법을 자신에게 더 유리하게 개정하려고 노력하기 때문이다. 제솝의 '전략관계적 접근법'은 이런 관점에서 구조도 설명한다. 특정한 관계가 일정하게 지속되면 구조가 된다.

사실 노인들을 위한 정책은 후순위로 밀려날 가능성이 높다. 노인은 생산력이 낮고, 돌봄 비용이 많이 든다는 점에서 사회적으로 덜 중요한 존재로 인식되는 경향이 있기 때문이다. 사회과학자들은 유아와 아동에 대한 수많은 데이터를 축적하고, 이를 바탕으로 교육·의료 분야 등의 정책을 제안한다. 이것은 유권자에게 현명한 투자로 받아들여진다. 하지만 노인에 대한 지원은 투자라기보다 자원 낭비로 받아들여진다.[6]

지금까지 노인 문제를 개인, 제도 및 구조, 정치적 차원에서 접근하는 시도들을 살펴보았다. 이 가운데 무엇으로 노인 문제를 가장 잘 설명할 수 있을까? 제솝은 현상을 설명하는 하나의 이론은 없다고 주장하면서 통합적 방법을 제시한다. 즉 하나의 사건은 다양한 이론을 통해 설명이 가능하다는 것이다. 이때 간과해서는 안 될 사항이 있다. 불공정한 구조와 제도 속에서 키케로처럼 개인의 노력만 강조할 경우, 불평등을 심화하는 결과를 낳을 수 있다는 점이다. 재산과 자원을 많이 가진 사람이 더 많은 기회를 갖기 때문이다. 따라서 보브아르가 지적한 것처럼 불평등한 권력관계와 체제의 변화를 통해 최소한의 기준선을 마련하여 조건의 평등을 실현하는 과정에서 개인의 열정에 호소해야 한다. 이 기준선과 책임을 규정하는 것이 바로 정치이다. 당사자인 시민이 적극적으로 참여하는 시민정치일 때 이런 정치가 가능하다.

필자는 개인의 노력을 강조하는 키케로의 주장과 보브아르의 사회 비판을 담은 노래 가사를 썼다. 〈노년의 삶〉이라는 제목으로, 자기계발을 넘어 사회계발을 강조한다.

1절
노년 예찬, 키케로
그는 말한다. 노년은 익어가는 축복의 시간이라고
주눅 들지 말고 노년을 극복하라
자기계발에 힘쓴다면 누구나 성공적인 노년을 보낸다

2절
사회 비판, 보브아르
그는 말한다. 노년의 실패는 그 사회의 실패라고
주눅 들지 말고 사회를 변화시켜라
사회계발에 힘쓴다면 누구나 인간다운 노년을 보낸다

3절

노년의 운명, 우리 목소리

나는 말한다. 무엇이 문제든 그것은 내 결정 안에 있다

우리 목소리로 나와 사회를 변화시키자

선배시민으로 산다면 누구나 의미 있는 삶을 보낼 것이다

후렴

내가 문제든 사회가 문제든

네가 문제든 체제가 문제든

정해진 운명은 없다. 정해질 운명이 있을 뿐

노년의 운명은 나, 우리, 사회에 달려 있다

인간의 삶에 대한 기본적인 책임은 물론 개인에게 있다. 하지만 어느 누구도 사회적 관계나 구조로부터 자유롭지 않다. 따라서 개인은 스스로 변화하기 위한 노력과 함께 사회를 바꾸려는 노력도 기울여야 한다.

가족의 집은 안전할까

노인이 되면 경제력을 잃을 가능성이 높아진다. 노후에는 벌어놓은 돈으로 살아가야 한다. 그러나 젊은 날에는 자식을 돌보느라 돈을 축적해놓기가 쉽지 않다. 그래서 자녀에

게 돌봄을 기대게 된다. 하지만 이것도 녹록하지 않다. 자식들은 자신들의 자식, 즉 노인의 손주들을 키우느라 여력이 없다. 할 수 없이 노인은 노동시장에 나가 돈을 벌어야 한다. 하지만 돈을 벌기 쉽지 않다. 노인들의 일자리는 질 나쁜 비정규직에 저임금이 대부분이다. 경비원이나 공공근로는 대부분 임시 계약직이다. '임계장'은 '임시계약직 노인장'의 준말로 노인들의 노동 실태를 보여준다. 경비 일을 하는 임계장은 서럽다.

> "아빠, 저 경비 아저씨 참 힘들겠네."
> "응. 많이 힘들 거야. 너도 공부 안 하면 저 아저씨처럼 된다. 그러니 공부 열심히 해야 해."[7]

노인이 기댈 수 있는 것은 이제 정부와 민간의 노력이다. 정부는 노인을 위한 사회보장제도를 확립해야 한다. 그러나 이들이 경제활동을 할 때 한국사회는 공무원, 군인, 교원 등 소수의 직업군을 제외하고는 사회보험제도를 도입하지 않았다. 한국사회는 노인들이 처할 상황에 충분히 대비하지 못했다. 2017년 한국은 고령사회(65세 이상 인구가 14% 이상인 사회)에 진입했다. 고령화사회(65세 이상 인구가 7% 이상인 사회)에서 고령사회가 되기까지 미국은 73년, 일본은 24년이 걸렸다. 그렇다면 한국은 얼마나 걸렸을까? 17년이면 충분했다.

한국의 노인인구는 기하급수적으로 늘고 있다.[8]

노인인구의 가파른 증가세에도 불구하고 한국의 사회보장은 나아질 기미가 보이지 않는다. 시민들의 지지를 이끌어내 사회적 합의를 이루기 힘들기 때문이다. 사회복지가 의존성을 높이는 '복지병'을 만들 수 있고, 경제성장을 저해하며, 우리 사회는 아직 복지비용을 부담할 능력이 없다고 생각한다. 특히 사람들은 노인에게 투자하느니 청년에게 투자하는 것이 낫다고 생각한다.

이런 상황에서 노인은 종교단체와 시민단체 그리고 개인의 자선에 기댄다. 거리에서 동전을 모으기 위해 종교단체나 자선단체를 전전하는 짤짤이 순례 현상은 한국 노인의 현주소를 보여준다. 문제는 노인을 위한 자선이 배고픔의 일시적인 해결에 불과하고, 받는 사람의 자존심에 큰 상처를 낸다는 데에 있다. 이런 상황에서 노인에게 가장 안전한 곳은 가족이다. 가족이라는 집이 이들의 유일한 안식처이다.

그렇다면 가족의 집은 안전하기만 할까? 가족의 집도 위험하다. 산업화시대의 아버지는 부모와 자식을 먹여 살릴 수 있었다. 물가가 싸고, 경제가 고도로 성장하던 시기였기 때문이다. 영화 〈국제시장〉에서 주인공은 가족을 다 챙긴 뒤 노인이 되어서 아버지에게 자랑스럽게 말한다. "아부지, 나 잘 살았지예."

1997년 IMF 외환위기 이후 저성장시대의 아버지는 부모는 물론이고 자신의 자식을 챙기기에도 벅차다. 영화 〈기생충〉에서 아버지는 무능하기 짝이 없다. 사업 실패를 거듭하던 그는 결국 살인을 저지르고 숨어 산다. 자식들은 학력도 좋지 않고, 변변한 직업도 없다. 아버지는 아들에게 말한다. "너는 다 계획이 있구나!" 이것은 무능한 아버지의 자화상이다.

그럼에도 불구하고 한국에서 가족의 집이 형성되고 유지되어온 이유는 무엇일까? '가난은 나라님도 구하지 못한다', '선성장 후분배', '복지는 성장을 저해한다' 등의 담론에 노출된 시민들이 가족의 집을 당연시하기 때문이다. 자선에 기대어 하루를 연명하는 노인은 복지에 대한 기대감도 낮다. 「국민교육헌장」을 교육받은 노인들은 사회복지를 권리로 인식하지 못한다. 더 나아가 사회복지를 경제성장의 위협요인으로 인식하여, 사회보장을 요구하면 빨갱이 취급을 한다. 한국의 노인은 오늘도 가족의 집에서 힘겹게 살아가고 있다.

시민의 집이 답이다

유럽에서는 19세기부터 노인 수가 증가했다. 하지만 국가와 지배계급은 노인 돌봄에 관심이 없었다. 노인 돌봄이 전통적으로 가족의 문제로 여겨진데다, 이를 국가의 문제로 볼 경우 비용이 많이 발생할 것을 우려했기 때문이다.[9] 하지만 국가는 전략을 바꾸지 않을 수 없었다. 노인은 물론 아동까지도 돌보기 시작했다. 국가가 돌보는 것이 사회적으로 효율적이라는 사실을 깨달았기 때문이다.

독일의 정치가 비스마르크는 아동과 노인의 돌봄을 국가가 책임져야 한다고 생각했다. 돌봄의 책임을 가족에게 맡겨두면, 성인들이 일을 하지 못한다고 판단했기 때문이다. 돌봄은 성장 전략이자 사회적 투자였다. 스웨덴 복지국가의 이론적 기틀을 만든 뮈르달 부부는 저출산에 대한 대안을 담은 『인구문제의 위기』라는 책을 펴냈다. 부부는 저출산을 '민족적 차원의 자살'로 규정하고 국가와 사회가 나서야 한다고 주장했다.[10] 그런데 아이를 낳아 기르려면, 아이를 낳기 좋은 환경을 만들어야 한다. 이를 위해서는 사회의 전반적인 변화가 필요하다. 뮈르달 부부는 아이를 키우기에 좋은 사회를 만들기 위해 고민하는 과정에서 모든 시민이 한 집안의 가족이라는 의미의 '시민의 집'이라는 개념을 고안했다. 시민의 집은 1928년 스웨덴의 페르 알빈 한손 총리의 연설에서 잘 설명하고 있다.

> 훌륭한 가족은 그 어떤 구성원도 특별대우하거나 천대하지 않습니다. 아이들을 편애하거나 홀대하지 않습니다. 형제들 간에도 평등·배려·협력·도움이 존재합니다.[11]

훌륭한 가족처럼 좋은 국가는 그 구성원인 시민들 간에 차별과 불평등을 만드는 사회적·경제적 장벽을 없애야 한다고 한손은 말한다. 그의 연설은 한마디로 '국가는 모든 시민들을 위한 좋은 집이 되어야 한다'는 것이었다. 앞서 2장에서 복지 국가를 쉽게 이해하기 위해 인용한 돌아온 탕자 이야기와 같은 맥락이다.

좋은 국가를 평가하는 기준은 무엇일까? 덴마크의 정치학자 에스핑 앤더슨은 '탈상품화'와 '계층화'라는 개념을 통해 설명한다.[12] 자본주의는 모든 것을 상품으로 만들어 판매하려고 한다. 자동차, 집, 땅은 물론이고 물, 결혼 중매, 신용까지도 상품으로 만든다. 1942년 영국에서 발표된 「베버리지 보고서」는 사람들에게 필수적인 것을 국가가 제공해야 한다고 주장했다. 예를 들어 교육, 의료, 주택 등을 탈상품화해야 한다는 것이다. 국가가 시민에게 필수재를 무상으로 제공함으로써 최소한의 인간다운 삶을 보장하기 위해서다.

탈상품화가 진행되면, 빈곤층의 삶이 개선되고 그 결과 시민들 간의 삶의 격차는 줄어든다. 탈상품화 수준이 높을수록, 즉 국가가 필요한 재화를 많이 제공할수록 시민들의 삶의 수준은 올라간다. 재원은 시민들 간의 소득 이전을 통해 마련할 수 있다. 즉 잘사는 사람이 많이 내고, 못사는 사람이 적게 내어 모은 세금으로 운영된다. 이것은 시민들 간의 격차, 즉 계층화 수준이 낮아진다는 것을 의미한다.

이상에서 보듯이 탈상품화가 시민들을 시장으로부터 보호

하는 것이라면, 계층화 수준을 낮추는 것은 시민들 사이의 격차를 줄여서 평등한 삶을 누리도록 하는 것이다. 이런 구상은 시민들이 모두 하나의 가족이라는 생각에 기반하고 있다. 국가는 모든 시민을 돌봐야 할 의무가 있고, 모든 시민은 이것을 요구할 권리가 있다. 시민이라는 지위에 있기 때문에 누릴 수 있는 권리이다. 그래서 시민권이라는 담론이 탄생한다.

시민의 집에서 노인 돌봄은 가족이 아니라 국가의 몫이다. 노인의 국가에 대한 기여, 업적, 능력에 따라 돌봄을 결정하는 것이 아니라 국가의 구성원, 즉 시민이기 때문에 돌봐야 한다. 시민의 집은 청년과 성인 들이 일을 편안하게 할 수 있는 조건이고, 시민들 모두가 공동체를 신뢰하여 국가가 안정적으로 운영되도록 하는 토대이다.

시민의 집에서는 시민들이 요람에서 무덤까지 안녕할 수 있다. 요람에서 무덤까지 긴 기간 동안 시민은 모두가 형제이고 자매이다. 누구든 어떤 어려움이 닥쳐도 최소한 배고프지 않고, 잠을 잘 수 있는 보금자리가 있고, 병을 예방하고 치료받을 수 있고, 안정적인 수입과 일할 곳이 있어야 한다. 시민의 집은 요람의 아이들을 위한 구상이었지만, 점차 노인들에게 그리고 모든 시민들에게 안전한 집이 되었다.

2. 보통 사람으로 살 수 있는 공동체

누구도 배고프지 않은 사회

인간은 태어날 때부터 위험에 직면한다. 대부분의 동물이 태어나서 몇 시간 만에 걸을 수 있는 것과 달리, 인간은 자립하는 데 매우 오랜 시간이 걸린다. 인간은 가장 오랫동안 돌봄이 필요한 동물이다. 성인이 되면 괜찮을까? 취업을 해야 하고, 결혼을 해서 아이를 낳아 키우기도 한다. 어느덧 인간은 누구도 피할 수 없는 노년에 도달한다. 출생에서 죽음까지 인생의 여정에서 인간은 수많은 위험과 맞닥뜨린다. 실직하거나, 몸이 아플 수 있고, 사고로 장애가 생길 수도 있다. 노인이 되면 위험에 노출될 가능성은 더욱 커진다.

노인은 모든 위험에 노출돼 있다고 해도 과언이 아니다. 불평등한 세상에서 경제적 위기를 헤쳐나가야 하는 가족이 노인의 위험까지 해소하기는 벅차다. 결국 노년의 인간이 품위를 잃지 않도록 하기 위해서는 연대에 기반한 공동체가 나서야 한다. 그런데 한국의 노인들은 이 위험을 맨몸으로 겪어내며 살고 있는 듯하다. 국가가 이들을 방치해왔기 때문이다. 산업화시대에 국가는 민족중흥을 위한 헌신을 국민들에게 강요했다. 돈은 가족의 생계를 위해 다 썼다. 민주화 이후 사회보험제도가 도입되었지만 이들은 수혜 대상이 아니었다. 거기에다 저성장시대에 들어섬에 따라 믿었던 자식들마저 노인을 돌볼 여력을 상실했다. 산업화시대를 산 노인들은 방치되고 있다. 민주화시대의 주역들이 노인 세대로 진입하고 있지만, 이들에게 제공될 사회보험은 용돈 수준에 불과하다. 높은 물가와 집값 등을 감안하면 이들도 안전하지 못하다.

인간에게 배부를 권리는 없다. 하지만 최소한 배고프지 않을 권리는 있다. 베버리지는 복지국가가 맞서야 할 첫 번째 악한으로 결핍을 꼽았다. 결핍은 인간의 생명과 직결되어 있다. 시민은 배고프지 않고 수명대로 살 권리가 있다.

안타깝게도 오늘날 노인들은 배가 고프다. "노인 2명 중 1명은 빈곤하고 3명 중 1명은 생활고로 과로한다." 『과로노인』의 한 구절이다. 이 책의 저자 후지타 다카노리는 빈곤한 노인을 '하류노인'으로, 일하는 노인을 '과로노인'으로 표현한다. 오늘날 일본의 현실이다. 하류노인은 수입, 저축, 의지할 사람 등 세 가지가 없는 상태의 노인을 의미한다. 이 부류의 노인은 연금수급액과 저축이 적고 고령으로 인한 질병 및

사고 등으로 빈곤한 삶을 살고 있다.[13]

일본의 하류노인 현상은 한국에서도 그대로 재현되고 있다. 노인 빈곤율은 40% 수준이다. 노인 불평등은 다른 연령층에 비해 훨씬 심각한 상황이다. 고급 요양시설에서 노후를 즐기며 100세 넘게 사는 노인이 있는가 하면, 쪽방에서 고독사하는 노인이 존재한다. 이런 상황에서 노인들은 어쩔 수 없이 일한다.

> 60~64세 인구의 고용률이 58.8%, 65~69세가 45.9%, 70세 이상이 21.0%이다. 60세 이상의 고령자가 일하는 비율이 38.7%에 달한다.[14]

이처럼 한국은 고령자가 되어도 일하는 상황이 보통이 되었다. 노인들의 일자리는 고르기 쉽고, 다루기 쉽고, 자르기 쉬운 일명 '고다자'이다.[15] 왜 그럴까? 노인은 신체나 능력 면에서 경쟁력이 없다. 그래서 청년도 힘들어서 기피하는 곳으로 몰린다. "이런 험한 직종은 젊은 사람들이 지원하지 않는다. 지원하더라도 2, 3일 하다가 견디지 못하고 나가는 경우가 많다. 이처럼 젊은이들이 견뎌내지 못하는 일과 기피하는 일은 고령자의 차지가 된다."[16] 노인들은 어떻게 이 일을 견뎌낼까? 견딜 만해서가 아니다. 견디는 것 말고는 다른 선택지가 없기 때문이다.[17] 노인들은 박스 줍기, 경비원, 요양사 등 저임금 장시간 임시직의 일자리에 종사한다. 하지만 일의 대가는 겨우 생존할 수 있는 수준에 불과하다. 한국의 노인 노동자는 말한다.

> '사회적 약자들도 인간적 품위를 보장받는 나라'라는 구절이 가슴에 박혔다. 그러나 내가 '인간적 품위'까지 바란 건 아니었다. '최소한 생계비를 벌 수 있는 나라'를 원했을 뿐이다.[18]

현재 한국의 사회보장제도는 취약하다. 1988년에 도입된 국민연금은 첫째, 역사가 짧아 전체 노인의 40% 미만이 수령하고 있고, 둘째, 이전소득대체율이 40%에 불과하다. 이것은 국민연금 가입자가 40년 동안 성실하게 보험료를 납입하였을 때의 수치이며, 2017년 기준으로 평균 가입 기간 17년에 받을 수 있는 실질소득대체율은 24%에 불과한 것으로 나타났다.[19] 그마저도 국민연금 수급연령은 65세까지 늦춰졌다. 용돈 수준의 연금을 받으려면 은퇴 후 몇 년 더 기다려야 한다.

우리는 오스트리아의 철학자 이반 일리치가 말한 '현대화된 가난', 즉 "플러그처럼 시장에 꽂혀 평생을 생존이라는 감옥" 속에 살고 있다. 감옥에 갇힌 인간은 개인의 재능, 공동체의 풍요 그리고 환경자원을 자율적으로 사용하지 못한다.[20] 특히 노인은 가난의 감옥에서 살 가능성이 높은 부류다.

노년의 빈곤이 개인의 노력 부족 탓이 아니라 개인이 해결할 수 없는 상황 때문이라면 어떻게 해야 할까? 『과로노인』은 다음과 같이 결론을 내린다.

> 하류노인이 되지 않는 방법은 없다. 그렇다면 '하류노인을 만들지 않는 사회'를 위해 우리가 다함께 손을 잡아야 하지 않을까.[21]

문제 해결의 열쇠는 사례관리에 있지 않다. 시민의 집을 가능하게 한 사회관리 전략에서 찾아야 한다. 개인과 가족이 아니라 공적인 대응 즉 사회보장제도에 답이 있다.

건강을 잃어도 다 잃지 않는 사회

누스바움은 역량 접근법에서 인간이 역량을 갖기 위한 조건으로 신체 건강을 꼽는다. 건강을 유지하고 생산 능력을 가지려면 충분한 영양과 안락한 보금자리가 필수적이다. 더 나아가 노인은 세계보건기구가 제시한 건강에 대한 관점인 웰니스wellness 즉 신체적 안녕을 위한 의료뿐만 아니라 정신, 환경, 사회의 건강을 보장받아야 한다.[22] 현재 한국 노인의 상황은 어떨까?

2017년 79세 노인이 화재로 사망한 사건이 있었다. 독거노인 한 씨는 24시간 돌봄이 필요한 하반신마비자로 재가서비스를 받고 있었지만, 제도적으로 보장하는 최대 돌봄시간은 하루 네 시간에 불과했다.

독립영화 〈일등급이다〉에서 노인은 요양등급 1등급을 받기 위해 노력한다. 그는 무료로 요양원에 들어가기 위해 중증 치매인 척 연기를 한다. 노인장기요양보험제도가 있지만, 여전히 본인부담금과 비급여 부분이 있기 때문이다. 한 달에 50여만 원인 본인부담금은 노인 스스로 책임지지 못하면 온전히 가족의 몫이 된다.

치매는 한국 노인들이 가장 두려워하는 질병이다. 치매를 통해 노인이 건강을 잃었을 때 중시해야 할 원칙을 생각해보자.

치매는 뇌손상으로 인해 기억과 사고 능력이 오랜 시간에 걸쳐 점차 감퇴하여 일상적인 생활에 지장이 생기는 진행성 질병이다. 기억력 감퇴 등의 초기 증상은 노화현상과 잘 구분되지 않는 특징이 있다. 따라서 치매 증상이 나타나도 바로 병원에 가서 진단을 받지 않는 경우가 대부분이다. 한국의 경우 치매 증상이 나타난 후 진단을 내리는 데 대략 3~4년이 소요된다. 증상이 나타나면 곧바로 전문가가 진단을 내릴 수 있는 체계를 갖춘 서유럽과 비교된다. 영국의 경우 가정의 제도 덕분에 주민들은 의사에게 진료를 일상적으로 받을 수 있다. 진단이 빠를수록 경증에서 중증으로의 진행을 늦출 수 있는

치매 진료에서 가정의는 결정적인 역할을 한다.[23]

우리가 흔히 갖고 있는 상식에 따르면 치매환자는 판단능력이 없다. 과연 그럴까? 치매는 서서히 진행되기 때문에 경증의 경우 증상이 나타나는 간헐적 시기를 제외하고 대부분은 기존의 판단력이 유지된다. 기억력이 깜빡깜빡한다고 해서 인지능력이 없는 것은 아니기 때문이다. 따라서 치매를 조기에 발견한다면 환자 자신이 치료방식을 선택할 수 있다. 가정의 제도를 통해 초기 단계에 치매를 발견한다면 환자가 자기결정권을 행사할 가능성도 높아진다.

그렇다고 치매가 진행되어 중증에 이르면 모든 것을 의사나 사회복지사 등의 전문가가 판단해도 되는 것일까? 그렇지 않다. 판단능력이 저하되더라도 개성이나 감정이 사라지는 것은 아니다. 이성의 능력이 약하다고 해서 사람이 아닌 것은 아니잖은가.

치매 치료 및 돌봄에서 중요한 원칙은 첫째, 치매환자가 모든 의사결정에서 당사자가 되어야 한다는 점이다. 이를 위해 조기 진단이 매우 중요하다. 서유럽의 경우 가정의가 이 일을 한다. 가정의 시스템은 치매를 일찍 발견하고, 치매의 진행을 늦추기 위한 치료 과정에서 당사자가 판단할 수 있도록 한다. 반면 한국의 경우 치매 증상을 노인의 특성으로 착각하는 경향이 있고, 진단에 비용이 발생하기 때문에 전문가 상담은 증상이 나타나고 상당한 시간이 흐른 후에야 이루어지는 게 일반적이다.

둘째, 개인 삶의 역사와 개성, 감정을 고려한 돌봄이 이뤄져야 한다. 영국은 치매환자에게 1인 1실을 제공하고 그 밖의 환경도 치매환자의 평소 취향에 맞춰 조성한다는 돌봄 원칙을 갖고 있다. 집에서 돌보는 재가서비스는 환자 맞춤형으로 제때 공급을 원칙으로 한다. 재가서비스 덕분에 가족의 돌봄 부담이 크지 않다.

『노인복지 혁명』은 북유럽과 일본의 노인 돌봄 실태를 비교한 책이다. 저자 오쿠마 유키코는 북유럽에 '네다키리 노인' 즉 노환이나 질환으로 누워 있는 노인이 없다는 말을 듣고 충격을 받는다. 그는 현장을 확인한다.

> 연분홍 드레스의 부인과 이야기를 했다. 남편과 사별한 주부였다. 국민연금만으로 생활하고 있었다. 자택에서 혼자 살며, 기저귀가 필요한 몸이었다. 기저귀를 하고서도 멋을 낼 수 있는 문화가 이 지구상에 있다니![24]

북유럽 노인들은 요양원에서도 좋아하는 커튼과 카펫으로 꾸며진 자기 방을 가질 수 있다. 추억이 어린 물건이 가득한 공간에서 개인의 취미 생활도 최대한 보장받는다.[25]

오쿠마는 이것이 가능한 이유로 국민연금과 무상의 돌봄 시스템을 꼽았다. 예를 들어 국가가 제공하는 노인 돌봄 가정도우미(돌봄노동자)의 경우 일본을 1명으로 했을 때, 노르웨이는 51.5명, 스웨덴은 43.7명(1985년 전후)으로 나타났다.

오쿠마는 1990년대 일본의 실상을 다음과 같이 전한다.

> 해외에 알려진 아름다운 '일본형 복지', '가족적 간호'는 실은 '어버이 버리기'와 동등하다.[26]

> 일본에서 복지시설에 들어가는 것은 세 번의 죽음을 맞는 것이다. 첫째, '나 죽었다'는 기분으로 입소해야 한다. 가까이 두고 쓰던 물건은 골판지상자 두 개 분량으로 단념해야 한다. 둘째, '자기를 죽이고' 지내야 한다. 셋째, '생물로서의 죽음'이 찾아온다.[27]

한국도 일본과 비슷하다. 치매가 발생하면 전문가나 서비스공급자 중심으로 치료방법과 케어방식이 정해진다. 판단능력을 잃은 치매환자는 치료의 대상이 된다. 단적인 예로 요양기관 중에는 치매환자에게 환자복을 입히는 곳이 많다. 이는 관리를 편하게 하기 위한 조치이다.

수용소형 노인병원이나 요양원은 치매환자의 개성과 감정, 습관, 취미와 기호 등은 전혀 고려하지 않는다. 클래식과 트로트 중 어떤 음악을 좋아하는지 따위는 전혀 고려가 되지 않는다. 즉 치매환자는 더 이상 개성과 감정을 지닌 사람이 아니다. 표준화된 서비스의 대상일 뿐이다.

건강을 잃은 노인을 케어할 때 중시해야 할 세 번째 원칙은 돌봄의 사회화이다. 한국에서도 부유층에겐 조기 진단과 당사자 중심의 돌봄이 가능하다. 하지만 일반 시민에게 이것은 불가능하다. 비용 부담 때문이다. 대부분의 시민에게 돌봄은 형벌과 다름없다.

> 돌봄이라는 형벌을 받는 듯했다. 개인 시간이 없어지고 금전 부담이 커지고 무엇보다 아빠의 돌발 행동을 제어하지 못했다.[28]

복지제도가 제대로 되어 있다면 돌봄 스트레스로 인한 가족 간의 불화나 급기야 간병살인과 같은 극단적인 사태가 일어나는 것을 막을 수 있다. 북유럽의 경우 가정도우미가 수시로 체크하고, 요양원이 집 부근에 가정집처럼 존재하기 때문에 환자와 자식 사이에 돌봄을 둘러싼 갈등이 거의 없다.

> 대부분의 부모와 자식이 전화로 매일같이 서로 연락을 취하고 있다. 40%가 10분 이내에 갈 수 있는 거리, 70%가 30분 이내에 갈 수 있는 거리에 살고 있다.[29]

돌봄노동은 국가시스템이 제공하고 가족은 사랑을 주면 된다. 효를 강조하는 유교주의 국가에서는 부모 자식 간의 유대가 강할 것으로 보통 생각한다. 그런데 오히려 북유럽에서 더

강하게 나타날 수도 있다. 한국에서 치매노인이 생기면, 가족들 간에 비용 부담과 돌봄의 주체를 놓고 갈등이 생기는 경우가 많다. '긴병에 효자 없다'고 질병이 오래 가면 돌봄 주체의 경제적인 부담이 가중되고 육체적인 소진이 나타난다. 반면 북유럽의 경우 국가가 모든 비용과 돌봄서비스를 부담하기 때문에 자녀는 경제적인 부담이나 돌봄노동을 떠맡지 않는다. 자녀는 부모에게 관심과 사랑을 나누면 된다. 그러다 보니 돌봄의 부담과 스트레스가 매우 적다.

한국에서도 돈이 있는 사람들은 복지체제와 상관없이 가족을 잘 돌볼 수 있을 것이다. 하지만 이는 지극히 소수다. 돌봄 위기 사회는 사회의 경쟁력을 떨어뜨릴 뿐만 아니라 인권을 침해할 소지마저 있다. 이 같은 이유로 돌봄의 주체는 가족이 아니라 국가여야 한다. 더 이상 효자 돌봄 체제에 의존해서는 안 된다. 치매에 걸린 아버지를 돌보던 20대 청년은 말한다. "효자라는 말이나 연민과 동정은 차라리 무관심만 못 했다."[30]

한국은 2008년 노인장기요양보험제도를 도입하고, 치매국가 책임제를 선포했으며, 지역이 돌봄의 핵심적인 주체가 되는 커뮤니티 케어를 실현하고자 노력하고 있다. 하지만 서비스의 질은 물론이고 양도 충분하지 않다. 노인장기요양보험제도는 요양이 필요한 정도에 따라 등급심사를 하고, 등급에 따라 요양 서비스를 제공하는 제도이다.[31] 심사를 통과하기도 어렵거니와, 힘들게 입원한 요양원은 수용소와 다름없는 경우가 대부분이다. 최소 인력으로 이루어지는 저임금 비정규직 돌봄노동으로는 인간다운 삶을 보장할 수 없다.

지금까지 살펴본 것처럼 질병과 돌봄에 대한 관점을 재정립할 필요가 있다. 한 발 더 나아가 『아파도 미안하지 않습니다』는 건강할 권리(건강권)뿐만 아니라 질병권을 주장한다. 우리 모두가 질병을 피할 수 없다면 잘 아플 권리를 가져야 한다는 것이다. "몸이 아플 시간, 몸이 아플 권리를 줄 필요가 있다."[32] 하지만 한국에서 아픈 것은 가족에게 미안한 일이 된다.

> 가장 위험한 것은 바로 아픈 몸에 대한 자책감이다. 우리는 아플 만해서 아프다. 우리에게는 아플 권리가 필요하다. 자책감은 무책임한 사회에게 줘버리자.[33]

건강을 잃더라도 모두를 잃지는 않는 사회가 돼야 한다. 지금처럼 건강을 잃으면 자신뿐만 아니라 가족까지도 다 잃는 사회에서는 아픈 사람이 자책감에 빠질 수밖에 없다. 대표적 사례가 세 모녀 자살사건이다. 2014년 세 모녀는 빚에 시달리다 극단적인 선택을 하게 되었다. 그 빚은 아버지가 암으로 5년 동안 투병하는 과정에서 생긴 것이다. 결국 세 모녀의 가장은 자책하다가 자살을 했다. 10년이 지나 그 빚에 짓눌린

세 모녀 또한 자살로 생을 마감했다. 사회관리가 취약한 가족의 집에서는 건강을 잃으면 다 잃을 가능성이 높다. 세 모녀의 자살은 시민의 집에서는 존재하지 않을 비극이다. 세 모녀의 가장이 암에 걸렸더라도 의료가 무상이라면 빚을 물려주지 않았을 것이다.

가족 돌봄에서 사회 돌봄으로

2020년 50대 남성이 부패한 시신으로 발견되었다. 그 옆에서 치매를 앓고 있는 70대 어머니가 생활하고 있었다. 월세가 두 달치 밀리자 이상하게 여긴 집주인이 모자를 발견했다.[34] 치매노인 돌봄시스템이 갖추어져 있었다면, 좀 더 빨리 발견했을 것이다. 이 사건은 빈곤층 자녀가 홀로 치매노인을 돌보는 한국사회의 현실을 단적으로 보여준다.

한국은 65세 노인인구 중 치매노인이 100만 명(2024년)에 달하고, 2039년에는 200만 명, 2050년에는 300만 명을 넘어설 것으로 추산된다. 이는 100세 시대가 되면서 늘어난 노인수명과 깊은 연관이 있다. 65세 이상 노인인구 중 치매노인이 10%에 이르며 연간 관리비용이 18조 원(2021년)으로 추정된다.

현재 한국에서 치매노인을 돌볼 책임은 주로 가족이 지며, 이들은 끝 모를 간병터널을 힘겹게 통과하고 있다. 이 과정에서 심지어 간병살인도 발생한다. 이런 현실을 담은 『아빠의 아빠가 됐다』는 우리에게 돌봄을 성찰할 수 있는 기회를 제공한다. 20세에 치매에 걸린 자기 아빠의 아빠, 즉 돌봄과 부양의 의무자가 된 저자는 묻는다.

> 아버지를 버리지 않으면서, 그렇다고 아버지의 삶을 관리하는 수준에만 머물지 않으면서 내가 원하는 삶을 살아갈 수 있을까? 우리는 희생이나 배제 없이 더불어 살아갈 수 있을까?[35]

비정규직 청년노동자의 이 물음에 대부분이 공감할 것이다. 돌봄의 문제로부터 자유로운 사람은 없기 때문이다. 자신의 삶을 버리지 않으면서 아빠에게 인간다운 삶도 보장하는 세상이 가능할까? 이 책의 물음에 대한 답을 찾아보자.

저자는 고등학교를 졸업한 비정규직 노동자이다. 부모는 이혼을 했고, 자신은 아빠와 산다. 공사현장에서 일용직 건설노동자로 일하던 아빠는 저자가 20세 때 사고를 당한다. 병원에 도착해서 직면한 첫 번째 과제는 아빠의 수술 보증인을 찾는 것이다. 24세 때부터 보증이 가능하기 때문에 20세인 저자는 보증을 설 수가 없다. 다행히 아빠와 같이 일하던 동료가 연대보증인이 되었다.

보증인은 찾았지만 이제는 병원비가 없다. 가족이 있지만 이혼한 엄마와 여동생도 빈곤층이다. 친척에게 손을 내밀어

보지만 모두 그를 외면했다. 저자는 공적 서비스를 찾아보았다. 구청에는 300만 원을 지원하는 긴급복지지원제도가 있다. 하지만 아빠가 실비보험에 가입되어 있어 탈락이다. 기초생활수급권자를 알아보았으나 이혼한 엄마와 금전 교류 흔적이 있어 탈락이다. 이제 민간 지원을 알아본다. 사회복지공동모금회에 사연을 보내 선정되면 된다는 사실을 알게 되었다. 단 감성팔이를 잘해야 한다.

> 불쌍한 존재가 돼야 하고, 불쌍한데 착해야 하고, 그래서 지원이 더 의미 있어야 한다. 내 삶 전체를 가난으로 설명하고, 그 삶을 심사받아야 한다.[36]

결국 저자는 전세 보증금에 손을 댔다. 설상가상으로 아빠는 알코올성 치매환자가 된다. 이제 저자는 한부모 가정의 보호자이자 부양의무자, 가장이 되었다. 끝 모를 간병터널이 시작된 것이다. 노력 끝에 아빠는 수급권자가 되었고 요양병원을 찾는다. 하지만 열악한 요양병원에서 아빠의 인간다운 삶은 가능하지 않아 보인다.

돌봄의 과정에서 저자는 병원에서는 '보호자'로, 공공기관에 복지지원을 받으러 갈 때는 '대리자'이거나 '부양의무자'로, 주변에서는 '효자'로 불렸다. 이 사회에서 돌봄은 이렇게 조금씩 다른 이름으로 불리는 개인의 문제이다.

'네 ○○은 네가 치워라'는 인구 위기 시대의 지상명령이다. ○○에는 노후, 죽음, 아픔, 간병, 돌봄, 부양, 수발, 간호 등이 들어갈 수 있다.[37]

이 책은 곳곳에서 돌봄 위기사회, 치매난민, 요양난민 등을 언급한다. 저자는 묻는다. 어떻게 위기를 극복할 것인가? 가족이 모든 돌봄의 책임자여야 하는가? 우리는 복지제도 앞에서 설설 기어야 하는가? 『아빠의 아빠가 됐다』는 모든 사람들이 '시민관계증명서'를 가져야 한다고 주장한다.

시민관계증명서는 아버지가 알코올 의존증과 인지 장애증 환자이기 이전에 한 사회의 성원이라는 점을 알려주고, 내 돌봄이 비가시적인 소모가 아니라 사회적 의미를 갖는 행위라고 인정한다. (…) 나는 효자가 아니라 시민이다.[38]

가족의 집에서는 효자, 효부를 필요로 한다. 시민의 집에서는 돌봄을 사회의 문제로 본다. 이 사회에서는 시민관계증명서를 가지고 있는, 권리를 지닌 시민이기만 하면 된다. 효자가 아니라 시민이고 싶다는 저자의 말은 돌봄이 개인이나 가족이 아니라 국가와 사회의 몫이라는 선언이다.

3. 열심히 일한 당신, 소망한 것을 하라

임계장과 고다자

「2023 고령자 통계」에 따르면 65세 이상 한국 노인의 고용률은 36.2%를 기록했다. 이는 10년 전보다 6.1%포인트 상승한 수치로, OECD 회원국 평균을 크게 상회한다.[39] 노인 빈곤율 또한 OECD 국가 중 가장 높다는 점을 감안할 때 이들의 노동은 생존에 필요한 빵을 얻기 위함임을 알 수 있다. 하지만 정부의 노인 일자리 정책은 용돈 수준인 월 30만 원 안팎의 저임금 일자리 양산에 그친다. 그나마 다소 '젊은' 노인들은 나쁜 일자리라도 구할 수 있다. 『임계장 이야기』는 이런 현실을 기록한 책이다.

『임계장 이야기』는 이렇게 시작된다. "나는 퇴직 후 얻은 일터에서 '임계장'이라는 이름을 얻었다."[40] '임계장'은 무슨 뜻일까?

'임시 계약직 노인장'이라는 말의 준말이다. 임계장은 '고·다·자'라 불리기도 한다. 고르기도 쉽고, 다루기도 쉽고, 자르기도 쉽다고 해서 붙은 말이다.[41]

이 책은 임계장의 취업 분투기이다. 말 그대로 일자리를 얻기 위해 분투하는 과정에서 임계장들은 소진되어 나간다.

임계장은 내 부모 형제의 이름일 수도 있고, 또 퇴직을 앞둔 많은 분들이 은퇴 후 얻게 될 이름일 수도 있다.[42]

이 책이 울림을 주는 이유는 잠재적으로 우리 모두의 이야기이기 때문이다. 저자는 베이비붐 세대의 소위 '늘공'으로 38년간 공기업에서 정규직으로 일하다 2016년 60세의 나이로 은퇴해서 출간 당시 63세의 중년이었다. 편안히 노후를 살 일만 남은 것 같지만, 생존을 위해 분투하다 질병을 얻는다. 필자가 강의 중에 만난 한 노인은 말했다. 자신이 젊어서 국밥집을 할 때 공짜로 밥을 먹으러 오는 노인을 속으로 비난했단다. 젊어서 일을 하지 않은 대가라면서. 하지만 그렇게 열심히 살았던 자신이 지금 그러고 있단다. 그때 비난했던 노인들에게 지금 미안하다고 했다.

열심히 노력해도 빈곤할 수 있다는 것을 『임계장 이야기』는 보여준다. 특히 중산층의 삶도 퇴직과 함께 안전하지 못하다는 것을 말해준다. 딸 결혼자금으로 목돈을 밀어 넣고, 아들의 대학 학비로 여전히 돈이 필요한 상황에서 퇴직했다. 일자리를 찾지만, 임계장밖에 자리가 없다. 임계장의 일터와 고용조건은 열악하다.

> 단순 노무직은 장시간의 노동, 비인간적 대우, 잡균이 우글대는 비위생적 근무 환경이 일반적이다. 아파트, 고층빌딩, 그리고 터미널에는 쓰레기더미, 잡균, 배기가스, 미세먼지 그리고 혹독한 추위와 더위가 더해졌다.[43]

대부분 일자리의 노동 강도는 높다. 고속버스 배차 담당자가 되었을 때는 세 명이 했던 일을 한 명에게, 아파트 경비가 되었을 때는 일곱 명의 일을 한 명에게 주었다. 이런 상황에서도 낮은 임금 때문에 그는 투잡을 계획하고 실행에 옮긴다. 아파트는 격일근무제이다. 그래서 쉬는 24시간을 고층 아파트 주차 관리 겸 경비원으로 지원했다.

> 교대문제보다 더 힘든 것은 수면 부족이었다. 두 곳에서 각기 4시간, 6시간씩 수면시간이 주어졌지만 무전기를 켜놓고 무슨 일이 생기면 바로 뛰어나가야 했기 때문에 어디서도 제대로 눈을 붙이기 힘들었다.[44]

임계장은 아프면 안 된다. "아프다고 말하면 고용주는 즉 시 관심을 보인다. 잘라야 할지 판단하기 위해서다."⁴⁵ 저자는 4년여 동안 네 번의 큰 사고를 당했다. 하지만 산업재해는 인정되지 않는다. 첫 번째 직장에서 일하다가 다치자 바로 해고를 당했다. "일하다가 병에 걸리면 업무와 관계없는 '노환'이라고 했고, 치료는커녕 해고 통지 문자가 날아왔다. 내가 길지 않은 기간 동안 네 곳의 일터를 전전해야 했던 것도 이처럼 해고가 남발되었기 때문이다."⁴⁶ 그래서 그는 검진도 받지 않는다. 아직 드러나지도 않은 병을 종합검진으로 미리 알고 싶지 않기 때문이다.⁴⁷

저자는 생존을 위해 모든 것을 감수한다. 하지만 가장 힘든 것이 있다. 끊임없이 올라오는 자괴감과 싸워야 한다. 자른다는 말을 늘 듣고 산다. "시급 노동자로 일하는 동안 가장 자주 들었던 말은 '자른다'였다. 수없이 들어서 익숙해질 만도 한데 들을 때마다 가시처럼 목에 걸린다."⁴⁸ 이와 함께 나오는 말이 '너 아니더라도 일할 사람은 널려 있다'이다.

임계장은 권력관계망에서 늘 약자였다. 특히 주민들의 민원이 제일 무섭다. 그중에 갑질하는 사람들이 꼭 존재한다. 이런 와중에 그에게 위로가 된 말이 있었다. 아파트 관리인 선배가 던진 말이다.

자네는 경비원이 사람이라고 생각하지? 그 생각이 잘못된 것이라네. 사람이라면 어떻게 이런 폐기물더미에서 숨을 쉴 수 있겠는가? 사람이라면 어떻게 이런 초소에서 잘 수 있겠는가? 사람이라면 어떻게 석면 가루가 날리는 지하실에서 밥을 먹을 수 있겠는가? (…) 아파트 경비원이 '사람'이라고 생각하면, 경비원은 할 수가 없어.[49]

이 말을 듣고 저자는 되뇌인다. "나는 인간 대접을 받고자 이 아파트에 온 것이 아니다. 그러니 인간으로 존중받지 못하더라도 서러워 말자."[50] 이런 생각을 하게 되면서 저자는 고통에서 해방되는 기분이 들었다고 적고 있다.

결국 그는 몸이 상해서 7개월간 투병한다. 그가 취업을 할 수 있었던 것은 상대적으로 젊은(?) 나이 때문이었다. 70대가 넘은 구직자들에 비해 60대 초반은 아직 정신이 건강하고, 몸의 근육이 쓸 만하기 때문이다. 그런데 이 몸으로 얼마나 더 버틸 수 있을까.

열심히 일한 당신, 노후를 즐겨라

닐손은 스웨덴 용접공 출신으로 은퇴 후 실버타운인 15평 아파트에 살고 있다. 그는 다양한 여가와 만남 등으로 바쁜 일상을 보내고 있다.

하루에 너무 많은 일들을 하니까 설명하기 쉽지 않네요. 음악도 듣고, 날씨가 좋으면 시내에 나가서 영화를 보고, 클럽

같은 데 가서 술 마시며 춤도 춰요. 카페에 가서 커피도 마시고, 이 앞에 있는 쇼핑몰에 가보셨어요? 거기 돌아다니면서 쇼핑하는 것도 좋아해요. 요즘엔 낚시에 취미를 붙여서 바닷가에 나가서 청어를 많이 잡아와요. 제가 요리해서 먹기도 하고 많이 잡으면 이웃집에도 나눠줍니다. 인터넷도 하고…. 여기 사는 친구들과 게임도 해요.[51]

    낸시는 극단에서 잠시 활동했던 것이 사회생활의 전부이다. 그래서 낸시는 한 달에 한 번씩 국가기초연금으로 나오는 78만 원으로 살아가고 있다. 해외여행은 가지 못하지만 생계를 위해서 일하지 않아도 될 정도의 여유로운 일상을 보내고 있으며, 매주 수요런치 클럽에서 치매노인을 돌보는 자원봉사를 하고 있다. 연금 기여를 하지 못했어도 적정한 소득을 제공받고 있어 노후가 상대적으로 안정되어 있다. 이와 같은 복지 혜택은 노후는 국가가 책임져야 한다는 인식에 기반해 정책을 펼치고 있기 때문에 가능하다. 또한 영국인들은 젊어서 세금을 냈고, 아이들을 키웠기 때문에 사회보장이 그들의 당연한 권리라고 인식한다.[52]

    2021년 노인 취업률이 스페인 3.1%, 네덜란드 9.4%, 영국 10.3%, 미국 18.0%인 반면, 일본은 25.1%, 한국은 34.9%에 달한다.[53] 이런 차이의 원인은 무엇일까? 보통 사회보장이 정비되지 않은 나라일수록 고령자의 취업률은 높다. 그러므로

"일본 고령자의 취업률이 높은 이유는 '일할 의욕이 높아서'가 아니라 '일할 수밖에 없기 때문'이라고 말하는 것이 정확하다."[54] 돈이 필요해서 일하는 한국과 일본의 노인과는 달리 보편적 복지국가의 노인들은 일의 동기를 '일이 재미있어서', '일이 활력이 되기 때문'으로 꼽는다.[55]

사회보장이 확립된 나라에서 노인은 생존이 보장된다. 따라서 이제 그들은 자신의 고유성을 드러내는 활동을 할 수 있다. 이들은 노후에 일하지 않을 권리를 지닌다. 영국의 사회학자 데이비드 프레인은 저서 『일하지 않을 권리』에서 일하지 않는 것도 권리라고 주장한다. 자본주의는 '일 교리'를 통해 일 중심의 사회를 당연시한다. 또한 프레인은 유급노동의 신성성에 의문을 제기한다.[56] 인류가 만들어온 높은 생산력에 기반해서 인간은 생존을 위한 일이 아니라 삶을 위한 활동을 찾아야 한다. 이런 관점에서 이 책은 일 중심 사회를 비판하고, 새로운 대안을 찾을 것을 제안한다.[57]

그렇다면 외국의 노인들은 돈을 벌기 위한 일 대신 어떤 일을 할까? 노인들은 그동안 하고 싶었던 일을 한국의 노인보다 더 열심히 한다. 그 일은 자원봉사, 취미 생활, 여가 활동, 정치 활동 등으로 임금노동이 아니다. 은퇴 후 소득, 의료, 주거 등이 보장될 뿐만 아니라 자식들의 교육비도 국가가 책임지기 때문에 노인들은 하고 싶은 일을 마음껏 하며 자유롭게 삶을 즐길 수 있다.

노동에서 행위로

노동은 무엇일까? 자본주의 사회에서 노동은 누군가에게 고용되어 배고픔을 해결하는 먹이활동이다. 노동의 대가는 임금이고 이 임금으로 생존한다. 더 많은 임금을 받기 위해서는 내 노동력이라는 상품을 더 비싸게 팔아야 한다. 자본주의 사회에서 상품이 될 수 없는 자는 사회적 짐이자 최하층으로 전락한다.

문제는 노년이다. 생계가 보장되지 않을 경우 노년이 되어서도 노동을 해야 한다. 하지만 노인이 제공할 수 있는 노동력이라는 상품의 품질은 한없이 추락한다. 노인은 연장자라는 이유로 부리기도 쉽지가 않다. 이에 따라 노동시장에서 노인을 만나면 사회는 그를 낯선 인간으로 취급한다. 휴머니즘은 겉치레에 불과할 뿐이다.[58] 생산력과 상품의 관점에서 인간을 바라보면 노인은 더 이상 볼품도, 가치도, 사회적인 기여도 없는 존재이기 때문이다. 생존을 위해 지친 몸으로 노동을 하는 노인은 고되고 슬프고 괴롭다.

독일 출신의 정치이론가 한나 아렌트는 인간의 활동을 노동labor, 작업work, 행위action로 구분한다. 노동은 인간의 생존을 위해 필요한 활동이다. 작업은 생존에 직접 필요한 것은 아니지만, 학문이나 예술처럼 자신을 표현하고 이를 세상에 남겨두기 위해 무언가를 만드는 활동이다. 그렇다면 행위는 무엇일까? 행위란 정치적 존재로서 자유로움에 기반해 공동체에서 자신의 고유한 모습을 드러내는 활동을 의미한다. 즉 공적인 역할을 맡거나, 공동체에서 정치적 존재로서 주장을 펼치거나, 각종 시민단체 등을 만들거나 참여하는 활동들이 바로 행위다. 아렌트는 인간의 세 가지 활동 중에서도 행위에 주목했다. 그렇다면 노인은 아렌트가 말한 행위를 하는 존재가 될 수는 없을까? 보부아르는 다음과 같이 말한다.

> 노인에게는 무위의 권리가 있다. 더 이상의 의무는 없다! 마침내 평화가 찾아온 것이다! 더 이상 법이 노인을 속박하지 않을 것이다. 아이들처럼 노인들은 도덕과 무관하고, 이러한 내면의 상태는 마법 같은 균형 상태로 이끈다.[59]

그러나 현실의 노인은 배가 고프다. 여전히 노동의 영역에 머물러 있다. 작업과 행위는 할 수 없다. 생존의 문제로부터 자유롭지 못해서 그렇다. 누구에게나 배고프지 않을 만큼의 기본소득이 주어진다면 어떻게 될까? 일에 대한 개념이 바뀔 것이다. 유급노동만이 아니라 훨씬 더 폭넓은 활동을 아우르는 의미로 일 개념이 재규정될 것이다.[60] 즉 먹고사는 것을 위한 노동만을 가치 있는 활동으로 보지 않고, 자신의 고유성을 드러낼 수 있고 공동체에 의미 있는 행동, 즉 아렌트가 말하는 작업과 행위에도 눈을 돌릴 여력이 생긴다. 일은 자기 보존의 수단이라기보다는 기쁨을 느끼고 자기를 표현하는 수단이어야 한다.[61] 이런 상황에서는 '쓸모 있는 실업을 할 권리'가 가능해진다. 이 권리는 이웃과 자신에게 의미 있는 일을 할 자유이기도 하다.[62]

한국사회에 사회보장제도가 확대되면 임계장들의 일자리도 '나쁜 일자리'에서 벗어날 수 있을지 모른다. 사회보장제도가 있으면 임금이 낮고 차별을 받는 일자리에는 누구도 가려고 하지 않을 것이다. 그렇게 되면 일자리에 노동자들이 오게 하기 위해 높은 임금과 좋은 노동 조건을 제시할 수밖에 없다. 따라서 일자리에 대한 차별도 덜해질 것이다. 실제로 유럽에서 만난 임계장들은 높은 임금을 받으며 좋은 노동 조건에서 근무하고 있었다.

열심히 일한 당신에게 노후에 사회가 제안하는 활동은 어떤 것이어야 할까? 여전히 먹이활동인 노동일까? 아니면 공동체의 참여를 통해 인간으로서, 시민으로서 인정받는 행위일까? 빵이 보장된다면, 노인은 공동체를 위한 자원봉사와 후배시민과의 소통이라는 행위를 통해 장미를 가슴에 달고 살 수 있을 것이다.

4장

'나 때는'보다 '너 때는'에 귀 기울이는 선배

1. 이해하는 만큼 보인다

국민학교와 초등학교

영화 〈국제시장〉의 한 장면에 눈길이 간다. 월남전에 자원하는 남편과 이것을 반대하는 부인 사이에서 말다툼이 일어난다. 이때 '국기 하강식'이 시작된다. 「국기에 대한 맹세」가 〈애국가〉와 함께 흘러나온다. 부부는 싸우다 말고 똑바로 서서 '국민의례'를 한다.

내무부는 1978년 국기 하강식을 지침으로 규정했다. 동절기에는 오후 5시, 하절기에는 오후 4시에 실시됐다.

나는 자랑스러운 태극기 앞에 조국과 민족의 무궁한 영광을 위하여 몸과 마음을 바쳐 충성을 다할 것을 굳게 다짐합니다.[1]

이 시대의 국민은 국가에 몸과 마음을 바친다는 신성불가침의 이 원칙을 매일 마음속으로 읊조렸다. 극장에서도 국민의례가 진행되었다. 극장은 1971년 3월 1일부터 영화 상영 전에 의무적으로 〈애국가〉를 틀었다. 〈애국가〉와 함께 태극기가 화면에 나오면 관객은 모두 자리에서 일어나야 했다. 이어지는 광고와 홍보로 정작 영화를 보려면 30분 가까이 기다려야 했다.

지금의 노인 세대는 이 시절에 학교를 다녔다. 그 학교는 초등학교가 아니라 국민학교였다. 일제 강점기부터 사용된 '국민학교'라는 명칭이 '초등학교'로 바뀐 것은 1996년 3월 1일이었다.

국민학교와 초등학교는 다르다. 국민학교에는 「국민교육헌장」과 국민의례가 있었다. 「국민교육헌장」은 "우리는 민족중흥의 역사적 사명을 띠고 이 땅에 태어났다"로 시작된다. 교육의 지표로서 "반공 민주 정신에 투철한 애국 애족이 우리의 삶의 길"임을 명시한다. 모든 학생들은 이것을 외워야 했고 그러지 못한 경우 집에 늦게 가거나 체벌을 받기도 했다. 그리고 국민학생들은 '반공웅변대회', '반공포스터대회', '반공영화관람'에 일상적으로 참여했다.

애국주의와 반공주의에 기반한 엄격한 국가주의는 이를 거부하는 시민들을 불온하다고 보고 제재했다. 학교는 1976년 '국기에 대한 경례'를 종교적인 이유로 거부한 여고생들을 퇴학시켰다. 이에 대해 대법원은 정당한 결정이라고 판결했다. 1978년에는 대학 교수들이 「국민교육헌장」을 비판했다. 이른바 '우리의 교육지표 사건'이다. 이로 인해 열한 명의 교수가 해직되고 일부가 '긴급조치 9호' 위반으로 실형을 선고받았다.

국민학생이 살던 세상은 독재국가가 권위주의와 반공주의로 통치하던 공간이었다. 국기 하강식은 1987년 민주화 이후 1989년이 되어서야 폐지되었다.

그렇다면 2020년대의 초등학교는 어떨까? 집체교육은 사라졌다. 전교생이 매주 운동장에 일렬로 서서 시행하던 애국조회는 방송 조회로 대체되었다. 그리고 이것조차도 사라지고 있다. 학생자치회도 예전에는 선생님이 주도하여 수업 중에 진행했다면, 지금은 방과 후 학생들이 주도하고 안건도 다양하다.

오늘날 초등학교는 민주시민교육을 한다. 외국인에 대한 차별과 혐오를 없애기 위해 다문화교육도 진행한다. 창의인성교육, '교육 3주체'인 교사와 학생 그리고 학부모 중심의 학교자치, 혁신학교의 자기 주도와 자율에 기반한 커리큘럼 등은 이전의 국민학교에서는 상상할 수 없는 교육이다. 이제는 교과서를 중심으로 진도를 나가지 않아도 된다. 한 권의 책을 중심으로 1년의 교육과정을 재구성하는 '슬로리딩'을 진행해도 되고, 다양한 교과의 교사들이 모여 '주제통합수업'을 진행해도 된다. 교육부는 학교와 교사들이 자율적인 역량을 발휘해서 교육과정을 재구성할 것을 장려하고 있다.

발전주의와 개천의 용

아서 밀러의 희곡 『세일즈맨의 죽음』의 주인공은 아버지 윌리이다. 그는 세일즈맨으로서 가족을 위해 열심히 산다. 그는 '노력하면 된다'는 신조를 믿는다. 그런데 두 아들은 윌리처럼 치열하게 노력하지 않는다. 비정규직을 떠돌면서 이마저도 툭하면 때려치운다. 자신에게 대드는 아들들에게 크게 실망한 윌리는 부인 린다에게 말한다. "매일 놀기나 하는 개 같은 자식들! 게으르고 의지력이 없는 녀석들!" 한국의 노인들은 윌리와 같다. 그들의 생각을 형성한 곳은 국민학교였다. 국민학교는 '하늘은 스스로 돕는 자를 돕는다'고 가르쳤다.

> 나 때는 말이야, 충효사상이 강조되었어. 국가에 충성하고 부모에게 효도해야지. 군사부일체, 즉 임금(국가)과 스승과 부모는 한 몸이었지. 스승의 경우 그림자도 밟으면 안 되고! 참, 가난은 나라도 구하지 못하니까, 나 때는 가족 스스로 책임져야 했어. 그때는 참으로 열심히 살았지. 너희들이 보릿고개라는 말을 알아?

'보릿고개'는 춘궁기를 의미한다. 지난해 추수한 곡식이 다 떨어졌는데, 겨울에 심은 햇보리가 아직 나지 않은 기간이 보릿고개이다. 이때가 국민학생들에게는 배고픔의 시기이다. 가수 진성의 〈보릿고개〉라는 노래 가사에서도 이때의 아이와 엄마 모습이 그려진다. 엄마는 아이에게 뛰면 배가 고파진다면서 가만히 있으라고 당부한다.

강의 중에 이 노래를 들려주면 눈물을 훔치는 노인들이 많다. 이들은 말한다. 실제로 보릿고개 시절에는 배 꺼진다고 뛰지 말라고 했다고. 이 시기에 '똥구멍이 찢어지도록 가난했다'라는 말이 나왔다. 왜 이렇게 표현했을까? 먹을 것이 없어서 초근목피, 즉 풀뿌리와 나무껍질을 먹어 변비가 걸린 증상에서 나왔다. 노인들은 말한다. '배사장'이라는 말을 아이들이 이해할 수 있을까? 지금이야 빈곤층이 오히려 몸 관리가 안 되어서 배가 나오지만, 그 당시에는 배가 나오는 게 잘산다는 증거였다.

> '나 때는' 이런 시기였고, 이것을 인내하고, 노력해서 극복했다. '나 때는' 그 결과 국가가 발전했고, 고도성장을 이루었다. 그래서 '나 때는' 개천에서 용이 났다. 가난한 아이들이 더 열심히 공부했다, 가난을 극복하기 위해.

다행히 이 시대의 청년들은 아버지가 되어 부모와 자식을 돌볼 수 있었다. 집도 살 수 있었다. 이제 당시의 국민학생들은 노인이 되었다. 지금의 노인들은 자신들의 어린 시절을 생각한다. 초근목피를 먹고 보릿고개를 이겨낸 기억을 떠올린다. 그래서 지금의 아이들을 보면, 한심하다.

요즘 것들은 위아래도 없다! 한마디로 싸가지가 없다. 의지력도 약하다. 노력하지도 않는다. 문제가 생기면 다 지들이 잘못했는데 남의 탓을 한다. 부모 탓, 국가 탓을 한다.

국민학교를 나온 노인들이 초등학교를 나온 청년들을 보면 이해가 안 되는 행동이 너무도 많다. 이런 노인을 청년들은 꼰대로 규정한다. 그리고 말도 섞기 싫어하고 같은 공간에 있는 것도 불편해한다.

능력주의와 강남의 용

『세일즈맨의 죽음』에서 아버지와 아들의 갈등의 핵심은 서로 다른 시대를 이해하지 못했다는 데 있다. 큰아들 비프는 아버지 윌리에게 외친다.

저는 아무리 노력해도 최저임금도 못 받는 떠돌이예요! 그런데 왜 맨날 저보고 아버지처럼 되라고 해요! 아버지의 시대와 우리 시대는 달라요![2]

아버지와 아들의 시대는 어떻게 다를까? 윌리의 시대가 누구나 노력하면 성공할 수 있다는 '아메리칸 드림'에 부푼 경제호황기였다면, 비프의 시대는 일자리를 찾기 힘든 대공황기이다.

작품에는 대반전이 있다. 아버지 윌리의 자살이다. 윌리도 대공황기의 구조조정으로 인한 실직의 파고를 넘지 못한다. 그는 사고사를 가장해 자살한다. 가족을 위해 돈을 만들기 위해서이다. 주택융자금을 갚고 아들의 사업자금을 만들어줄 요량으로. 어쩌면 이것이 아버지의 마지막 책무라고 생각했을지도 모른다. 윌리의 자살은 의지와 노력을 강조한 경제호황기 세대의 자기부정이다. 아무리 노력해도 개인의 의지만으로 안 되는 일이 있다는 것을 보여준다. 윌리는 자살의 순간에 이것을 이해했을까?

국민학교를 나온 노인들은 아버지 윌리와 비슷한 입장이다. 초등학교를 나온 청년들은 아들 비프의 심정일 것이다. 1970~1980년대는 빈부 격차가 심하지 않았다. 모두가 가난했기 때문에 상대적 빈곤감은 낮았다. 이때는 노력하면 대학도 갈 수 있었고 열심히 돈을 모으면 주택도 구입할 수 있었다. 개발국가의 성장기에 청년 시절 대부분과 중년 시절을 보낸 노인들은 이러한 삶의 경험을 통해 국가의 책임보다는 개인과 가족의 노력이 우선이라는 태도를 갖게 됐다.

지금의 청년들은 어떨까? 노인들이 말하는 '나 때'와 청년들의 '우리 시대'는 매우 다르다. 우리 시대는 산업화시대의 고도성장기를 한참 지나, 저성장 그리고 경제위기의 시대이다. '나 때'는 누구나 노력하면 성과를 보장받을 수 있었다. 대학교만 들어가면 학점과 상관없이 웬만한 기업에 취업할 수 있었다. 고도성장기가 끝나고 점차 저성장시대로 접어들자, 경쟁이 격화되고 능력을 따지기 시작했다. 거기에 더해 1997년 말 IMF 외환위기 이후 세상은 변했다. 취업문이 좁아지자 생존경쟁이 시작되었다. 서울의 주요 대학 출신조차도 취업이 보장되지 않는다. 어떻게 해야 할까? 능력이 있다는 것을 보여줘야 한다. 메리토크라시meritocracy, 즉 능력주의시대가 도래한 것이다. 문제는 좋은 대학에 들어가고 높은 스펙을 갖추려면 인적·물적 자본이 필요하다는 점이다.

학원가에 떠도는 말로는 초등학교 4학년 때부터 준비해야 특목고에 진학할 수 있다고 한다. 그러기 위해서는 할아버지의 경제력과 엄마의 정보력 그리고 아이의 체력이 필요하다. 왜 아빠가 아닌 할아버지일까? 초등학교 4학년 아이의 아빠는 충분한 경제력을 가질 수가 없다. 그래서 재력을 가지고 있는 할아버지가 등장해야 한다.

'강남에서 용난다!'

현 세태를 잘 보여주는 말이다. 이제 개천에서는 좋은 대학에 들어가는 것이 거의 불가능하다. 이 같은 능력주의 담론은 영국의 사회학자 마이클 영의 1958년 풍자소설 『능력주의:

2034년, 평등하고 공정하고 정의로운 엘리트 계급의 세습 이야기』에서 시작되었다. 이 작품은 2034년에 현실화된 능력주의 사회를 '엘리트 계급의 세습사회'인 디스토피아로 그렸다.

> 1990년 무렵에 이르면 아이큐 125 이상인 모든 성인이 능력주의 체제에 속하게 됐다. 아이큐 125 이상인 어린이는 대부분 바로 이 성인들의 자녀였다. 오늘의 상층 집단이 내일의 상층 집단을 길러낼 가능성은 과거 어느 때보다도 더욱 높다. 엘리트 집단은 이제 세습화되는 중이며, 세습의 원리와 능력의 원리가 결합되고 있다.[3]

미국의 정치철학자 마이클 샌델도 『공정하다는 착각』에서 능력주의는 부모의 능력에서 비롯되기 때문에 공정하다고 생각하는 것은 착각이라고 주장한다. 청년들이 쓰는 말 중에 '이생망'이 있다. '이번 생은 망했다'의 줄임말로 이생망일지 여부는 금수저를 물고 태어났는지 흙수저를 물고 태어났는지에 달려 있다. 지금의 능력주의는 능력이 개인이 아니라 가족의 산물이라는 것을 말해준다.

능력주의는 불평등을 심화시키고 정당화한다. 능력주의자들은 능력에 따른 분배를 탓하는 것이 공정하지 않다고 생각한다. 게다가 능력주의 신화를 믿게 되면 더 큰 문제가 발생한다. 약자에 대한 차별과 혐오를 자연스럽게 생각할 우려가 있다. 약자들은 노력하지 않고 의지력이 약한 자들이라는 인식을 갖게 되는 것이다. 그래서 능력주의자들은 약자들이 무시당하는 것을 자업자득이라고 생각하는 경향이 있다.

가난은 개인의 책임일지도 모른다. 하지만 지금처럼 부모의 능력에 개인의 부가 좌우되는 상황에서 여전히 그렇다고 말할 수 있을까?『세일즈맨의 죽음』에서 노력만 하면 누구에게나 기회가 주어진다고 믿던 아버지 윌리는 대공황의 파고속에 실업자가 되자 자살을 한다. 개인의 노력만으로 바꿀 수 없는 것들도 있었다.

우리는 모두 시민이다

오늘날 노인과 청소년 그리고 청년의 공통점은 무엇일까? 모두가 어릴 때 시민권을 제대로 학습하지 못했다. 노인이 청소년이었던 시절, 즉 1940~1960년대에는 반공주의와 발전주의를 배웠다. 가난은 나라도 구하지 못하고, 성장이 분배보다 우선이어야 한다. 사회복지는 '빨갱이'의 주장이고 정부에 대한 비판은 체제 전복 세력이 하는 짓이다. 오늘날 청소년들은 능력주의를 익힌다. 능력주의 또한 국가의 능력이 아닌 개인의 능력을 강조한다. 여전히 가난은 나라도 구하지 못한다는 생각이다. 사회복지도 좌파들의 주장일 뿐이다.

이들은 시민권에 대해 잘 알지 못하니 요구하지 않았고, 시민권을 제대로 보장받지도 못하고 있다. 이처럼 시민권이 결핍된 노인과 청년 들은 또 다른 공통점이 있다. 모두 불안한 삶에 노출되어 있다. 높은 노인 자살율은 빈곤에 기인한다. 청소년과 청년 들도 위기에 처해 있다. 청소년 자살율이 높은 것은 능력주의에 기반한 학업 스트레스와 깊은 연관이 있고, 청년들의 좌절은 높은 실업률과 연관되어 있다. 이들은 모두 생존을 걱정한다.

　시민권의 결핍은 불만과 혐오로 귀결되곤 한다. 노인은 청소년과 청년 들이 의지력이 약하고 게으르다고 비난한다. 젊은이들은 노인들이 잉여 인력이며 복지와 일자리를 뺏는 존재라고 비난한다. 브라질의 교육자이자 교육사상가인 파울로 프레이리가 말한 것처럼 불평등하고 시민권을 보장하지 않는 구조는 수평적 폭력을 가져온다. 실업이나 불평등 등 구조적 문제를 문제의 원인으로 보고 이에 맞서 싸우기보다는, 이 구조 안에 있는 피해자들끼리 서로 싸우는 것이 수평적 폭력이다. 오늘날 한국의 노인, 청년, 청소년 모두 불평등한 상황에 있다. 아무리 노력해도 실업과 빈곤에서 벗어날 수가 없다. 하지만 이 상황과 구조를 변화시키기 위해 서로 협력하여 부당한 질서에 맞서기는커녕 서로를 비난하고 혐오한다. 그렇다면 수평적 폭력에 이르지 않기 위해 시민들은 어떻게 해야 할까?

　노인, 청년, 청소년이 모두 권리를 지닌 시민이라는 점을 자각하고, 연대해야 한다. 이들은 모두 공동체의 구성원이다.

천부인권을 가진 인간이다. 그리고 인간답게 살 권리가 있는 시민이다. 따라서 모두가 개성을 존중받으면서 행복하게 살고 싶고, 그럴 권리가 있다.

오늘날 한국의 시민들은 권리를 제대로 누리지 못하고 있다. 시민들은 시민으로서 갖는 권리를 자각하고 함께 요구해야 한다. 선배시민과 후배시민은 왜 우리 사회가 보통 사람으로 살아가는 것이 어려운지를 함께 따져 물어야 한다. 학습, 소통, 상호 간의 이해를 통한 시민들의 연대는 우리가 모두 같은 시민이라는 자각에서 시작된다.

2. 차이가 편안히 드러나는 광장의 대화

상대를 보고 놀랄 준비를 하라

영화 〈인턴〉은 세대 간의 긍정적인 소통의 모습을 잘 보여준다. 주인공은 30세의 CEO 줄스와 70세의 인턴 벤이다. 젊은 CEO 줄스는 창업 1년 반 만에 회사를 직원 220명 규모로 키우는 성공신화를 이룬다. 그녀는 디지털 감성과 열정을 갖추고 있다. 패션 센스, 체력 관리 능력, 직원에 대한 배려 등 CEO에게 필요한 모든 것을 갖췄다. 벤은 직장 은퇴 이후 줄스 회사에 새로 들어온 인턴이다. 벤은 다양한 업무 노하우와 풍부한 인생 경험이 있지만, 아날로그식이다. 정장과 넥타이 차림에 노트와 만년필을 사용한다. 밀레니얼 세대 직원들로 가득 찬 힙합 패션 스타트업 회사에 정장에 넥타이 차림의 벤은 왠지 어색해 보인다.

"정장 안 입으셔도 돼요."

"난 정장이 편한데 괜찮겠죠?"

처음에 줄스는 벤을 의심의 눈초리로 본다. 하지만 그의 노하우, 연륜 등을 경험하면서 회사 직원들과 줄스는 벤을 인생 선배로 대접하기 시작한다. 벤은 말한다.

경험은 늙지 않아요. 경험은 시대에 뒤떨어지지 않습니다.

한편 벤은 줄스의 열정과 능력에 진심으로 감탄한다. 그리고 그는 어린 줄스를 존중한다. "나는 여기 당신의 세계에 대해 배우러 왔어요." 벤은 줄스에게 진심어린 조언자가 되어 그녀가 힘들 때 격려한다. 줄스가 힘들어할 때 벤은 말한다. "1년 반 전에 혼자 창업해서 직원 220명의 성공신화를 이룬 사람이 누군지 기억하세요."

대화는 인간으로서 갖는 동질성을 인식하고 상대방과의 차이를 인정할 때 시작된다. 줄스와 벤은 처음에 차이를 우열로 보았지만, 나중에는 이를 다름으로 인정했다. 그러자 대화가 시작됐다. 대화는 계몽을 위한 것이 아니다. 계몽에 기반한 대화는 상대방이 무지하고 틀렸다는 생각으로 그를 끊임없이 교정하려는 것이다. 노인들이 자주 하는 '요즘 젊은 것들은…'이라는 말은 계몽 혹은 교정의 언어일 수 있다. 계몽을 위한 대화는 자신을 과시하고 홍보하는 경향이 있다. 프레이리는 말한다.

> 모든 것을 아는 사람은 아무도 없다. 아무것도 모르는 사람도 아무도 없다. 그래서 상대를 보고 놀랄 준비가 되어 있어야 한다.[4]

벤은 나이가 어린 줄스를 가르치려고 하지 않았다. 오히려 줄스에게 배우고자 했다. 그리고 자신의 경험을 공유하고자 했다. 이를 위한 대화는 차이를 인정하고 상호 존중할 때 가능하다. '모든 인간은 자신의 세계와 경험이 있다'는 전제를 인정하는 것으로 타자에 대한 존중, 평등, 연대의 표현이다. 차이는 우열과 다르다. 우열은 상대를 무시하고 굴복시키려 하지만, 차이는 상대방을 존중하고 인정하는 대화로 우리를 이끈다. 차이를 인정하는 대화는 상대방을 보고 놀랄 준비가 되어 있을 때 가능하다. 이런 대화를 통해 많은 것을 배울 수 있다.

선배시민의 철학을 이해하고 실천하는 데 있어서도 차이를 인정하는 대화가 중요하다. 차이를 인정하고 서로에게 배우려는 태도를 갖고 하는 대화는 공동 성찰로 나아가도록 해준다.

동의하지 않더라도 인정한다

〈인턴〉과 마찬가지로 영화 〈낙원동〉도 이념과 경험이 다른 세대가 소통하며 서로를 이해하는 내용을 담고 있다. 주인공 김만복 노인은 보수단체 회원으로 군복을 입고 태극기 집회에 참여한다. 국밥집에서 혼자 술을 마시던 그는 태극기 집회를 보면서 "꼴통들! 하여튼 늙으면 빨리 죽어야 한다니깐!"이라고 말하는 젊은 커플과 싸움이 붙는다. 국밥집 주인의 중재로 싸움을 멈춘 김 노인은 예비군 군복 차림으로 낙원상가에 영화를 보러 간다. 그곳에서 담배를 피우는 젊은 여성을 발견한다.

> "야, 담배 꺼! 하여튼 망조가 들어서 새파란 기집×이 어디 담배를!"
> "아니 할아버지, 언제 봤다고 욕이세요?"
> "이거 코트도 빨간 게, 빨갱이× 아냐? 내가 니 같은 × 지키려고 전쟁 나간 줄 아냐?"
> "왜 이래, 정말! 내가 언제 할아버지 보고 지켜달라고 했어요?"

영화 후반부에서 두 사람은 우연히 다시 만나 대화한다. 공통의 관심사가 화제에 오르자 서로 솔직한 대화가 이어진다. 이윽고 두 사람은 밤거리를 내려다보며 훈훈하게 담배를 피운다.

　이 영화에서 두 사람은 살던 시대와 이념은 다르지만, 취미와 습관이 같다. 두 사람은 다르지만 같다. 공통의 관심사로 대화가 시작된다면, 서로 다른 것에 대해서는 동의하지 않을지라도 인정할 수는 있다.

　동의를 강요하는 것은 대화가 아니라 명령이다. 차이에 기반한 대화는 상대방이 나와 다르기 때문에 다른 것을 드러내고 서로를 이해하려는 태도이다. 내가 옳다고 생각하듯이 상대도 나름의 경험과 판단에 따라 옳다고 생각한다는 것을 인정하는 데서 소통이 시작된다. 인정하고 인정받기 시작하면 차이는 자연스럽게 드러난다. 차이가 드러나면 드러날수록 소통은 풍부해진다. 이런 소통은 나와 나를 둘러싼 공동체에 문제를 제기하고 성찰하는 과정이다.

　진정한 소통을 위해서는 솔직하면서도 서로를 존중하는 태도가 필요하다. 필자가 진행한 강의 참여자들은 다른 사람과 소통하면서 고집불통이었던 자신이 변하기 시작했다고 말한다.

> 저도 상대 회원의 의견을 존중하고 '반론'이라는 용어 대신 '회원님 의견과 저의 생각이 다르다'고 말하며 상대 회원의 마음을 상하게 하지 않으려고 노력했습니다.[5]

이처럼 소통은 상대방과의 차이에 비추어 자신을 성찰하는 행위이다. 동시에 동료들을 새롭게 만나는 과정이기도 하다.

필자가 인문학 강의를 할 때의 일이다. 한 대학생이 자신을 'N포세대'라고 말하면서 자신들이 얼마나 힘든 상황인지를 설명했다. 모두가 숙연해졌다. 그때 노인 한 분이 벌떡 일어서더니 말했다.

> 우리 시대에도 그렇게 힘들었다. 힘들지 않은 시대가 어디 있나. 그런데 우리는 노력해서 극복했다. 지금 문제는 젊은 이들이 노력하지 않고 게을러터진 데 있다. 중소기업은 사람이 없어 큰일이다. 그런 곳으로 가서 일해라. 일자리는 얼마든지 있다.

이것은 '너 늙어봤니? 나 젊어봤다!'는 태도에서 나온 말이다. 자신은 젊어도 보고 늙어도 보았으니 다 안다는 것이다. 정말 그럴까? 이때 그 학생이 대꾸했다.

> 어르신, 우리 시대에 젊어보셨어요?

그렇다, 노인은 젊어봤다. 하지만 메리토크라시가 만연하고 양극화가 극심한 지금 시대에 젊어본 것은 아니다. 청년은 '우리 시대에 젊어보지 않으셨으니, 제 이야기를 좀 더 들어주세요'라고 말하고 있는지도 모른다. '너 늙어봤니? 나 젊어봤다!'는 태도는 이렇게 바뀌어야 하지 않을까.

내 젊은 날에는 이렇게 살았는데, 너희는 지금 어떠니?

어떤 노인들은 자신의 경험 속에서 모든 것을 판단하려 한다. 경험은 다를 수 있다. 따라서 판단도 다를 수 있다. 경험은 특정 시대의 특정 개인의 것일 수 있다. 하지만 상대방은 자신과 다른 시대, 다른 지역에 살고, 다른 감각, 다른 판단을 지녔다. 지금의 청년들은 노인들과 같은 공간에 있지만, 다른 시대와 다른 가치 속에 있다. '내가 다 아는 것은 아니다'라고 인정하는 가운데 서로에 대해 호기심을 갖고 경험을 나누는 것이 좋지 않을까.

카페를 운영하는 한 수강생은 선배시민 프로그램에 참여한 후에 후배시민을 새롭게 바라보기 시작했다고 한다. 그는 '오늘은 또 얼마나 징글징글한 일이 벌어질까' 하는 우울한 심정으로 카페 문을 열곤 했다. 카페 손님으로 온 청소년들이 화장을 하거나 담배를 피우는 모습을 꼴불견으로 여겼다. 그런데 자신을 선배시민으로 인식하며 후배시민들을 이해하고 소통하려는 태도를 갖자 많은 것이 달라졌다.

담배가 그렇게 맛있어?
무슨 고민이 있니?

아이들도 서서히 그를 스스럼없이 대하게 되었고, 그 과정에서 그는 담배를 피우고 화장을 하는 아이들을 이해하기 시작했다. 여전히 아이들은 그렇게 행동하고 있지만, 이제 아이들과 대화가 가능해졌다. 아이들과의 깊이 있는 소통이 서로를 변화시키는 데까지 이어지지 않을까.

TV 프로그램인 〈100분 토론〉은 안 좋은 소통의 전형적인 사례이다. 〈100분 토론〉에 나온 패널들은 자신과 자기 조직의 입장을 전시하고, 과시하고, 홍보하는 데 열을 올린다. 모든 소통의 목적은 자신들의 입장을 관철하는 데 있다. 상대방의 이야기를 수긍하면 지는 것이다. 따라서 상대의 약점을 파고들어 그의 생각은 전적으로 틀리고 자신만이 옳다고 주장한다. 최근에 대학생들이 참여하는 '토론 배틀' 프로그램을 본 적이 있다. 이것도 〈100분 토론〉과 비슷하다. 상대의 약점을 찾아 꼼짝달싹 못 하게 하면 승리한다. 중·고등학교에서는 주로 찬반 양쪽으로 나누어 토론을 한다. 이것도 상대방 주장의 모순을 드러내어 그것을 효과적으로 공격하면 이기게 된다. 이때 패자는 무력감을 느끼는 반면 승자는 득의양양하다.

세대 갈등에서 소통으로

'세대' 하면 바로 세대 갈등을 떠올릴 정도로 세대 간

충돌은 부각되어왔다. 갈등의 핵심에는 이념의 차이가 도사리고 있다. 청년들의 진보적 성향과 노인들의 보수적 성향의 차이가 갈등으로 나타난 것이라고 본다. 그런데 이것은 오해일 수 있다. 노인과 청년 중에 누가 더 진보적일까? 일반적으로 청년들이 진보적이라고 말할 것이다. 그런데 '세대론'을 주창한 헝가리 태생 독일 사회학자 카를 만하임은 반드시 그렇지는 않다고 말한다.

> 대부분의 세대 연구자들이 무비판적으로 공유하고 있는 가정, 즉 청년 세대는 진보적이며 구세대는 그 자체로 보수적이라는 가정만큼이나 허구적인 것은 없다.[6]

자신의 주장을 입증하기 위해 만하임은 독일 비스마르크 시대의 청년과 노인 들을 비교한다. 철혈재상이 통치하는 보수주의 시대를 살아가던 청년들이 당시 노인들과 견주어 진보적이라고 할 수는 없다. 이때의 노인들은 진보적인 시대에 청년기를 보낸 영향으로 당시로서는 급진적인 생각을 갖고 있었기 때문이다. 만하임의 관점은 한국의 상황에도 적용할 수 있다. 2020년대를 살아가는 오늘날 청년들이 1980년대 민주화 시대를 경험했던 오늘날 장년층보다 더 진보적이라고 할 수 있을까?

신자유주의 시대의 청년들은 생존의 압박감을 중·고등학

교 때부터 받아왔다. 따라서 민주주의, 공동체, 타인과의 연대보다는 개인의 생존과 경쟁에 관심이 더 많다. 특히 그들은 민주화 시대의 청년들이 가졌던 여유가 없다. 민주화 시대의 청년들은 대학생이라는 이유만으로 사회로부터 존중받았고 언제든 직장에 들어갈 수 있었기 때문에 공동체의 일에 더 관심을 가질 수 있었는지 모른다. 하지만 오늘날 청년들은 생존을 위한 아르바이트와 취업을 위한 스펙 쌓기를 해야 한다. 그럼에도 불구하고 결혼, 취업, 연애를 포기해야 할 정도로 생존의 문제에 직면해 있다.

또 다른 세대 갈등의 원인으로는 복지정책을 들 수 있다. 세대 간 이해관계는 복지 영역에서 정면충돌하는 듯하다. 노인 복지 확대가 청년에게 불리하다는 인식이 있다. 청와대 국민청원 게시판에는 "노인들은 자신을 위한 복지에는 찬성하면서 다른 세대의 복지에는 반대한다"라며 "노인 전철 무임승차를 폐지해달라"라는 청원 글이 올라오기까지 했다.[7] 세대 갈등의 원인으로 장년층 10명 중 6명(56.2%)과 청년층 10명 중 4명(41.8%)은 '고령화로 노인이 늘어난 데다 노인 복지가 확대돼 청년층 부담이 늘고 있기 때문'이라고 응답했다.[8] 다음과 같은 말은 노인 복지에 대한 청년층의 인식을 단적으로 보여준다.

제가 할아버지의 연금 빚을 갚아야 하나요?

청년들은 노인들의 복지를 자신들이 모두 부담한다는 공포감에 사로잡힌 것 같다. 청년들의 말처럼 노인 복지는 자신들에게 불리할까? 누군가는 노인을 돌봐야 한다. 그런데 대다수의 노인들과 그 자식들이 이 비용을 부담하기 쉽지 않다. 연금은 자식들이 노인 돌봄 비용을 사적으로 부담하지 않도록 돕는 제도이다. 현재의 청년들도 노인이 될 것이다. 따라서 노인을 위한 사회복지는 자신들의 노후에 대한 보장이기도 하다. 사회복지를 연대의 차원에서 바라봐야 하는 이유이다.

세대 갈등의 이면에는 일자리 경쟁도 원인으로 작용한다. 하지만 과연 청년층의 일자리와 고령층의 일자리가 경쟁관계에 있을까? 청년층의 일자리와 고령층의 일자리는 일치하지 않을 가능성이 더 크다. 청년층은 직장으로 국가기관, 공기업, 대기업을, 직종별로는 사무직과 전문직을 선호하고, 고령층은 중소기업이나 영세기업의 기능직 분야에서 주로 일한다.[9] 이처럼 고령층의 일자리와 청년층의 일자리는 서로 대체성이 낮다는 실증적 연구 결과가 보고되고 있다. 또한 청년이 선호하는 일자리와 베이비붐 세대의 일자리는 중첩되지 않기 때문에 고령층의 정년 연장이 청년층의 고용을 대체할 가능성은 매우 낮을 것이다.[10]

세대 차이는 분명히 존재한다. 그렇다고 이 차이가 곧 갈등을 의미하는 것일까? 세대 갈등론은 세대 간에 이해관계가 존재하여 이익을 둘러싼 게임이 불가피하다고 전제한다. 반면 『세대 게임』에서는 세대 갈등의 진실은 '세대게임론'이라고 주장한다. 세대게임은 게임의 판을 짠 집단들이 어떤 이익을 취하기 위해 세대를 활용하여 사람들의 경쟁이나 싸움을 부추기는 움직임을 의미한다.[11]

세대 갈등을 만들고 게임을 시킨 존재는 언론, 기업, 정치이다. 자극적인 기사로 이목을 끌기 위해, 상품을 팔기 위해, 표를 얻기 위해 각기 다른 이유로 세대주의를 만들었다. 이들에 의해 세대 갈등은 세대 전쟁처럼 과장된다. 반면 현실에서 다른 세대와 만날 기회는 극히 제한적이다. 요즘 청소년들은 어린 시절 할머니, 할아버지가 자신들을 키운 것 외에는 노인 세대를 만나기가 어렵다. 청소년들은 학원에 다니느라 바쁘다.

그렇다면 청소년과 청년 들에게 노인 이미지는 어떻게 형성되었을까? 청소년들은 길거리의 노인만을 보고 그들을 일반적인 노인이라고 생각한다. 청년들은 자원봉사를 가서 만나는 노인들, 즉 힘들고 어려운 상황 속 노인을 일반적인 노인이라고 생각한다. 이들에게 노인은 무능하고 대화가 통하지 않고 불쌍한 존재이다.

세대 갈등에 세대보다 더 큰 영향을 미치는 것은 계급이다. 부유한 노인, 부모, 그리고 그의 자식들은 좋은 유대관계를 맺을 수도 있다. 부유한 집안에서는 자식 세대에 대한 지원이 풍족하게 이뤄지기 때문이다. 이들은 가난은 개인의 책임이라는 등의 인식도 공유할 가능성이 높다. 반면 가난한 집안에서는 이와 매우 다른 경험과 인식이 형성될 수 있다. 따라서 부유한 노인과 가난한 노인보다, 부유한 노인과 부유한 청년의 심리나 인식의 거리가 더 가까울 수 있다. 이처럼 세대보다는 계급이나 계층의 영향으로 더 큰 갈등 양상이 빚어질 수 있다.

세대게임론의 실상을 이해했다면, 세대 갈등이 아니라 세대 소통으로 이를 극복해야 한다. 세대와 상관없이 모두가 시민이자 인간이라는 것을 인식한다면, 갈등이 아닌 소통의 가능성이 열린다. 우리는 소통을 통해 공동의 이익을 발견할 수 있다. 세대 차이는 소통의 정치를 통해 극복해야 한다.

필자는 시민, 특히 선배시민과 후배시민의 평등한 대화에 대해 생각해보았다. 그리고 이것을 〈평등한 대화〉라는 노래 가사에 담아보았다.

1절
이보게 젊은이
자네 늙어봤나? 늙어봤냐고
나는 젊어도 봤지. 그래서 다 안다고
그러니 내 말을 들어, 들으란 말이야
네네 어르신
그런데 우리 시대에 젊어보셨어요
초등학교 나온 우리를 어떻게 알아요

초등학교와 국민학교는 달라도 너무 다른데

이게 뭐냐고요

2절

이보게 젊은이

자넨 너무 게을러. 왜 그러냐고

나 때는 근면 성실했어. 열심히 살았다고

그러니 내 말을 들어. 노력하란 말이야

네네 어르신

그런데 우리 시대에 일해보셨어요

헬조선을 살아가는 우리를 어떻게 아세요

노력하고 노력해도 삶이 달라지지 않아요. 이게 뭐냐고요

3절

이보게 젊은이

자네 계획이란 게 있나? 왜 그러냐고

나 때는 절약 저축해서 가족 위해 살았다고

그러니 내 말을 들어. 미래를 준비하라고

네네 어르신

그런데 혹시 우리 시대에 살아보셨어요

우린들 욜로족이 되고 싶어 된 줄 아세요

희망 없는 미래에 던져진 우리 삶을 아세요? 이게 뭐냐고요

4절

어르신 어르신

왜 그렇게 욕심이 많나요? 왜 그러냐고요

우리의 일자리와 복지를 왜 다 가져가느냐고요

우리의 미래를 어르신이 축내고 있어요

이보게 젊은이

그런데 혹시 우리들의 애환을 알아? 아냐고

산업전사 현모양처 자식농사, 모두 열심히 했지

우리도 가난하고 짐짝 취급받고 있지. 이게 뭐냐고

5절

이보게 젊은이

처음으로 들었네, 자네의 솔직한 이야기를

노오력 욜로 헬조선 절망, 정말 몰랐지

자네들이 남 탓이나 한다고 오해했네

네 어르신

저도 처음으로 들었어요, 어르신의 이야기를

우리처럼 어려운 상황에서 사시고 있었네요

어르신을 꼰대로만 오해했어요. 이제는 알겠어요

6절

이보게 젊은이

이제야 자네를 이해할 수 있을 것 같네

우리와 다른 시대에 자네가 살고 있었네

나 때는 이랬는데 자네 때는 어때

네 어르신

우리와 아주 다른 시대를 사셨고

우리와 지금 같은 상황 속에 있네요

어르신과 함께 생각하고 바꿔볼게요. 함께 상상해요

후렴

모든 것을 아는 사람은 아무도 없고

아무것도 모르는 사람도 아무도 없다

서로 묻고 이해하고 변화시켜야 한다

소크라테스의 등에처럼

　차이가 편안히 드러나는 광장에서 서로를 동등한 시민으로 인정하는 가운데 스스로를 성찰하는 대화는 과연 가능한가. 이와 같은 대화는 나와 나를 둘러싼 공동체를 비판적으로 살펴보는 것에서 시작될 수 있다. 그렇다면 광장에서 동료시민과 함께 공동 성찰할 우리 공동체는 어떤 모습일까?

　노인 자살률 1위, 청소년 자살 증가율 1위, 저출산율 1위, 노동시간 1위, 산재사망률 1위, 대학 등록금 1위, 남녀 임금격차 1위….

OECD 회원국과 비교하여 얻은 한국의 성적이다. 이 정도면 한국사회는 부조리한 사회가 아닐까. 이런 이야기를 하면 문제가 심각하니 근본 원인을 밝혀서 개선해야 한다고 하는 것이 상식이다. 그러나 보통은 이렇게 말한다.

> 왜 그렇게 세상을 부정적으로만 보는가?
> 우리는 한강의 기적을 이루고, 원조받던 나라가 원조국이 된 최초의 사례이지 않은가?
> 보릿고개는 사라지지 않았는가?
> 경제력 10위권의 경제대국이지 않은가?

특히 노인들이 이런 의견을 강하게 피력한다. 자신들이 경험한 전쟁과 가난한 시절에 비해 지금은 눈부신 발전을 이루었다. 하지만 앞서 살펴본 지표들은 한국이 결코 살 만한 나라가 아님을 증명한다.

그렇다면 두 사실을 놓고 우리는 어떤 판단을 해야 할까? 한국의 성장 신화를 부인할 수는 없지만, 부조리한 측면도 간과할 수 없다. 누구도 한국이 이전보다 발전했으니 부조리한 것은 눈감아주자고 말하지 않을 것이다. 높은 자살률과 심각한 저출산율, 장시간 노동과 높은 산재사망률을 그대로 둔 채로는 이 사회가 지속될 수 없기 때문이다. 저출생으로 인해 한국이 세계에서 없어질지도 모르는 나라 1위라고 하지 않는

가. 절망과 자살로 이어지는 팍팍한 삶은 '헬조선'이라는 신조어를 낳았다. 더 늦기 전에 한국사회를 위협하는 부조리한 상황을 바꿔야 한다. 이를 위해 우선 부조리한 사실을 드러내고 비판해야 한다. 문제가 무엇인지를 알아야 이를 바꾸기 위한 노력도 시작할 수 있지 않을까.

그런데 한국사회에서는 문제점을 비판하면 부정적인 사람이 된다. 그리고 불온한 저의를 갖고 있는 것처럼 취급받는다. '비판하는 사람=매사를 부정적으로만 보는 사람'이라는 등식이 성립되어 있다. 특히 한국의 노인 세대는 비판하는 사람을 체제 전복 세력 보듯 한다. 그렇다면 과연 비판은 부정적인 것일까?

복지관에서 선배시민에 대해 강의할 때의 일이다. 선배시민은 공동체와 후배시민의 어려움과 부조리한 상황을 비판하고 변화시키는 주체라고 말하자 어느 노인이 익숙한 반응을 보였다.

왜 그렇게 세상을 부정적으로만 보십니까?

그렇다. 누군가에게 비판은 부정적인 것이다. 그런데 다르게 생각해보면 비판은 문제점을 드러내고 변화를 만들려는 긍정적인 태도일 수도 있다. 이와 반대로 현실을 있는 그대로 바라보고 이를 인정하는 순응과 적응이 오히려 부정적인 태도 아닐까. 이 맥락에서 다음과 같은 논리가 가능하다.

어르신, 비판은 부정적인 것이 아닙니다. 비판이야말로 긍정적인 것입니다. 부조리한 것을 드러내고 그것을 근본적으로 개선함으로써 더 나은 공동체를 만들려는 태도는 열망에서 나옵니다. 비판도 더 나은 공동체에 대한 희망을 가지고 있을 때 할 수 있습니다. 매우 긍정적인 것이죠. 오히려 주어진 것을 그대로 받아들이고 따르려는 순응과 적응이 부정적인 것입니다.

이렇게 보면 노인의 '비판=부정적, 순응=긍정적'이라는 등식은 '비판=긍정적, 순응=부정적'으로 역전된다. 그 노인은 이것을 마지못해 받아들이는 듯 보였다. 그 노인의 질문이 이어졌다.

그렇다면 '비판=긍정적=좌파, 순응=부정적=우파'로 바뀌어야 하지 않습니까?

노인은 비판에 색깔론을 입히는, 한국사회에서 낯익은 행태를 보여줬다. 이 질문에 답하기 위해서는 자유주의의 뿌리로 거슬러 올라갈 필요가 있다. 자유주의의 철학적 근거를 제공한 19세기 영국의 철학자이자 경제학자인 존 스튜어트 밀은 그의 저서 『자유론』에서 '악마의 옹호자'에 주목한다. 가

톨릭에서 성인을 추대할 때 악마의 옹호자를 반드시 둔다. 악마의 옹호자는 성인을 비판하는 역할을 담당한다. 성인일지라도 비판에 열려 있어야 한다는 취지이다.[12] 밀은 자신에게 동의하는 사람뿐만 아니라 반대하는 사람에게도 비판할 권리를 부여하라고 말한다.

이런 내용과 함께 밀은 굳이 따지자면 좌파가 아니라 우파라고 그 노인에게 소개했다. 비판이 좌·우파의 문제가 아니라 인간 존재의 본성임을 설명한 것이다. 그리고 소크라테스의 '등에론'도 소개했다. 소크라테스는 자신의 재판 과정을 담은『변명』에서 아테네의 등에가 되고자 했다고 말한다. 등에는 소 등에 달라붙어 피를 빨아 먹는 곤충이다. 그는 비판이 없으면 아테네가 곧 부패해서 위기에 처할 것이라고 경고했다.[13] 주목할 점은 소크라테스는 소가 잘못 갈 때는 물론이고 잘 가고 있을 때도 물어뜯어야 한다고 주장했다는 점이다. 이때 소가 말한다.

왜 잘 가고 있는데 물어뜯어?

그러면 등에는 이렇게 응수한다.

그냥 물어뜯어봤어!

소크라테스는 등에처럼 그냥 물어뜯는 것이 허용되는 사회가 건강한 사회라고 보았다. 그렇다면 소크라테스는 좌파일까, 우파일까? 이처럼 비판은 좌파나 우파, 누구의 전유물도 아니다. 비판이 없는 사회는 닫힌 사회이다. 비판을 공기와 같이 여길 때 열린 사회가 가능하다.

비판이 대안이다

후배시민을 품고 더 나은 공동체를 상상하는 선배시민은 현실의 부조리에 대해서 비판적으로 이해해야 한다. 이는 긍정적인 것은 인정하고 계승하되 정의롭지 못하거나 부정적인 것은 바꾸려는 태도이다. 그런데 비판의 행위를 가로막는 생각이 있다.

비판은 부정적인 태도이다.
대안 없는 비판은 하지 말라.
비판은 비난이다.

우선 이러한 기존의 관념에 대해 비판적으로 성찰해야 한다. 비판은 좌파든 우파든 누구나 강조하는 인간의 존재론적 본성이고, 현실을 보다 나은 상황으로 바꾸려는 긍정적 에너지이다. 그러므로 비판을 부정적이라고 하는 사람이 있으면 비판 그 자체가 아니라 비판을 부정적이라고 말하는 사람의 의도를 문제 삼아야 한다.

'대안 없는 비판은 하지 말라'는 견해도 만연해 있다. 그런데 이 견해는 현실적으로 비판을 하지 말라는 말과 다름없다. 전문가가 아닌 이상 대안을 제시할 수 있는 시민이 얼마나 있을까? 주택난과 청년실업 문제가 심각할 때, 누가 이 문제로 정부를 비판한다고 하자. 이때 '그것을 누가 몰라서 그러냐. 대안 없는 비판은 혼란만 가중시키니 말하지 말라'라고 한다면 수긍할 수 있는가.

비판은 대안이 없어도 해야 한다. 비판은 부조리의 원인과 증상을 드러내기 때문이다. 원인과 증상을 알아야 그 대안을 강구하지 않겠는가. 이런 점에서 다음과 같이 관점이 바뀌어야 한다.

비판이 곧 대안이다.

비판은 문제점을 드러내고 그것에 대해 성찰하게 한다. 전태일이 1970년대 노동자들의 열악한 환경을 온몸으로 호소했을 때, 비로소 노동자들의 실태가 문제로 떠오르고 대안을 모색하기 시작했다. 역사적으로 모든 대안은 비판에서부터 시작되었다. 비판이 없으면, 문제는 가려지고 덮여 없는 것이 된다.

비판을 가로막는 또 다른 담론은 '비판은 비난이다'라는 견해이다. 과연 그럴까? 비판은 비난과 다르다. 비판은 부조리를 드러냄으로써 성찰을 가능하게 하지만, 비난은 상대의 약점을 공격하여 증오를 불러일으키기 때문이다. 그런데 이 둘은 원래 혼동하기 쉬운데다 비난을 비판으로 포장해서 양자를 구분하기 힘들게 하기도 한다. 비판이 비난이 되지 않기 위해서는 정치철학자 마이클 왈저가 이야기한 '비판적 거리 둠critical distance'을 해야 한다. 비판적 거리 둠은 비판이 공동체의 이익에 얽혀 있되, 권력(사적인 이익)으로부터는 떨어져 있어야 한다는 원칙이다. 비판의 목적이 공동체의 이익을 실현하는 데 있기 때문이다.

선배시민은 비판하는 존재이다. 비판은 마을과 공동체의 이익, 즉 자신은 물론 후배시민들의 안녕에 관한 것이어야 한다. 그리고 비판의 칼날은 일상에서부터 정치에 이르는 모든 부조리한 것을 향해야 한다. 이렇게 이뤄진 비판은 근본적 성찰과 새로운 대안의 계기를 만든다.

3. 시민선배, 시민권을 조직하라

본질을 보라, 헬렌 켈러와 나이팅게일

헬렌 켈러와 플로렌스 나이팅게일은 사망 당시 각각 88세와 90세였다. 60세 이하였던 당시 평균수명에 비해 두 사람은 상당히 장수했다. 나이팅게일은 '백의의 천사'라 불린 간호사로, 헬렌 켈러는 '장애를 극복한 사람'으로 알려져 있다. 그런데 두 사람은 그 이상의 활동을 하면서 살았다.

헬렌 켈러는 진보적인 사회운동가이다.
나이팅게일은 간호사, 작가, 통계학자이다.

두 사람에 대한 상식과 다른 이 평가는 어떻게 만들어진 것일까? 왜 우리는 이들의 총체적인 삶에 대해 무지할까? 이것은 두 가지 질문을 포함한다. 첫째, 그들은 무엇을 하고 살았는가? 둘째, 우리가 그들 삶의 일부에 대해서만 아는 이유는 무엇일까?

급진적인 주장을 담고 있는 아래의 연설은 누가 했을까?

> 문명화가 진행됨에 따라, 노동자들은 노예화되었고, 기계의 부품이 되었다. (…) 미국의 미래는 8000만의 노동자에 의존한다. 노동자들로부터 이득을 얻는 소수의 자본가는 노동자들이 자본가들의 이익을 보호하는 군대로 조직되길 원한다.[14]

연설의 주인공은 헬렌 켈러이다. 보통 헬렌 켈러를 설리번 선생님의 도움을 받아 중증장애를 극복한 여성 정도로 알고 있다. 그녀는 보지도 듣지도 말하지도 못하는 삼중 장애에도 불구하고, 적극적으로 사회운동에 참여했다. 헬렌 켈러는 20 대 이후 여성참정권 운동, 반전 운동, 노동권 운동, 인종차별 반대 운동 등을 하며 차별과 억압, 불평등에 맞서 싸웠다. 헬렌 켈러는 자신을 사회주의자라고 고백하고 사회당에서 활동했다.[15]

그런데 왜 우리는 헬렌 켈러를 장애를 극복한 사람으로만 알고 있을까? 당시 미국의 정보당국은 헬렌 켈러를 아메리칸 드림의 표본으로 삼고 싶어 했다. 하지만 헬렌 켈러는 후반기 삶에서 제도와 구조에 대해 비판하는 진보적인 발언과 실천을 이어갔다. 헬렌 켈러는 연방수사국FBI 1급 관리 대상이었고,[16] 정부는 운동가로서 그녀의 삶을 은폐하고자 했다. 그 결과 헬렌 켈러가 장애를 극복한 이후 무엇을 했는지 묻는 제임스 로웬의 10년간의 연구에서 모든 초등학생이 '모른다'고 답하는 사태가 빚어졌다.[17] 로웬은 『선생님이 가르쳐준 거짓말』의 저자로 잘 알려진 미국 사회학자이다. 이처럼 헬렌 켈러에 대해 우리는 권력이 보여주는 것만 보았기 때문에 그녀가 사회운동가였다는 사실을 알지 못했다. 특히 그녀는 장애가 '극복'하는 것이 아니라고 주장하며, 자신이 그 롤모델처럼 여겨지는 것을 거부했다. 장애는 개인의 문제를 넘어 사회가 책임져야 하는 문제라고 보았기 때문이다.

나이팅게일은 귀족 집안에서 태어났다. 똑똑했고, 문학과 예술 방면에 뛰어난 재능을 보였다. 그러나 부모님의 기대와 달리 그녀는 간호사가 되고자 했다. 자원봉사를 하면서 빈민들의 실상을 접했기 때문이다. 당시 간호사는 신분이 낮은 사람들의 직업이었다. 그녀는 부모의 반대를 무릅쓰고 간호사가 되기 위한 준비를 했고, 1853년 러시아와 유럽동맹국 간에 크림전쟁이 터졌다. 전쟁은 참혹했고 많은 부상병이 발생했다. 나이팅게일은 간호사와 수녀 들을 이끌고 야전병원으로 달려갔다.

나이팅게일은 병사들을 치료하면서 깨닫는다. 병사들은 부상이 아니라 위생 문제로 더 많이 사망하고 있었다. 그들은

'입원은 사망'이라는 공포심을 갖고 있었다. 나이팅게일은 병사들의 죽음에 관한 통계를 내기 시작했다. 다른 한편으로는 위생 상태를 개선하기 위해 노력했다. 하지만 전쟁 와중에 누구도 나이팅게일의 이야기를 들어주지 않았다. 나이팅게일은 화장실이나 시궁창 청소, 오염원과 병상의 분리 등에 힘을 기울였고, 부상병에게 제공되는 음료수와 음식물 위생에도 신경을 썼다. 그 결과 한때 45%에 이르던 부상자 사망률이 5%로 낮아졌다.[18] 당국의 무관심과 비협조로, 환자 치료에 필요한 의약품과 각종 물품이 있는지 확인하고 구하는 일까지 나이팅게일이 직접 해야 하는 경우가 많았다. 그녀는 밤에 램프를 들고 물품창고에 가서 필요한 물건들을 찾곤 했다. 이로 인해 그녀의 상징은 '램프를 든 여인'이 되었다. 전쟁 이후에도 나이팅게일은 조사와 통계에 기반하여 정책을 수립할 것을 주장했다. 그녀는 '증거기반정책 수립의 방법론'을 제시함으로써 이 분야의 선구자가 됐다. 이런 공로가 인정되어 영국왕립통계학회의 최초 여성회원이자 미국 통계학회의 명예회원으로도 위촉되었다. 또한 그녀는 간호학을 정리하여 책을 집필했다. 이 책은 오늘날까지도 간호학도들에게 읽히고 있다고 한다.

나이팅게일은 자원봉사자, 통계학 학자, 간호학 학자 등으로 규정될 수 있다. 하지만 사람들에게 익숙한 호칭은 '백의의 천사'이다. 나이팅게일은 이것을 비판적으로 생각했다. 천사란 아름다운 꽃을 뿌리고 다니는 사람인데, 자신은 고뇌하는 자를 위해 싸우는 사람이라고 생각했기 때문이다.[19]

왜 사람들은 나이팅게일을 백의의 천사로 묘사했고, 우리는 나이팅게일이 사회운동과 정책 활동을 했다는 사실을 몰랐을까? 빅토리아 시대의 영국은 영웅을 필요로 했기 때문이다. 당시 국가는 문제의 원인을 찾고 불합리한 구조와 제도에 맞서는 존재로서의 나이팅게일이 아니라, 노력하는 의지적 영웅인 개인을 원했다. 헬렌 켈러와 마찬가지로 우리가 사회운동가로서의 나이팅게일을 알지 못했던 이유는 권력의 의도 때문이었다.

시민으로서 삶을 먼저 산 존재인 시민선배의 맥락에서 볼 때 나이팅게일과 헬렌 켈러는 첫째, 생각하는 존재였다. 그들은 현실을 주어진 대로 받아들이고 순응하지 않았다. 나이팅게일은 위생의 문제를 제기했다면, 헬렌 켈러는 미국사회의 모순에 대해 비판하고 대안에 대해 끊임없이 물었다.

둘째, 두 사람은 주위를 둘러보았다. 나이팅게일은 자원봉사를 하며 빈곤층을 만났다. 결국 귀족으로서의 삶을 거부하고 사회의 변화를 추구했다. 헬렌 켈러는 사회운동가로서 자원활동가의 삶을 살았다. 그녀는 자본주의와 권력의 억압을 문제 삼았고, 이를 극복하기 위한 방안을 모색했다.

마지막으로 두 사람은 문제의 원인을 찾아냈고, 근본적인 변화를 추구했다. 나이팅게일과 헬렌 켈러는 사회의 변화를 상상했고, 시민들이 안전하게 살 수 있는 사회를 만들기 위해 노력했다.

조직하라, 스텔라 리벡과 맨발의 대학

스텔라 리벡은 커피를 사서 무릎 사이에 놓았다가 쏟는 바람에 3도 화상을 입었다. 2년여의 치료를 마치고, 1994년에 81세가 된 리벡은 커피회사를 고소한다. 누가 봐도 리벡의 실수로 벌어진 일인데, 고소의 근거는 무엇이었을까? 우리는 누구나 실수를 하지만 커피를 쏟았다고 3도 화상을 입지는 않는다. 그 회사 커피의 온도가 너무 높은 것이 고소의 근거가 된 것이다. 대부분의 커피는 80도 미만이었지만, 이 회사의 커피는 90도에 육박했다.

리벡은 배상금으로 얼마를 받았을까? 법원은 그녀에게 33억 원을 배상금으로 지급하라고 판정한다. 누가 봐도 판정이 과도해 보인다. 어떻게 이런 판정이 가능했을까? 리벡은 자신과 비슷하게 피해를 입은 사람들을 찾아냈는데, 10년 동안 700명에 달하는 피해자가 존재했다. 이들은 리벡처럼 항의했지만 치료비 정도를 보상받는 데 그쳤다. 리벡은 동일한 이유로 많은 사람이 다쳤는데도, 회사는 별다른 조치를 취하지 않았다면서 '징벌적 손해배상제도'로 다스려야 한다고 주장했다. 이 제도는 동일한 원인으로 사건이 지속적으로 발생할 때

가중 처벌하는 제도이다. 법원이 이 제도에 근거하여 33억 원을 선고했던 것이다.

리벡은 문제의 원인을 개인이 아닌 회사에 물었다. 마침 국가는 징벌적 손해배상제도를 도입하고 있었다. 이 판결로 이 회사가 운영하는 모든 커피점의 커피 온도가 낮아졌다. 그 결과 모든 시민이 안전해졌다.

이 사건에서 주목할 점은 스텔라 리벡이 징벌적 손해배상제도를 알았고, 700명의 피해자들을 찾아냈다는 점이다. 이런 제도에 대한 자각과 조직화의 노력이 없었다면, 그녀는 치료비 수준의 배상금을 얻는 데 그쳤을 것이다. 필자는 이 사례를 들어 질적 변화를 만들려면 자각하고 700명을 조직화해야 한다고 말한다.

스텔라 리벡과 같은 조직화 노력이 마을에서 일어난 사례도 있다. 인도의 최빈곤 지역 가운데 하나인 틸로니아 마을에서는 사막화가 진행 중이다. 그런데 놀랍게도 주민이 스스로 발전기를 돌려 전기를 만들고, 경제적인 자립을 이루며, 학교와 의료시스템을 갖추어 문제를 해결하고 있다. 어떻게 이것이 가능했을까? '맨발의 대학Barefoot College'에서 배운 지식과 기술 덕분이다. 맨발의 대학은 틸로니아 마을에 있는 비영리단체이다. 흔히 생각하는 정규대학이 아니라, 인도의 빈곤층이 자립할 수 있는 기술을 가르치고, 지역에서 역할을 발견할 수 있도록 돕는 조직이다.

우선 왜 맨발일까? 맨발의 대학의 '맨발'은 교육, 계급, 성별, 장애 등 모든 것을 떠나 맨발로 시작한다는 의미를 담고 있다.[20] 이 대학에 다니는 학생은 대부분 불가촉천민인 하층 계급이다. 맨발의 대학은 이들에게 배움을 기회를 주었다. 맨발의 대학은 태양광 램프 조립, 태양광 패널 수리, 태양열 조리기구 제작 등을 가르친다. 또한 옷감 짜기, 염색, 수공예품 만들기, 철공 등도 가르친다. 많은 예비 지식이 필요한 것 같지만, 경험과 실천을 중심으로 삶에 필요한 것을 가르친다. 따라서 글을 모르는 주민들도 필요한 기술을 배울 수 있다.

맨발의 대학은 강사와 학생이 모두 마을의 주민이다. 먼저 배운 학생들이 새로 온 학생들을 가르치며 이끌어주는 방식이다. 맨발의 대학의 설립자인 벙커 로이는 "교사가 학생이고 동시에 학생이 교사인 유일한 대학입니다. 그리고 우리는 인증서를 제공하지 않는 유일한 대학입니다"[21]라고 말한다. 맨발의 대학 학생 대다수는 정규교육을 받지 못해 글을 모르지만, 말로 반복해서 학습한다. 맨발의 대학은 주민조직화 사업을 틸로니아 마을에서 그치지 않고 주변 마을로 확산시키고 있다.[22]

벙커 로이는 상층계급 출신이지만 빈곤지역의 열악한 삶에 충격을 받아 맨발의 대학을 열었다. 설립 취지에 호응한 활동가들이 모여들었다. 맨발의 대학을 수료한 사람들은 마을에 들어가 변화를 만들기 시작했다. 주목할 점은 맨발의 대학과 지역의 변화를 주도하는 이가 여성과 노인 들이라는 점이다. 남성과 젊은이 들은 기술을 배워 외지로 나가는 반면, 여성들은 지역에 남는 경우가 대부분이다. 때문에 여성 노인, 즉 할머니들이 주도적으로 마을 만들기에 나선다. 어떤 할머니는 치과의사가 되기도 하고, 어떤 할머니는 태양광 발전 기술자가 되기도 한다.

이상에서 보듯이 헬렌 켈러, 나이팅게일, 리벡, 맨발의 대학 등의 사례를 통해 본질을 묻고 문제를 해결하기 위해 조직하는 시민선배를 상상해볼 수 있다. 시민선배란 시민의 권리를 자각하고 이를 앞장서서 실천하는, 시민으로서의 선배를 의미한다. 시민선배는 시민권의 자각과 실천 모두에 있어 솔선수범하는 존재인 것이다.

헬렌 켈러는 시민의 안전을 위해 개인이 아니라 공동체의 변화를 추구했다. 나이팅게일은 구체적인 정책을 제시하고 실천했다. 리벡은 근본적인 질문과 함께 700명을 모아 집단적으로 대응했다. 맨발의 대학의 할머니들은 지역에 남아 지역을 변화시켰다. 이들의 실천은 안전한 공동체가 되려면 권리를 알고, 조직된 시민력으로 이를 관철해야 한다는 교훈을 준다. 이들의 실천에서 우리는 시민선배의 원형을 찾을 수 있다.

시민선배의 상상과 실천

시민선배의 상은 세계 도처에 존재한다. 외국의 노인들은 젊은 시절부터 직접 조직하거나 가입한 시민단체, 노동조합, 정당 등을 통해 노후보장을 국가에 요구해왔다. 이들은 정치에 적극적으로 참여하여 목소리를 냄으로써 자신들의 이익을 실현하기 위해 노력해왔다. 그 결과 사회보장제도가 도입되었고 노인이 되었을 때 안전을 보장받을 수 있었다.

미국에는 '미국은퇴자협회American Association of Retired Persons (이하 AARP)'를 비롯해 1,000여 개의 노인단체가 있다. 전국 규모의 노인단체만 해도 100여 개가 넘고 주정부와 지방정부 단위의 노인 관련 단체도 900여 개나 된다. '흩어지면 죽는다 Divided We Fall'는 표어를 내건 AARP는 미국의 3대 로비단체 중 하나이다. 50세 이상이면 가입할 수 있는 이 단체는 전 세계 은퇴자 단체 중 최대 규모이다.[23] 2018년 기준 AARP의 회원 수는 3800만 명에 이르는데, 미국 인구의 10%가 넘는 수이다.

AARP는 조직 내에 '전국입법위원회'를 설치하여 매년 노인 문제에 대한 AARP의 정책 입장을 정하고 이를 기반으로 연방정부 및 주정부의 법, 규정 등의 불공정성을 지적한다. 법 시행을 감시하고, 특정 법규의 통과 및 기존 법규의 개정이나 폐지를 권유한다. 회원들의 이익에 반하는 정책에 대해

소송을 벌이기도 한다. 이러한 정책 개발을 지원하기 위하여 AARP는 '공공정책연구소', '설문조사 계획 및 조사부', '인구통계 및 동향분석부', 그리고 '연구정보센터' 등을 설치했다. 연방정부 및 주정부에서 노인복지정책 개발을 위해 일하는 AARP 소속 입법 및 행정 전문 로비스트만도 자원봉사자를 포함해 150여 명에 이른다.

AARP가 전형적인 노인 이익집단으로 평가받는 반면, '유럽노인연합European Federation of Older Persons(이하 EURAG)'과 '유럽노인플랫폼Age Platform Europe(이하 AGE)'은 시민권을 제도와 정책으로 보장받기 위해 힘쓰는 사회운동 단체이다. 두 단체는 유럽연합과 개별 회원국 차원에서 활동하는 유럽의 대표적인 노인 인권보호 시민단체이다. 이들은 미래 세대와 노인에 대한 경제적·사회적 문제에 책임을 진다는 목표를 갖고 있다. 특히 EURAG는 노년기 삶의 자립과 노인의 잠재력 계발을 위한 기회를 사회가 보장해야 한다고 주장한다.

스웨덴의 선배시민들은 학습동아리와 공동체 참여를 통해 당사자들의 조직된 힘을 모아 영향력을 행사하고 있다. 선배시민의 조직된 힘의 대표적인 사례는 '스웨덴 연금생활자연맹PRO, Pensionärernas Riksorganisation'이다. 이는 26만 명의 회원을 보유하고 1,200개 이상의 지역협회가 있는 스웨덴 최대 노인단체이다. PRO는 스웨덴 전역에 지부를 두고 있으며, 지역지부와 협력하여 다양한 지역사회의 요구와 필요를 반영한 활동을 전개하고 있다.

 스웨덴 스톡홀름 올드타운 중심가에 위치한 PRO 본부를 방문하여 전국 PRO 회장인 아사 린더스탐을 만났다. 그녀는 PRO가 스웨덴의 복지를 창출하고 지키는 데 중요한 역할을 하고 있다고 강조하였다. 20년간 국회의원으로 활동해온 그녀는 "스웨덴 시민들은 영혼에 민주주의가 있다"며, 시민들이 평등한 사회를 만들기 위해 자각하고 실천하고 있다고 말했다. 특히 선배시민들이 사회적 변화의 선두에 서며 적극적으로 참여하고 있다고 강조하였다.

> PRO는 정치에서 연금 수급자의 목소리이다. 우리는 연금 수급자로서 재정적 안정을 함께 누리고, 건강 및 사회복지가 잘 이루어지며, 생활 환경이 안전하고 활기찬 사회를 위해 일한다.

 린더스탐은 PRO가 노인 당사자들의 권리와 복지를 수호하는 데 중요한 힘이 되고 있다고 말했다. 그녀는 스웨덴의 노인들이 경험과 지혜를 바탕으로 사회적 논의와 정책 결정에 적극적으로 참여하고 있으며, 이를 통해 노인의 위상과 역할이 크게 향상되었다고 설명하였다.

 한편 필자는 북유럽의 또 다른 복지국가인 노르웨이의 사례도 궁금하여 오슬로에 있는 '연금생활자협회Pensjonistforbundet'를 방문하였다. 이는 25만 명 이상의 회원이 있고 노르웨이 전역에 730개의 지역 지부를 둔 노르웨이 최대 노인단체이다. 이 단체를 통해 노르웨이의 선배시민은 정치적·사회적·경제적으로 목소리를 내면서 조직된 힘을 발휘하고 있다. 이 협회는 노년층이 사회에 적극적으로 참여할 수 있는 환경을 조성하고, 그들의 권리를 지키기 위해 노력하고 있다.

노르웨이 연금생활자협회의 얀 다비드센 회장과 이야기를 나누었다.

늙어도 인간답게 살아야 한다.

다비드센은 노인의 권리에 대해 힘주어 말하였다. 이 협회는 정부와 노인 관련 정책에 대해 일상적으로 협상하고 1년에 네 번 정례적으로 정부와 예산 협상을 한다. 현재 협회는 노인들이 안전하고 편안한 주거 환경에서 생활할 수 있는 권리, 즉 주거권 보장에 집중하고 있다. 한국의 선배시민협회는 2024년에 출범해 다섯 달이 되었다는 필자의 말을 들은 다비드센은 자신감을 가지라고 응원해주었다.

필자는 스웨덴과 노르웨이 선배시민 단체의 회장들로부터 깊은 감동과 힘을 얻었다. 또한 스웨덴과 노르웨이의 선배시민 단체가 선배시민의 든든한 울타리이자 후배시민의 버팀목 역할을 하는 것을 보고 한국 선배시민협회의 먼저 온 미래를 목격한 것 같아 설렜다.

'은발의 활동가들Gray Panthers'은 노인의 인권을 증진하고 노인 차별에 대해 저항하는 미국의 노인 시민단체이다. 은발의 활동가들은 연령에 따른 사회적 차별과 배제의 문화를 극복하는 것을 주요 목표로 삼고 있다. "Age and Youth in Action!"이라는 활동 구호 아래 노년 세대를 넘어 다양한 세대들과 연계해 활동하고 있다. 노인뿐만 아니라 젊은 세대들과 더불어 사회 전반의 불평등을 개선하기 위해 노력하고 있으며, 궁극적으로는 보다 인간적인 사회를 실현하는 것을 목표로 한다.[24]

노인들은 여성운동에서도 목소리를 낸다. '분노한 할머니들Raging Grannies'은 캐나다의 노인 시민단체이다. 이 단체는 1987년 핵무기가 탑재된 미국 해군함이 캐나다 빅토리아 항구에 정박했을 당시, 그 지역에 거주하는 여성 노인들이 군사적 행동이 환경에 미치게 될 위험에 대해 반대하는 시위를 벌이면서 만들어졌다. 한 지역에서 활동을 시작한 분노한 할머니들은 '분노'를 그들만의 유쾌하고 독특한 활동 방식으로 표출하면서 사회적으로 큰 공감과 지지를 이끌어냈고 캐나다 전역에 이름을 알렸다. 분노한 할머니들은 인접한 미국 지역으로 활동 범위를 확대했으며, 현재 캐나다와 미국의 여러 주에서 활발하게 활동하고 있다.

'여성노인연합Older Women's League'은 성차별주의의 극복과 여성의 관점을 반영하는 정책 수립 등을 목표로 한 미국의 여성노인연합 단체이다. 이 단체는 여성의 나이 듦이 갖는 고유성과 특수성, 여성의 경제적 안정, 여성의 노화와 건강 등의 이슈에 집중했다. 직장 내에서의 성별에 따른 임금 격차, 성적인 차별, 여성의 경력 단절 문제 등을 오랫동안 다루어오고 있다. 이런 맥락에서 남성과 여성 간 차별을 해소하는 노인정책에 관여해왔다.

성소수자 노인을 대변하는 노인단체도 존재한다. '성소수자노인옹호Services & Advocacy for Gay Lesbian Bisexual Transgender Elders (이하 SAGE)'는 1978년 미국 뉴욕시에서 만들어진 단체이다. SAGE는 노령화되어가는 성소수자들이 겪고 있는 불안정한 건강 및 경제적인 여건 등의 문제를 해결하기 위한 단체이다.

SAGE는 중년기에 접어드는 40세 이상의 성소수자들이 처하게 되는 다양한 문제들, 즉 가족과 친구로부터의 고립, 취업의 어려움과 이에 따른 경제적인 불안정, 다양한 신체적·정신적인 건강 문제 등의 이슈를 공론화하면서 전국적으로 세력을 넓혔다. 현재 미국 20여 개 주에 걸쳐 SAGE 네트워크 단체들이 조직화되어 있다. 또한 미국 노인들의 권익을 대변하는 대표적인 60여 개의 노인단체들로 구성된 '노인단체 지도자 회의Leadership Council on Aging Organizations'에 참여해 성소수자 노인의 권익을 대표하고 보호하는 단체로 성장하였다.

SAGE는 노인 관련 법에 성소수자 노인의 권익이 보장되는 조항을 포함시키는 등 공공 영역에서 성소수자들의 인권을 보장하는 결실을 이루었다. 또한 SAGE는 다인종·다민족 사회인 미국에서 사회적 소수자로서의 경험을 공유하고 있는 주요 비백인 노인단체들과 연대하여 성적·인종적·민족적 소수자 노인 모두의 인권 향상을 위한 활동을 벌이고 있다.

이상에서 보듯이 외국의 노인들은 다양한 욕구를 가진 시민으로서 자신의 권리를 자각하고 요구하고 실천해왔다. 이들 나라의 많은 사회운동을 활성화하는 주체는 선배시민이다. 외국의 노인단체들은 노인의 생존권, 시민권, 인권, 연령차별주의 반대, 반전 운동, 성평등, 성소수자의 권익 등을 위해 다양한 방식의 활동을 하고 있다. 이에 비추어볼 때, 한국의 선배시민 운동은 현재 초기 단계에 있다고 할 수 있다. 그동안 한국 노인들의 시민권 운동은 매우 취약하기도 했거니와, 시민권의 범위 또한 협소하게 규정되었기 때문이다. 이제 한국의 노인은 인간으로서, 시민으로서 공동체를 위해 도처에서 자기 목소리를 내는 선배시민이 되어야 한다. 이상이 일상이 되기 위한 새로운 상상은 지속되어야 한다.

5장

노년에 부르는
인간의 노래

1. 인식론적 호기심과 Know人

나이는 달력이 아니다

"빵이 해결된다면 어떤 삶을 살고 싶으세요?"
"의미 있는 삶!"

현장에서 노인교육을 하면서 나눈 대화이다. 의미 있는 삶
이란 인간답게 사는 것이다. 인간은 무엇인가? 인간은 첫째,
생각하는 존재이다. 자기 목소리를 갖는 존재를 의미한다. 둘
째, 인간은 공동체에 참여할 때 의미를 갖는 존재, 즉 아리스
토텔레스가 말한 정치적 존재인 호모 폴리티쿠스이다. 호모
폴리티쿠스는 이타성과 연대성을 가진 존재이다. 셋째, 인간
은 성찰하는 존재이다. 누구나 다 늙고 죽는다. 죽음을 어떻
게 보고 맞이할 것인가?

누구나 인간답게 살기 위해, 필요한 빵을 권리로 당당히 얻

기 위해서는 시민권을 자각하고 요구해야 한다. 즉 인간은 시민이 되어야 한다. 이 때문에 프랑스대혁명 결과 선포된 인권선언의 제목도 「인간과 시민에 관한 권리선언」이다. 이 책은 지금까지 빵이 권리임을 자각한 존재인 시민이자, 이를 앞서서 실천하는 존재인 선배로서의 노인을 다루었다. 5장에서는 좀 더 근본적으로 인간으로서의 노년의 삶, 그들의 삶과 죽음에 대해 이야기하고자 한다.

인터넷에 '늙은이'와 '젊은이'에 대한 재미난 비유가 있다. '늙은이는 늘 그런 이, 젊은이는 저를 묻는 이'라는 것이다. 젊은이가 끊임없이 내가 누군지 내가 무엇을 할 수 있는지를 묻는 사람이라면, 늙은이는 주위 세계에 대한 호기심보다는 늘 그렇게 제자리에서 현실에 안주하는 사람이라는 것![1] 이것은 노인과 청년의 특성을 잘 보여주는 듯하다. 그런데 과연 그럴까?

요즘 복지관에 가면 청바지를 입은 늙은 젊은이들을 볼 수 있다. 몸은 늙었지만 마음은 젊은이들이다. 프레이리는 『망고나무 그늘 아래서』에서 늙음과 젊음을 평가하는 기준은 달력이 아니라 인식론적인 호기심이라고 말했다. 즉 세상에 대해 알고 변화하려는 태도가 나이의 기준이 되어야 한다는 것이다.

요즘은 오히려 젊은이들이 3포(결혼, 연애, 출산의 포기) 상태의 무기력증에 시달리고 있다, 젊은 늙은이들인 셈이다. 사무

엘 울만이 78세에 쓴 시 「젊음」은 이것을 잘 표현한다.

> 그대가 기개를 잃고 정신이 냉소주의와 염세주의의
> 얼음에 덮여 있는 한,
> 그대는 20세라도 늙은이라네
> 그러나 그대의 기개가 낙관주의의 파도를 타고 있다면,
> 그대는 80세라도 청춘의 이름으로 죽을 수 있네

이런 의미에서 물리적인 세월의 나이는 노인을 규정하는 절대적인 기준이 아니다. 프레이리는 75세가 되어 어린 시절에 놀던 망고나무 그늘에서 회상에 잠긴다. 프레이리에게 망고나무 그늘은 순수한 자연과 만나고 인간의 본원적인 자유를 추억하게 하는 고향과 같은 이상적인 공간이다. 이 공간에서의 상상은 인간을 늙지 않게 한다. 노년에 이 나무 그늘에 다시 앉은 프레이리는 다음과 같이 말한다.

> 나는 늙어서 돌아왔는가? 아니다. (…) 나는 젊어져서 돌아왔다. (…) 내 나이 일흔다섯이지만, 나는 여전히 나 자신이 젊다고 느낀다. (…) 젊음과 늙음을 평가하는 중요한 기준은 달력으로 계산할 수 있는 것이 아니다.[2]

프레이리가 주목한 인식론적 호기심은 있는 그대로 받아들이는 자연 발생적인 호기심과 달리 세계와 관계 속에서 나를

성찰하고 새로운 대안을 찾는 비판적인 행위이다. 이런 인식론적 호기심은 그가 끊임없이 경계하는 숙명론과 대비된다.

'세상이 이 모양인 것은, 어찌 달라질 방법이 없기 때문이다'라는 말은 혐오스러우리만큼 숙명론적인 주장이다. (…) 우리가 가진 역사적 성향은 숙명보다는 가능성에 기울어져 있다. (…) 인간은 스스로를 교육하는 존재이다. (…) 나는 '역사란 확정된 것이 아니라 열린 가능성이다'라고 단언한다.[3]

이상에서 보듯이 젊은이가 숙명론에 빠지면 늙은이와 다를 바 없다. 젊은 늙은이다. 그렇다면 노인은 어떨까? 노인이 숙명론 속에 산다면 그는 늙은 늙은이다. 하지만 몸은 늙었어도 자유로운 영혼을 갖고 죽음을 긍정한다면, 그는 늙은 젊은이일 수 있다. 노인이 어떤 태도를 지녔는가에 따라 자신의 정체성이 결정된다.

노인이 숙명론을 극복한 사례로는 미국의 존슨 할아버지를 꼽을 수 있다. 그는 92세까지 글을 몰랐다. 하지만 문해학교에 다니면서 글을 배우기 시작한다. 그리고 102세에 『인생은 아름다워』라는 책을 펴낸다. 케냐의 노인 마루게는 84세에 초등학교에 입학한다. 가장 늦은 나이에 초등학교에 입학했다고 해서 그는 기네스북에도 오른다. 처음에 학교에서 입학을 거부하자, 누구나 배울 권리가 있다는 기본권을 주장하여 학생이 된다. 식민지시대 독립운동을 했던 그는 해방 후 정부로부터 온 문건을 읽어야겠다는 일념으로 공부를 시작한다. 이처럼 마루게는 독립운동에 헌신하느라 글을 배우지 못했지만, 배움이 권리라는 것을 인식하고 배움의 길에 나선다. 그의 이야기는 <퍼스트 그레이더>로 영화화되었다.

당신의 영혼은 달달놈으로부터 안전한가

인간이란 무엇인가? 데카르트는 '생각함으로써 실존하는 존재'라고 말했다. 이것은 남의 목소리로 사는 것이 아니라, 자신의 목소리를 찾고 자기 목소리로 공동체에 참여하는 존재를 의미한다.

노인은 인간이다. 인간으로서의 노인은 생각하는 존재이다. 그가 알아야 하는 것은 무엇일까? 자신이 시민권을 가진 시민이며, 구성원들이 권리를 인식하고 관철할 수 있도록 이끄는 선배라는 점을 인식해야 한다.

20대 여성 공무원이었던 부룬힐데 폼젤은 열심히 일했다. 그 일은 히틀러 정권을 위한 것이었다. 이로 인해 그녀는 전범 재판에 회부되었고 5년 동안 복역한다. 그리고 106살이 되었다. 다큐멘터리 PD가 그녀를 찾아가 그녀에게 지금은 후회하는지 물었다. 그녀는 답했다.

첫째, 나는 몰랐다.

둘째, 죄는 히틀러에게 있다.

셋째, 나는 정치에 중립적인 태도를 취했다.

그녀는 70년이 흐른 시점에서도 자신의 행위를 반성하지 않았다. 그렇다면 첫째, 그녀는 과연 히틀러가 나쁜지 진짜 몰랐을까? 히틀러 체제에서 겨우 살아남은 유대인 작가 프리모 레비는 이에 대해 답한다. 대부분의 독일인은 히틀러 정권의 악행을 몰랐을 수 있다. 알려고 하지 않는 '고의적인 태만함'을 갖고 있었기 때문이다.

모르면 죄가 없을까? 폼젤의 말대로 과연 히틀러와 시대에게 그 죄를 물어야 할까? 한나 아렌트는 평범한 사람들이 침묵할 때 악이 만들어진다는 개념인 '악의 평범성'을 제시한다. 시민들이 생각을 했다면 히틀러는 집권하지 못했을 것이다. 모르는 것도 죄가 될 수 있다.

그렇다면 정치적으로 중립적인 태도를 취했다는 폼젤의 항변을 어떻게 이해해야 할까? 정치적 중립은 존재하지 않는다. 미국의 정치학자 하워드 진의 저서 『달리는 기차 위에 중립은 없다』에서 보듯이, 기차 위 사람이 아무리 중립적인 태도를 지녔다고 할지라도, 기차에 오른 이상 중립은 불가능하다. 중립이라는 선은 권력이 자신을 기준으로 정한 것이다. 따라서 중립이라는 말만큼 정치적인 말은 없다는 것이다.

폼젤은 할머니가 되어서도 자기 목소리를 찾지 못했다. 그녀의 목소리는 히틀러의 것이었다. 폼젤은 히틀러의 정의대로 살았던 것이다. 히틀러는 '달달놈'이라고 할 수 있다. 달달놈은 필자가 인문학 강의를 하면서 만든 가상의 인물로 '달을 가리키면서 달을 보라는 놈'의 준말이다. 히틀러가 달을 가리키면서 보라고 말할 때, 폼젤은 열심히 달만 보았다. 그런데 우리는 다음과 같은 질문과 함께 달달놈을 봐야 한다.

왜 달을 보라고 할까?
달을 보면 누구에게 유리할까?
이것을 통해서 달달놈이 얻고자 하는 것은 무엇일까?

달이 아니라 달달놈의 의도를 문제 삼아야 한다. 만화가 최규석의 우화집 『지금은 없는 이야기』에서도 이것을 잘 보여준다. 천사는 불행한 소년에게 부당함과 불이익에 대해 늘 참으로고 조언한다. 천사의 말을 잘 들은 소년은 노동자를 거쳐 노인이 되었다. 그는 천사의 속삭임대로 자기 목소리를 죽이고 착하게만 살았다. 그런데 노인은 빈곤 독거노인으로 여전히 불행하다. 천사가 또 위로한다.

비참하다고 말하지 마세요. 당신의 삶은 가치 있는 삶이었어요. 그리고 아직 제가 옆에 있잖아요.[4]

노인은 처음엔 천사의 말에 수긍했지만, 점차 알 수 없는 분노가 치밀어 올랐다. 결국 그는 천사의 목을 졸라 죽인다. 왜일까? 천사에게 속았다고 판단한 것이다. 천사는 소년의 저항과 자기 목소리를 거세한 달달놈이었는지 모른다. 우리 또한 불행한 노인이 된 소년처럼 달달놈의 감언이설에 속고 있는지 모른다.

Know人, 자기 목소리를 찾아라

자기 목소리를 내려면 달달놈이 만든 상식을 의심하고 이에 맞서야 한다. 그런데 많은 노인들은 시민권을 권리로 인식하지 못하고 분리이론의 늙은이 담론을 수용한다. 늙음에 대한 편견과 이로 인한 혐오, 그리고 노인을 사회의 짐으로 보는 인식에 저항하기보다는 순응한다. 노인은 사회정책의 변화와 발전에 반대하는 태도를 취한다. 어떻게 이런 현상이 일어나는 것일까? 노인이 가진 상식 때문이다.

한국의 노인들은 「국민교육헌장」의 "우리는 민족중흥의 역사적 사명을 띠고 태어났다"라는 문구의 영향 속에서 성장했다. 이것은 반공주의, 발전주의, 가족주의를 기본 원칙으로 삼는다. 반공주의가 비판을 부정적인 것으로 보게 만든다면, 발전주의는 '선성장 후분배'를 상식으로 만든다. 가족주의는 모든 위험은 개인과 가족의 책임이라는 생각의 배경이다. 그 결과 한국의 노인들은 다음과 같이 생각한다.

> 비판은 부정적인 것이다.
> 정치에 중립적이어야 한다.
> 성장이 분배에 우선한다.
> 가난은 개인의 책임이다.

한국 노인들의 생각은 그들의 것이 아니라 오랜 시간 지속된 국민교육의 산물이다. 비판을 부정적으로 보고 정치에 중립적이어야 한다는 것은 권력에 순응하라는 의미이다. 탈정치적인 신민, 말 잘 듣는 국민이 되라는 것이다. 선성장 후분배라는 말은 어느 정도 성장할 때까지 분배를 요구하지 말라는 입장이다. 이는 분배를 경제성장의 걸림돌로 보는 견해로, 많은 복지국가들이 분배를 통해 성장을 꾀했던 역사적 사실과 배치된다. 빈곤이 개인 책임이라는 시각은 위험을 국가가 아니라 가족이 짊어져야 한다는 뜻이다. 한마디로 말할 권리인 자유권과 생존을 위한 권리인 사회권, 다시 말해 시민권을 부정하는 것이다.

선배시민은 Know人, 즉 기존의 권력이 알려준 것이 아닌 시민으로서의 권리와 실천을 아는 존재가 되어야 한다. 이때 Know人은 앞서 1, 2장에서 살펴본 달관한 현자로서의 어르신과 다르다. 선배시민이 지향해야 할 Know人은 첫째, 우리가 알고 있는 상식을 의심하고 비판하는 시민으로서 시민권을 알고, 둘째, 시민권을 통해 후배시민과 동료시민과 함께 안전한 공동체를 추구해야 한다. 이를 위해서 우선 선배시민은 다음과 같이 생각을 전환해야 한다.

> 비판은 긍정적이다.
> 하늘 아래 중립은 존재하지 않는다.
> 분배가 성장보다 우선이다.
> 가난은 나라의 책임이다.

선배시민은 비판이 부조리를 드러내고 개선하려는 긍정적인 태도임을 인식하는 존재이다. 중립주의가 권력 비판을 가로막을 뿐 중립은 존재하지 않는다는 것을 알며 자신의 정치적 좌표를 자각해야 한다.

그런 다음 사회권에 대해 상상할 수 있는 힘을 가져야 한다. 한국의 노인들은 대부분 선성장 후분배를 당연하게 생각한다. 반면 대부분의 복지국가는 가난할 때 복지를 제공했다. 국가가 아동과 노인을 돌보는 사이 성인들은 일할 수 있었고, 국가의 복지 혜택으로 아동들은 양질의 노동력을 제공하는 노동자로 성장할 수 있었다. 한편 노인은 자원봉사와 같은 형태로 공동체에 기여할 수 있었다. 이런 점에서 복지는 투자이고 성장의 원천이다. 많은 복지국가는 가난을 나라가 책임져서 사회 통합과 경제성장을 이룩할 수 있었다.

필자도 '선복지 후성장'의 혜택을 입었다. 우리 가족은 가난했다. 빈곤지역에 살았는데, 그 지역의 자녀들 중에 4년제 대학을 나온 사람은 거의 없었지만, 우리 가족의 네 자녀는 모두 4년제 대학을 나와 나름대로 성공했다. 어떻게 이런 일이 가능했을까? 다른 가족은 중·고등학교를 졸업하고 취업을 하게 했지만, 우리 부모님은 먼저 교육복지를 제공했다. 우리는 모두 배울 수 있었고, 그 결과 우리 가족경제도 성장했다.

이제 선배시민은 시민권의 중요성을 인식하고 이를 실현하기 위해 노력해야 한다. 이것은 기존의 상식을 새로운 상식으로 전환하고 전복하는 과정을 통해 가능하다. 이는 자신을 정치의 대상에서 주체로 전환하는 과정이다. 이처럼 선배시민론에 따른 진정한 Know人은 인식론적 호기심을 가지고 상식과 달달놈을 의심하고, 시민권을 권리로 자각한다.

2. 호모 폴리티쿠스와 공동체

호모 폴리티쿠스와 선배시민

인간은 이기적이고 경제적인 동물이라고 한다. 경제적인 합리성을 지닌 존재가 인간이라고 말한다.

과연 인간은 이기적일까? 불이 나면 자신도 모르게 양동이에 물을 담아 들고 가거나, 앰뷸런스가 올 때 가던 길을 멈추고 비키는 행위는 우리가 이타적인 존재인지도 모른다는 생각을 하게 한다. 이기적이라면 위험을 감수하거나 길을 내주지 않을 것이다. 우리는 상황에 따라 인간의 행동이 달라지는 것을 경험할 때가 있다. 지하철을 탈 때 빈 좌석이 많으면 급하게 뛰지 않고 자리도 양보하는 미덕이 생긴다. 이처럼 인간의 특성은 미리 정해진 것이 아니라, 상황의 산물인지도 모른다.

그러면 인간은 경제적인 동물일까? 결혼할 때 상대방의 경제력만 보는 건 아니다. 성격, 인격, 가족관계 등이 고려의 대상이 되기도 한다. 평생 모은 돈을 조건 없이 기부하기도 한다. 이처럼 모든 관계가 경제적인 거래관계로 치환되는 건 아니다.

인간이 경제적인 동물, 즉 호모 이코노미쿠스라는 관념이 생긴 것은 최근의 일이다. 이전에 인간은 신의 형상대로 만들어져 그를 닮아야 하는 존재였다. 중세의 인간은 돈과 땅에 욕심을 내지 않았다. 그는 자기의 직분에 맞게 공동체 일에 참여하는 존재였다. 자본주의는 인간을 합리적인 존재, 즉 이윤 동기를 갖고 움직이는 존재로 묘사했다. 인간이 빵을 위해서만 사는 존재라고 본 것이다. 그런데 인간이라면 빵은 물론이고 장미를 가진 존재여야 한다. 장미는 인간적인 품위를 의미한다.

대기업은 노동자들이 노동조합을 만드는 것을 이해하지 못한다. 노동자에게 '우리처럼 임금을 많이 주는 데가 없는데 더 달라는 말인가'라고 묻는다. 이 시각의 이면에는 인간을 경제적 동물로 간주하는 태도가 깔려 있다. 노동조합을 임금, 복지, 노동시간 등 노동자들의 경제적 이익을 위한 조직으로만 인식하는 것이다. 그런데 왜 노동조합이 필요할까? 물론 경제적인 이익을 얻는 데 필요할 수도 있다. 노동조합이 임금을 높이고 기업 복지를 증대하는 데 기여하기 때문이다. 그런데 더 큰 이유가 있다. 자신들의 대표를 선출하는 과정에서 민주주의를 경험할 수 있다. 조직된 힘으로 기업주와 동등한 관계의 파트너가 될 수 있다. 나아가 자신의 공동체를 주체적으로 바꿀 수 있기 때문이다. 독일의 '노사공동결정제도'는 노사 간의 파트너십을 보여준다. 이처럼 노동조합을 결성하는 이유는 인간이 생각하고, 참여하며, 동료들과 함께 공동체를 바꾸는 품위 있는 존재이기 때문이다. 인간을 호모 폴리티쿠스로 보는 관점은 인간이 자신의 공동체에 참여하는 과정에서 존재의 의미를 발견하고, 타인과의 관계를 형성하며, 더 나은 자신과 공동체를 지향하는 존재라고 여긴다. 호모 폴리티쿠스로서의 인간은 자기 목소리로 공동체에 참여하는 정치적 존재이다.

선배시민은 인간으로서 자기 목소리를 찾는 노인이다. 그는 학습하고 비판하고 토론한다. 선배시민은 늙음을 부정적인 고정관념과 연결시키지 않고 숫자에 불과하다고 본다. 선배시민은 늘 나와 나를 둘러싼 공동체에 대해 묻는다. 지금 잘 가고 있는지, 이대로 가도 되는지를 끊임없이 묻고 비판해야 한다. 선배시민은 변화의 주체로서 근본적인 문제들을 드러내고 비판함으로써 더 나은 나, 시민 그리고 공동체를 위해 실천하려 한다. 이때 공동체 참여는 자기만이 아니라 타자, 즉 이웃에 관심을 갖는 이타적인 행위이다. 선배시민은 사회와 정치에 관심을 갖고 참여하는 노인이다. 이런 점에서 선배시민은 본질적으로 호모 이코노미쿠스가 아니라 호모 폴리티쿠스이다.

호모 폴리티쿠스의 관점에서 Know人으로서의 선배시민은 무엇을 아는 존재일까? 누구도 어떤 상황에서든 인간다운 품위를 잃을 만큼 배고파서는 안 된다는 시민의 권리를 알아야 한다. 그리고 연대함으로써 시민권의 획득과 유지가 가능하다는 것을 알아야 한다. 선배시민론을 통해 시민권이 시민의 권리임을 알고 연대를 시민의 책무로 여겨야 한다. 이런 점에서 선배시민의 앎은 개인의 능력을 보증하는 자격증을 따거나 교양 수준을 높이기 위해 배우는 것과 다르다. 선배시민은 시민의 권리와 의무를 가진다. 인식론적으로는 끊임없이 공동체에 대해 묻고 참여하는 주체이고, 존재론적으로는 자신과 후배 그리고 공동체를 돌보는 주체다.

'아는 만큼 보인다'는 말이 있다. 호모 이코노미쿠스로서의 인간은 생존을 위해 빵을 찾고, 빵만을 위한 먹이활동을 할 것이다. 호모 폴리티쿠스로서의 인간은 빵을 넘어 장미의 필요성을 알고, 공동체를 생각하는 존재이다. 선배시민은 시민권을 위해 연대하고, 조직화를 통해 공동체를 변화시켜야 한다. 선배시민의 실천은 시민들의 의식과 공동체를 변화시키는 의미를 묻는 실천인 프락시스로 나아가야 한다.[5] 프락시스는 아는 데 그치지 않고 실천으로 이어졌을 때 비로소 완성된다. 이처럼 호모 폴리티쿠스로서의 선배시민의 실천은 이타성과 연대성을 지향한다.

이타성과 연대성

누스바움에 따르면 인간은 아동기에 자신의 생존만을 생각한다. 교육을 통해 점차 타자에 관심을 기울이고 사회의 공적인 목표를 위해 노력할 수 있다. 하지만 노년기에는 이런 태도에 문제가 발생할 수도 있다고 한다. 노인이 되면 두 번째 아동기에 들어서기 때문이다. 노년기에는 그동안 형성해왔던 좋은 습관들이 동물적인 욕구와 생존의 요구 앞에 사라져서 가치를 잃어버릴 수 있다고 누스바움은 말한다.[6] 이처럼 노인이 된다고 해서 자연스럽게 어른이나 현자가 되는 것은 아니다. 성찰하지 않으면 노인은 죽음의 두려움과 늙음의 고통으로 위축될 수 있다. 이 경우 노인은 자신의 건강과 재산에만 관심을 갖고 욕심을 부릴 수 있다. 노인이 된다고 해서 자연스럽게 이타적이 되는 것이 아니라 오히려 이기적이 될 가능성도 있다.

인간의 특성은 선험적으로 정해져 있지 않을 수 있다. 구조, 제도, 상황과 교육이 인간의 판단을 좌우하기 때문이다. 이타성은 그 자체로 존재한다기보다 관계 속에서 존재한다. 누스바움은 이타성에 대한 이해를 심화하기 위해, 노인이 이기적인 동기 때문에 이타적인 행동을 하는 사례를 소개한다. 즉 나이 든 사람은 자녀들의 서비스와 돌봄을 받으려는 목적으로 사랑을 베푼다는 것이다. 노인이 이타적인 행동을 하는 이기적인 이유는 또 있는데, 자신의 혈육을 보존하기 위해서이다. 이를 통해 자신이 영원히 살아남는 불멸성을 얻고자 한다. 이처럼 자녀들을 돕는 것은 그의 이기심 때문이다.[7] 플라톤도 인간은 어떤 식으로든 현재와 미래에 흔적을 남기고 싶어하는데, 이것은 자신이 의미 있는 존재였다는 것을 확인하고 싶기 때문이라고 말한다.[8]

누스바움은 이기적인 목적의 이타성은 진정한 이타성이 아니라고 비판한다. 다행인 것은 이타성이 교육을 통해 길러질 수 있다는 점이다. 또한 사랑하는 사람들과의 상호작용에서 좋은 행동을 습관화할 수 있다.[9] 누스바움은 사회적인 이타성 또한 교육으로 길러질 수 있다고 주장한다. 교육은 이타성을 체화하도록 돕는다.[10] 이처럼 인간은 교육으로 이타성이라는 덕성을 얻을 수 있다. 좋은 습관을 기르고 이웃과 세상에 대한 도덕적 책무를 가진다면, 나이가 들어서도 진정한 의미의 이타성을 유지할 수 있다.[11]

노인을 시민, 시민선배, 인간으로 호명하는 선배시민론은 가치 지향적이고 이타적인 상상이다. 시민권은 모든 사회구성원이 어떤 상황에서도 최소한 인간답게 살 조건을 제공하기 위한 가치를 담고 있다. 이것은 시민들의 연대를 기반으로 성립된다. 더 많이 가진 구성원의 자원을 덜 가진 구성원에게로 이전하는 것에 동의할 때 가능하다. 따라서 연대에 기반한 시민권은 경제적 불평등을 해소하려는 집단적 노력이고 사회적 약속이다. 선배시민은 시민권을 추구해야 할 가치로 인정하고 이것을 사회의 모든 구성원, 특히 후배시민에게로 확산하기 위해 실천하는 노인이다. 선배시민론은 시민권으로 빵을 얻고 장미를 향한 실천을 해야 모두가 인간답게 사는 세상을 만들 수 있다고 주장한다. 시민권의 기초가 되는 가치, 즉 연대성은 하늘에서 뚝 떨어지는 것이 아니라 시민교육을 통해 길러진다.

우물쭈물하다가 이럴 줄 알았다

아일랜드의 작가 버나드 쇼는 자신의 묘비에 "우물쭈물하다가 내 이럴 줄 알았지"라고 쓰라고 말했다.[12] 이 묘비명의 뜻은 주저하지 말고 즉각적으로 해야 할 일을 하라는 것이다.

호서대 설립자인 강석규 박사가 쓴 「어느 95세 어른의 수기」는 우물쭈물하지 말아야 하는 이유를 잘 보여준다. 강석규는 65세에 정년퇴직하면서 그냥 건강이나 잘 지키면서 살면 된다고 생각했는데, 어느덧 95세가 되었다. 그는 그제야 깨닫는다. "30년을 더 살 줄 알았다면 이렇게 살지 않았을 텐데! 나 스스로가 늙었다고 뭔가를 시작하기엔 늦었다고 생각했던 것이 큰 잘못이었습니다. 이제 나는 시작하려 합니다."[13] 그때부터 그는 103세에 숨을 거둘 때까지 활발하게 활동한다.

이제 노년을 다시 생각해봐야 한다. 노인이 되면 은퇴를 한다. 그런데 은퇴는 끝이 아니라 시작이다. 내가 무엇을 할 수 있고, 해야 하고, 할 것인지를 성찰하고 결정하는 시기이다. 이런 점에서 은퇴를 뜻하는 'retire'라는 말도 새롭게 해석될 수 있다.

> 영어의 은퇴를 뜻하는 retire를 타이어를 새로 갈아 끼운다는 뜻으로 이해한 적이 있다. 은퇴는 사회생활의 끝이 아니라 새로운 생활을 할 수 있는 기회로 퇴직에 대한 새로운 규정이 필요하다. 즉 퇴직은 이전까지 해오던 일에서 물러서는 것retire from이 아니라 지금까지 하고 싶었던 다른 활동을 위해 물러서는 것retire to의 의미를 가질 수 있어야 한다.[14]

노인인지 여부는 물리적인 나이가 아니라 그 사람의 태도, 역량, 열정 등에 따라 좌우된다. 이것은 노인이라고 우물쭈물 대지 말고 열정적으로 사회에 참여하라는 이야기이다.[15]

키케로는 노인을 무기력이나 무능과 연결시키지 않았다. 오히려 노인이 더 바쁘고 더 많은 가능성을 지닌 존재라고 주장했다. 따라서 노인은 우물쭈물하지 말고 하고 싶은 것을 시작해야 한다. 그 자신도 노인이 된 소크라테스가 악기를 배우는 데 자극받아 그리스어를 시작했다고 고백한다. 이것은 열정의 결과이다. 노인의 열정은 삶의 가치를 보존하는

역할을 한다.[16]

오늘날 노인들은 매우 적극적인 태도로 변신을 꾀한다. 댄스, 기타 연주, 외국어, 인문학 등을 배우는 노인들을 흔히 볼 수 있고 이에 따라 노인복지관의 프로그램도 다양해지고 있다. 이제 자신과 가족을 위해 일하는 근면한 개인을 넘어서서 자신을 둘러싼 공동체에 관심을 갖고 참여하는 선배시민 프로그램을 만들어야 할 때이다. 레지스탕스 출신 프랑스 사회 운동가 스테판 에셀의 말에서도 변화의 필요성을 확인할 수 있다.

> 지금도 어떤 일에 분노나 충격을 느끼면 대항해서 싸웁니다. 사회의 이런저런 문제에 대해 생각이 같은 사람들과 함께 일하는 게 여전히 즐겁거든요. 그래서 사회 참여를 계속하려고 노력합니다. 매우 보잘것없는 참여일지라도 말이에요. 함께 일하는 사람들에게 크게 기여할 수는 없지만, 어쨌든 중요한 대의를 제 삶 밖으로 치워버리지 않을 생각입니다.[17]

에셀은 83세 무렵 척추에 문제가 생겼다. 이 일로 그는 노년으로 추락한 것처럼 느꼈다. 그런데 그에게 제2차 세계대전을 우리가 어떻게 겪었는지, 거기서 어떤 가르침을 얻었는지 학생들에게 이야기해달라는 요청이 들어오면서 새로운 삶의 재미를 느꼈다. 그는 "지난 10년간 제 삶의 큰 원동력은 젊은이들과의 만남이었습니다"라고 말한다.[18] 에셀은 93세에 사회 양극화, 만연한 차별 등에 저항할 것을 젊은이들에게 촉구하는 『분노하라』를 써 '분노 신드롬'을 일으켰다.

보부아르는 날마다 공동체의 일에 참여하려고 한다면 그의 존재는 나이와 상관없이 내내 활동적이며 쓸모 있는 시민이라고 말한다. 노인은 공동체 참여를 통해 고립된 미립자에서 벗어날 수 있다.[19] 공동체에서의 삶을 통해 시민으로 탄생하는 것이다. 공동체의 일원으로 살아가고 있는 우리는 스스로 인지하고 있는지 여부와 상관없이 이미 호모 폴리티쿠스이다. 노인은 그동안 이 같은 인간 존재의 본성을 모른 채 호모 이코노미쿠스로의 경제적인 삶에만 초점을 맞춰 살아왔다. 이제라도 자신을 선배시민으로 자각하고 호모 폴리티쿠스로서 공동체의 변화에 기여해야 하지 않을까? 더 이상 우물쭈물하지 말고!

3. 늙음의 자유와 죽음의 긍정

늙은 몸과 쾌락

늙음은 노인의 몸에서부터 나타난다. 사람들은 이 몸 때문에 노인을 No人으로 쉽게 낙인찍고 연령차별주의 시선으로 평가한다. 늙은 몸은 생생함을 잃은 듯하다. 주름살, 축 늘어진 피부, 반점, 흰머리 등은 시들어가고 있다는 인상을 준다. 죽음의 그림자를 노인에게서 발견하는 것도 늙은 몸 때문이다. 늙은 몸은 경제적으로도 곡식이나 축내는 소비적인 존재처럼 보이게 한다. 생산하고, 만들고, 먹여 살리는 주체가 아니라 소비하고, 먹여 살려야 하는 잉여적인 존재인 것이다. 이러다 보니 노인은 심리적으로 위축되어 있다. 정서적으로 불안정하기 때문에 심리적인 돌봄이 필요하다. 돈도 없고, 건강하지도 않고, 주어진 일도 없어서 노인은 사회적으로 점차 분리된다.

이처럼 노인에 대한 가장 두드러진 견해는 '몸이 쇠약해진다'이다. 키케로는 신체의 변화를 받아들이고 노인에게 맞는 정도의 힘을 쓰는 일을 하면 된다고 논박한다.[20] 그리고 노인은 몸이 아니라 지혜를 써서 일하기 때문에 육체의 힘은 그의 일과 크게 상관없다고 주장한다.

> 설사 노년이 되어 체력이 소진되었다 해도 노년에게 체력을 요구하는 일은 없다. 그러니까 내 나이쯤 되면 법률과 관습에 따라 체력 없이 할 수 없는 공공 봉사에서는 면제된다. 사람들은 우리 노인들에게는 우리가 할 수 없는 일을 하라고 요구하지 않는다.[21]

늙어서 노인이 되면 활동량이 줄어들까? 키케로는 그것이 어떤 활동인지에 대해서 묻는다. 그것이 젊음과 체력을 요구하는 활동이라면, 다음과 같이 반문한다. "몸은 비록 허약해졌을지라도 노년에 할 수 있는 활동이 하나도 없단 말인가?"[22] 그는 노년의 활동이 오히려 더 많고, 더 중요하고, 더 영향력이 크다고 덧붙인다. 이것을 설명하기 위해 키케로는 전쟁에서의 역할 변화에 대해 언급한다. 젊어서는 병사로, 나이가 들어서는 사령관으로 전쟁에 참여한다. 정치적으로도 늘 관심을 갖고 원로원에 조언하는 역할을 한다. 즉 연령에 따라 역할의 변화가 있을 뿐이지, 공동체의 일원이라는 본질

에는 차이가 없다.[23]

건물을 지을 때는 벽돌을 쌓는 사람이 있어야 한다. 그는 건강한 육체를 갖고 있어야 한다. 또한 설계 도면을 보고 일이 제대로 진행되고 있는지를 점검하는 사람도 중요하다. 그는 육체노동을 많이 하지 않는다. 그는 지식과 경험에 기반해서 판단한다. 루소는 젊음은 지혜를 학습하는 시기이고 노년은 지혜를 사용하는 시기라고 정의했다. 키케로는 말한다.

> 위대한 업적은 체력이나 민첩성이 아니라, 지혜, 성격, 냉정한 판단력에 따라 이루어진다. 그리고 이러한 여러 자질은 노년이 될수록 줄어드는 것이 아니라 더 늘어난다.[24]

키케로는 노인의 일과 청년의 일이 따로 있다고 보고 둘 다 매우 중요하다고 주장한다.

또한 노인이 되면 감각적 쾌락이 사라진다는 지적에 대해서도, 오히려 이것이 노인에게 더 좋은 일이라면서 이 현상을 기꺼이 받아들여야 한다고 주장한다. 쾌락을 절제하지 못하는 젊은 시절에는 실수할 가능성이 높다. 이성에 대한 욕망, 과시와 소유에 대한 욕심, 권력을 향한 열망이 젊은 시절에 나타난다. 이때의 이성과 지혜는 이 욕망을 막지 못한다. 키케로는 쾌락은 마음의 눈을 멀게 하고, 좋은 삶에 훼방을 놓는다고 말한다.[25] 이런 나쁜 기질이 노년에 사라지니 얼마나 큰 축복인가. 키케로는 노년에는 사치스러운 연회도, 많은 음식과 넘치는 술잔도 없어서 소화불량도 주정도 없다면서 절제된 삶을 즐기는 노년을 예찬한다.[26]

이상에서 보듯이 키케로는 젊은 시절에는 탐욕과 과도한 열정에 휩싸이기 쉽다고 보았다. 그런데 노년이 되면 이런 욕망으로부터 자유로워진다. 따라서 이때가 되면 육체적·감각적 쾌락이 아니라 정신적 쾌락이 중요해진다. 그리고 공적인 일에 더 매진할 수 있다.[27]

늙음 그 자체는 누구도 피할 수 없다. 하지만 늙음을 바라보는 사회적 시선은 물론 늙음으로 인한 삶의 양태, 늙음에 대한 자신의 판단 등은 자신이 속한 사회와 정치와 깊은 연관이 있다. 그렇다면 선배시민은 이에 대해 어떻게 행동해야 하는가? 선배시민은 늙음에 대한 내면화되고 고착된 이미지와 이로 인해 발생하는 연령차별주의, 혐오, 편견에 맞서야 한다. 늙음은 쇠퇴, 무기력, 고집불통, 무능, 치매 등을 연상시킨다. 이러한 편견은 낙인과 배제로 귀결된다. 이로부터 해방되는 길은 무엇일까? 12세기 유대계 철학자 마이모니데스는 노인에 대한 주목할 만한 통찰을 보여준다. 그는 늙었다는 말을 듣고도 항의하지 않는 사람이 곧 노인이라고 하면서 혐오의 대상이 되지 않고 인간으로 존재하기 위해서는 늙음에 대한 고정관념과 편견에 저항해야 한다고 주장한다.[28] 왜 이 편견과 혐오에 맞서야 하는가?

누스바움은 나이 듦에 대한 부정적인 고정관념을 반복적으로 들은 상태에서 기억력 및 인지능력 테스트를 실시하면 평소보다 낮은 점수가 나온다는 연구에 주목한다. 자기 자신에 대한 부정적 고정관념을 의식하면서 생활하는 사람의 스트레스는 그 사람의 건강과 행복에 직접 영향을 미친다.[29]

키케로와 누스바움의 지적처럼 노인에 대한 오랜 편견은 우리를 지배해왔다. 미국은퇴자협회AARP가 제작한 노인에 대한 인식 개선 동영상은 청년들이 지닌 노인에 대한 편견을 줄일 수 있는 가능성을 보여준다. 프로젝트 초반 참여자들이 재현한 노인들이 문자를 보내는 모습, 길을 걷는 모습, 팔굽혀펴기를 하는 모습에는 노년층에 대한 편견이 가득했다. 하지만 실제 노인들을 만나 함께 활동한 후 참가자들이 재현하는 노인들의 모습은 크게 달랐다. 이제 노인은 늙음에 대한 편견, 연령차별주의, 배제와 혐오에 적극적으로 저항해야 한다.[30]

늙음과 자유

늙음에 대해 세 가지 태도가 존재한다. 첫 번째는 늙음을 부정적으로 보는 태도이다. 노년을 수치스럽게 여기고 나이 언급을 예의에 어긋나는 것으로 취급한다.[31] 우리가 흔히 나이가 어려 보인다는 말을 듣는 것을 좋아하는 반면, 나이가 들어 보인다는 말에 낙담하는 것도 늙음을 부정적으로 보는 한 단면이라고 할 수 있다. 노인 자체를 부정적인 존재로 보고 심지어 사람으로 대하지 않는 경우까지 있다. 이럴 때 하는 말이 No人이다.

두 번째는 늙음을 무시하는 태도이다. 이는 늙음 자체를 생각하지 않으려는 태도, 늙음을 은폐함으로써 자유로워지려는 태도이다. 사람들은 늙어 보이지 않기 위해 성형을 하거나 피부 관리나 운동을 하는 등 갖가지 노력을 다한다. 어떻게 해서든 나이 듦이 자신에게 아무런 영향을 미치지 않았다는 것을 보여주려고 한다. 늙음을 무시하는 것 또한 늙음을 불편히 여긴다는 점에서 첫 번째 태도와 유사하다고 볼 수 있다.

늙음에 대한 세 번째 태도는 늙음을 있는 그대로 인정하는 것이다. 늙음이란 자연스러운 과정이고, 노년은 탐욕을 버리고 지혜를 얻는 평안한 시기라고 긍정한다. 이 태도에서 늙음이란 자원봉사, 깊은 이해, 조언 제공하기, 재발견, 용서, 그리고 점점 심해지는 건망증이다.[32]

늙음을 인정하는 태도는 익은 과일처럼 노화를 편안하게 받아들이고, 늙음이 갖는 긍정성에서 자유를 찾는다. 노인은 시민으로서 젊은 날의 의무를 다했다. 이때 의무는 가족을 위한 노동과 부양의 의무이고, 국가를 위한 납세와 국방의 의무이다. 의무를 다한 노인에게는 이제 하고 싶은 것을 할 자유가 주어진다. 그동안 하지 못했던 여행, 취미 생활, 자기계발을 마음껏 할 수 있을 것이다. 선배시민의 자유는 개인으로만 살던 것에서 벗어나 공동체에 참여하여 시민으로서 삶을 만끽할 자유이다. 즉 생존이 아닌 삶의 목표를 향한 새로운 여정을 시작할 자유이다.

보부아르는 노년에도 삶에 의미를 주는 목표들을 계속해서 추구해야 한다고 주장한다. 자신이 의미 있다고 생각하는 가치를 위해 헌신할 수 있는 노년은 축복이다.[33] 늙음이 자유를 만끽하는 여정이라는 증거는 더 있다. 정상을 향해 무한 질주하던 젊은 시절에는 보이지 않던 것이 보이게 된다. 소설가 김훈은 노년만이 가질 수 있는 지혜를 발견하고 '늙기의 기쁨'에 안심한다.

> 늙기는 동사의 세계라기보다는 형용사의 세계이다. (…) 이 흐린 시야 속에서 지금까지 보이지 않던 것들이 선연히 드러난다. (…) 너무 늦었기 때문에 더욱 선명하다. 이것은 '본다'가 아니라 '보인다'의 세계이다.[34]

'본다'가 이성적인 행동이라면, '보인다'는 몸에 익은 세월에서 우러나오는 앎이다. 이제 김훈의 눈에는 자신을 넘어 동네, 이웃을 넘어 공동체가 보인다. 아는 만큼, 느끼는 만큼 보인다. 보이지 않던 것이 노년에는 보인다. 인간으로서 더 많은 자유를 누린다.

늙음의 자유는 비판과 행동이라는 또 다른 측면에서도 발휘될 수 있다. 아인슈타인은 "나 같은 늙은 사람은 잃을 것이 없기 때문에 젊은이들을 대변해야 한다"라고 말했다. 직장인이나 젊은이들은 생각을 솔직하게 표현했다가 미움을 사거나 해고를 당할까 봐 두려워 제대로 말하지 못한다. 하지만 노인은 다르다. 퇴직을 했고, 죽음도 얼마 남지 않은 마당에 무슨 공포와 두려움이 있으랴. 키케로도 노년은 두려움을 극복한 자유로운 시기라고 말한다.

> 노년은 한계를 정할 수 없다. 맡은 바 임무를 수행할 수 있고 죽음을 겁내지 않는다면 그는 계속해서 살 수 있다. 이런 맥락에서 노인들은 젊은이들보다 더 대담하고 용감할 수 있다. 참주 페이시스트라토스가 솔론에게 '대체 무얼 믿고 자기에게 그토록 대담하게 반대하느냐'고 묻자 솔론은 '노년'이라고 대답했다.[35]

노인이 되면 잃을 것이 없기 때문에 언론, 출판, 집회, 결사, 사상, 표현의 자유를 실질적으로 누릴 수 있다. 노인이 되면 가족만이 아니라 이웃이 보이고, 이성을 넘어 감성으로 세상을 바라볼 수 있다.

> 아기를 볼 때 사랑스럽게만 느끼고 10대 후반과 20대의 젊은 성인들을 볼 때 매력적이라고만 느끼는 것이 자연스럽다. 그러나 우리의 본성은 얼굴에 주름살이 있고 머리가 벗겨지

는 등 노화의 징후가 엿보이는 사람들에 대해서 어떻게 느낄까? 이상적인 세상이라면 주름살은 인생의 끝이라기보다는 지혜와 유머와 사교성의 증거이다.[36]

이상에서 보듯이 늙음은 몸에 익은 세월을 담는다. 그리고 하고 싶은 것을 할 수 있는 자유를 준다. 그 자유에는 여유와 유머가 흘러넘친다. 누스바움은 이타성과 밀접하게 연관된 노년기의 덕성은 유머감각이라고 말한다. 유머감각은 타고나는 것이 아니라 길러지는 것인데, 유머감각이 있다면 사물을 보는 태도가 달라지고 노년기가 두렵지 않을 것이라고 주장한다.[37] 노년은 고통이나 쇠퇴의 단계가 아니라 인간이 완숙한 경지에 이르는 시기가 될 수 있다.

죽음의 긍정과 노년 예찬

세상은 불확실한 것으로 가득 차 있다. 유일하게 확실한 사실은 모든 인간은 죽는다는 것이다. 죽음은 누구에게나 고통이다. 죽음은 이성도 마비시킨다. 죽음에 가장 당당했던 사람은 소크라테스일 것이다. 다비드가 그린 〈소크라테스의 죽음〉을 보면, 소크라테스는 죽음 앞에서도 두려움이 없고 자신감 있는 모습인 반면 그 제자들은 슬픔에 몸부림치고 있다. 플라톤은 침대 가장자리에 앉아 슬퍼하고 있고, 크리톤은

다비드, 〈소크라테스의 죽음〉, 1787, 캔버스에 유채.

소크라테스의 다리에 손을 얹은 채 그를 바라보고 있다. 이런 상황에서도 소크라테스는 그의 왼손을 들어 천국(참된 진리)을 가리키고 있다. 제자들이 비통한 상태에 있는데도 불구하고 사약을 앞에 둔 소크라테스는 토론을 지속한다. 그는 '억울한 누명을 쓰고 독배를 마시는 것이 옳은지 아니면 옥리에게 뇌물을 주고 도망가는 것이 옳은지'에 대해서도 토론을 했다. 이처럼 소크라테스에게 토론은 공기와 물같이 필수적인 것이었고, 죽음 앞에서도 그 가치는 달라지지 않았다.

소크라테스의 제자들은 자신의 죽음 앞에서 스승과 다른 모습을 보인다. 악시오코스는 소크라테스와의 대화에서 죽음을 두려워하는 것이 얼마나 어리석은지 조언을 들었던 제자이다. 하지만 자신의 죽음에 직면한 순간에 그는 절망과 고통에 휩싸여 외친다.

> 지금 이 무시무시한 죽음 앞에 다다르니, 저의 훌륭하고 똑똑한 논점들이 내게서 다 빠져나가고 있습니다.[38]

이처럼 죽음은 현자에게도 두려움의 대상이다. 죽음에는 계급도 특권도 없다. 늙지 않고 죽지 않는 방법이 있을까? 인간은 불로장생의 묘법을 찾아왔다. 여기에는 과학과 의료가 동원되었다. 그런데 인간이 할 수 있는 것은 수명을 연장하는 것뿐이었다. 결국 인간은 죽음을 직면해야 한다.

죽음을 바라보는 시선은 두 가지이다. 긍정적인 시선은 플라톤에게서 발견된다. 그는 죽음의 공포가 도덕적 지침이 될 수 있다고 본다. 사람들이 미래를 변화시키기 위해 현재를 열심히 살려고 하기 때문이다. 반면 에피쿠로스는 죽음에 대해 부정적인 견해를 보인다. 그는 죽음에 대한 공포가 원초적이며 인간을 통제하기 어렵게 만든다고 보았다. 따라서 죽음의 공포 앞에서 인간은 파괴적인 행동으로 남에게 피해를 준다.[39]

플라톤은 죽음 앞에서도 불멸할 수 있는 태도를 지니라고 권한다. 반면 에피쿠로스는 죽음의 공포를 "극도로 무서운 악"이라고 부르면서 공포 때문에 인간이 종교적 미신에 굴복한다고 보았다.[40] 누스바움은 질문한다. 우리는 어떻게 플라톤식 이타성을 증진시키고 에피쿠로스식 파괴성을 줄여나갈 수 있을까?[41]

노인은 죽음과 가까운 존재이다. 그래서 노년에 이른 사실 자체를 죽음과 관련지어 낙담하거나 무관심하려 애쓰는 게 보통이다. 키케로는 '죽을 날이 얼마 남지 않았다'는 노인의 특징을 오히려 긍정적인 모습으로 그린다. 키케로는 죽음이 노인을 불안하게 할 수 없다고 주장한다. 한마디로 노인은 살 만큼 다 살았으니 원하는 것을 이미 얻은 것이나 다름없다는 입장이다.[42]

키케로는 노인은 죽음 앞에 초연하거나 당당할 수 있다고 말한다. 죽음으로부터 자유롭다면 인간은 보다 여유 있게 삶을 바라볼 수 있지 않을까? 키케로는 한 발 더 나아가 노인이 지금까지 산 것에 대해 감사해야 한다고 말한다. 불의의 사고나 질병으로 노년에 다다르기 전 젊은 날에도 죽을 수 있기 때문이다.[43]

이런 맥락에서 키케로는 노년을 찬양한다. 노인은 분별력이 있고, 이성적이며, 적절한 조언을 할 수 있기 때문이다. 노년은 완숙한 인간의 단계이며 자연스러운 자연의 상태이기 때문이다. 따라서 그에게 죽음이란 완숙한 경지에 이른 자연의 순리를 이행하는 것이다.

> 파란 사과는 나무에서 떨어지기 힘들지만 완전히 익은 사과는 땅에 저절로 떨어진다. 젊은이들이 폭력으로 죽는다면 노인들은 자연스럽게 죽는다. 이런 생각 덕분에 노인의 죽음은 편안하다. 죽음에 더 가까이 다가갈수록 마치 오랜 항해 끝에 드디어 육지를 발견하고는 항구에 들어서려는 여행가와 같은 느낌이 든다.[44]

노인은 죽음도 긍정할 수 있는 존재이다. 컵에 물이 반쯤 있을 때 반밖에 없다고 생각할 수도 있고 반이나 있다고 생각할 수도 있다. 이처럼 노인은 늙음을 긍정적 혹은 부정적 두 측면에서 볼 수 있다.[45] 이와 관련하여 로마의 철학자이자 정치가인 세네카는 과거를 망각하고 현재를 돌보지 않으며 미래를 두려워하는 사람들의 삶은 더없이 짧고 근심으로 가득하다고 지적한다. 그는 삶이 짧다기보다 우리가 시간을 낭비하는 것이라고 말한다. 삶은 충분히 길며, 전체적으로 잘 활용한다면 위대한 업적을 이룰 수 있을 만큼 충분하다고 주장한다.[46] 이처럼 노인이 남은 생을 잘 활용해서 낭비하지 않는다면 죽음도 긍정할 수 있다.

성찰과 후배시민

누스바움은 노인의 삶의 태도를 과거지상주의와 현재지상주의로 나누었다. 과거지상주의는 그야말로 과거 속에 사는 것이다. '나 때는 말이야'라고 말하며 과거 편향적 태도를 취하면서 허무주의나 냉소주의에 빠진다. 반면 현재지상주의는 현재의 쾌락에 빠져 늙음과 죽음을 잊고 사는 것이다. 누스바움은 현재지상주의도 부적절하다고 본다. 그는 부자들의 요양원인 레저빌 마을의 노인들이 대다수 동물과 같은 삶을 살고 있다고 비판한다.[47]

누스바움은 노인들이 성찰해야 하는데, 이때 과거지상주의가 아니라 과거에 대한 회고를 기반으로 해야 한다고 충고한다. 자아 성찰은 자신의 지난 행위를 인정하고 이해하는 과정에서 이루어진다. 이를 통해 인간은 보다 성숙한 존재가 될 수 있다.[48]

프레이리도 그저 먹고 자는 것에만 관심을 두고 창조적이지 않은 삶은 동물적이라고 비판하며, 인간은 오늘보다 더 나은 삶에 대해 상상하는 존재라고 주장한다. 이와 같은 상상은 과거에 대한 성찰을 기반으로 한다.

성찰하는 사람은 불평할 수 없다. 키케로는 다음과 같은 대화를 소개한다.

"만약 어느 원로원 의원이 100세까지 살게 된다면 그가 노년에 대해 불평할까요?"

"달리기와 높이뛰기, 창 멀리 던지기, 칼싸움 따위로 시간을 보낼 것인데 불평할 시간이 없을 것이다. 그는 또한 성찰하고, 추론하고, 판단하는 일을 할 것이기에 바쁘게 살 것이다."

이처럼 키케로는 노년이 돼도 육체와 정신을 쓰는 연습을 하면 불평 없이 살아갈 수 있다고 보았다.[49]

젊었을 때 이성으로 세상을 대면했다면, 보이지 않았던 것들을 보는 것은 노년에 이르러서야 온전히 가능한지도 모른다. 선배시민에게 보이는 것은 무엇일까? 젊었을 때는 자식과 가족을 위해 살았다. 이제 자신은 물론 남의 자식과 공동체를 위해 살아야 한다. 성찰을 통해 자식을 넘어 후배시민을, 가족의 집을 넘어 시민의 집을 볼 수 있는 때가 바로 노년이 아닌가.

6장

내 공간에서
나답게

1. 마음의 변화: 돌봄의 주체로 권리의 실천을!

돌봄의 대상에서 돌봄의 주체로

2016년 '강남역 화장실 살인사건'이 일어났다. 30대 남성이 20대 여성을 살해한 사건으로, 말 그대로 '묻지 마' 살인사건이다. 어느 세 딸의 아버지는 이 사건을 접하고 충격을 받았다. 피해자가 내 딸일 수도 있겠다는 생각을 한 것이다. 그는 '내 딸만 잘 키우면 된다'고 생각했는데, '남의 자식이 잘 크지 않으면 내 딸이 위험해진다'는 것을 알게 되었다고 한다. 그래서 청소년 센터를 만드는 데 기여하고 '남의 자식'을 잘 키우기 위해 실천하고 있다.

이처럼 생각의 변화는 행동의 변화로 이어진다. 2016년 평택서부노인복지관이 운영하는 선배시민대학에 참여했던 이복란 할아버지가 그러한 경우이다.

> 선배시민대학 과정을 듣고 나서, 마음이 달라지니 보이는 것
> 이 달라지고, 보이는 것이 달라지니 행동이 달라졌다.[1]

어떻게 마음이 달라졌을까? 그는 기존에는 '노인이 뭘 할 수 있을까, 그저 건강이나 지키고 여가나 누리면 된다고 생각했다'고 한다. 한마디로 수동적이고 무기력한 노인이었다. 그런데 선배시민대학을 수강한 이후 돌봄의 대상을 넘어 돌보는 주체가 될 수 있다고 생각하기 시작했다.

안산 단원구노인복지관 선배시민대학 과정에 참여한 최풍자 할머니의 경험담은 마음의 변화에 따른 행동의 변화상을 구체적으로 보여준다.

'할머니 담배 좀 사다 주세요. 500원 줄게요.' 선배시민대학을 수강하고 집에 가는 길에 한 청소년이 최풍자 할머니에게 말을 건넸다. 미성년이어서 담배를 살 수 없는 청소년들이 노인에게 돈을 주고 '담배셔틀'을 시키는 경우가 있다. 할머니는 화가 치밀었지만, '나는 선배시민이다. 선배시민은 후배시민이 잘 성장하도록 돕는 마중물이다'라고 생각하며 마음을 다스렸다. 할머니는 청소년을 안아주면서 말했다. '네게 몸에 해로운 담배를 사주면 내 꼴은 뭐가 되고 너는 또 뭐가 되겠니. 이건 아니다. 나는 네가 건강하게 자라기를 바란다.' 그 청소년은 이렇게 말하는 어른은 처음이라면서 '죄송해요, 할머니. 다신 안 그럴게요'라며 감동의 낯빛을 보였고, 두 사

람은 지금도 연락을 하고 지낸다고 한다.

또한 최풍자 할머니는 노인복지관에 자원봉사를 하러 온 청소년들에게 '더 이상 우리를 돌볼 필요가 없다. 지역에 함께 나가보자'라고 제안했다. 할머니는 청소년들과 함께 공터에 버려진 쓰레기를 치우고 꽃밭을 가꾸기 시작했다.

최풍자 할머니가 변화한 계기는 자신을 선배시민이라고 인식한 것이었다. 스스로를 돌봄의 대상이 아니라 돌보는 주체로 여기면서, 후배시민과 공동체를 돌봐야 한다고 생각했다.[2] 선배시민론 강의를 수강한 노인들은 비슷한 변화를 보인다.

> 나는 사회복지관에 와서 이것을 돌봐달라 저것을 돌봐달라 하고 요구하는 것을 당연하다고 생각했다. 그런데 너무 부끄럽다. 내가 지역과 후배를 돌봐야 한다는 것을 깨달았기 때문이다.

선배시민 담론은 돌보는 대상으로만 여기던 노인을 돌보는 주체로 보는 생각의 전환을 담고 있다. 노인이 가족이나 사회의 '도움만 받는 존재'가 아니라, 시민선배로서 후배들과 사회에 '도움을 주는 존재'라는 것이다. 정신분석학자 다니엘 키노도즈는 "'적극적으로 나이 들기'는 나이 듦을 의식하는 가운데 힘닿는 대로 남들에게 도움을 주며 나이 들어가는 것입니

다"라고 말했다.[3]

　자신을 선배시민으로 인식하는 순간 노인의 지위와 역할은 달라지기 시작한다. 2012년 인천 남부노인문화센터에서 선배시민 강의를 진행할 때였다. 강의 후 노인들이 가지 않고 책상을 정리했다. 그들에게 물었다. '왜 정리를 하셔요?' '우리가 사회복지사들에게 선배잖아요. 그래서….'

　선배시민 프로그램을 수강한 노인들은 매사에 솔선수범하고, 복지관의 주체로 변화하는 모습을 보인다. 한 노인복지관의 사회복지사는 다음과 같이 증언한다.

> 강의를 듣기 전에 책상부터 닦으시더라고요. 어르신들 몇 분은 준비를 도와주시고 그 어르신들이 선배시민대학을 졸업하시니 또 3기 어르신들도…. 그런 모습들이 자연스럽게 이어지더라고요.[4]

　마음의 변화가 행동의 변화로 이어지는 사례는 도처에서 나타나고 있다. 복지관을 이용시설로 보고 사회복지사를 서비스 제공자로만 인식했던 태도가 점차 바뀌어간다.

> 저희 복지관에 야외 테라스가 있는데 거기 벤치가 부러진 적이 있어요. 근데 선배시민대학 1기 어르신 중에 한 분이 복지관 사무실로 오셔서 내가 고쳐주겠다면서 먼저 고쳐주신 적이 있거든요. 어떻게 보면 복지관 측에서 고쳐야 마땅한데

본인이 직접 나서주시는 모습을 보면서 복지관에 대한 애정과 주인의식을 느낄 수 있었어요.[5]

마음의 변화가 생긴 노인들은 자신을 돌아보고, 자신을 둘러싼 공동체를 살펴보며, 지역사회를 새롭게 하는 일을 모색한다. 구체적으로 어떤 일이 벌어지고 있을까?

자선을 넘어 권리로

선배시민이 된 노인들은 돌봄의 대상에서 돌봄의 주체로 변화한다. 특히 주목할 만한 변화가 있다. 자원봉사를 '자선'의 관점을 넘어 '권리'의 관점에서 생각하기 시작했다는 점이다.

자원봉사는 대가 없이 자발적으로 하는 봉사이다. 자원봉사는 이웃에 대한 이타심과 공동체에 대한 의무감이 기본 정신이며 공공성을 실현하는 행위라고 할 수 있다. 주목할 점은 자원봉사에도 철학이 있다는 점이다. 개개인의 불쌍한 처지를 동정하여 불쌍한 사람을 도와주는 자원봉사는 자선활동으로 분류될 수 있다. TV에 불쌍한 가정이나 아이를 비춰주고, 사람들의 동정심을 유발하는 것이 이에 해당한다. 이 관점은 첫째, 도움을 받은 대상자가 어려움을 극복하는 데 일시적인 도움을 주는 데 그칠 수 있다. 김치나 도시락 등을 제공하는 것이 빈곤이나 실업을 해결하는 근본적인 대안은 아니다. 둘째, 구조나 제도를 바꾸려 하기보다 개인의 의지나 노력이 부족한 탓을 한다. 즉 불쌍함의 원인은 사회나 정책에 적응하지 못하는 개인에게 있다고 본다. 셋째, 도움을 주는 사람과 받는 사람이 평등하지 않다. 주는 사람은 넉넉한 사람이라면, 받는 사람은 불쌍한 사람이라는 인식이 깔려 있다.

이와 관련하여 프레이리는 자선을 '허구적 관용'이라고 비판한다.[6] 도움을 받는 사람을 불쌍한 사람으로 규정하고, 문제의 원인을 그들 개인에게서 찾는다. 부당한 질서를 바꾸기는커녕 유지하는 역할을 한다. 사회복지 역사에서 시혜와 자선의 차원에서 이웃 도움을 실천한 것으로 유명한 조직이 '자선조직협회Charity Organization Society'이다. 초기의 자선조직협회 회원들은 주로 귀족 부인이었다. 이들은 친절한 방문객인 '우애방문단Friendly Visitor'으로 불렸다. 기본 태도는 '노블레스 오블리주Noblesse Oblige', 즉 있는 사람들이 없는 사람들에게 도움을 주는 귀족 정신이었다.

자원봉사를 또 다른 관점인 권리의 관점에서 접근하는 태도는 무엇일까? 필자의 나눔에 관한 다음 글에서 살펴보자.

> 불쌍한 사람을 도우면
> 누구는 미담의 주인공이 되고
> 누구는 한없이 불쌍한 사람이 된다.

그런데 아는가.

불쌍한 사람이 생기지 않는 공동체에서는

모두가 그냥 사람이다.[7]

불쌍한 사람이 생기지 않는 공동체에는 교육, 의료, 주택, 소득 등에서 최소한의 국민기준선이 존재한다. 노령, 실업, 장애 등을 사회적 위험으로 보고 공적으로 책임을 지기 위한 제도적 장치이다. 이런 공동체에서 문제의 원인은 개인이 아니라, 이런 개인을 만든 사회이다.

모두가 그냥 사람, 보통 사람으로 살 수 있도록 보장하는 권리가 시민권이다. 시민은 사회권적 인권을 통해 어떤 상황에서도 배고프지 않고, 아파도 다 잃지 않는 사회를 요구할 권리가 있다. 이런 맥락에서 자원봉사는 시민들의 권리를 실현하고 불쌍한 사람이 생기지 않는 사회를 만드는 실천이 되어야 한다. 권리를 자각하고, 권리를 관철하기 위해 행동해야 한다. 누스바움은 일련의 변화를 위해서는 환경을 통제할 수 있어야 한다고 말한다. 이때 환경은 한편으로 일할 권리를 통해 확보할 수 있는 물질적 환경과 정치에 실질적으로 참여할 수 있는 환경을 가리킨다.[8]

본래 '자원봉사volunteer'라는 용어는 1600년대 전쟁에 참여하는 용병들을 일컬었다. 이 개념이 사회복지 분야에서 본격적으로 적용된 것은 '인보관 운동Settlement House Movement' 부터

이다. 인보관 운동은 지역에 정착해서 주민들과 환경을 변화시키려는 운동이다. 1880년대 영국 인보관 운동에서는 자원봉사자를 노령, 실업, 장애 등의 사회적 위험에 맞서 싸우는 사람들이라는 뜻으로 사용했다. 이처럼 자원봉사는 우리 사회 안에서 시민들이 겪고 있는 위험을 제거하는 일이다. 즉 위험에 처한 사람들을 돌볼 뿐만 아니라 위험 자체를 제거하는 게 자원봉사이다. 이런 점에서 자원봉사는 개인의 힘으로는 어찌할 수 없는 사회적 위험들에 맞서 싸우는 적극적 공동체 참여 활동이다.

이상에서 보듯이 자원봉사는 두 가지 관점으로 나눠 살펴볼 수 있다. 자선형 자원봉사는 노블레스 오블리주의 관점을 가진 개인이나 단체가 불쌍한 개인을 시혜와 자선의 태도로 도와준다. 반면 권리형 자원봉사자는 자각한 시민으로서 시민사회를 조직하여 더 나은 사회를 만드는 역할을 한다.

자원봉사에도 철학이 있다

'기존 자원봉사와 선배시민 자원봉사의 차이는 무엇인가요?'

선배시민 강의를 할 때 많이 듣는 질문이다. 다음 표가 그 대답이다. 기존의 자원봉사는 안타깝고 불쌍하게 여기는 동정의 마음으로 어려운 처지의 개인과 가족을 돌보는 활동이다. 자선형 자원봉사는 주체와 대상이 분리된다. 주체는 미담의 주인공이 되고, 대상은 능력이 없거나 노력이나 의지력이 부족한 문제적 존재이다. 자원봉사의 결과는 도움을 받는 특정 개인에게 일시적 도움이 되는 데 그칠 수 있다.

자원봉사의 두 유형

유형	자선형 자원봉사	권리형 자원봉사
태도	자선, 시혜, 노블레스 오블리주	권리, 연대, 협동
문제의 원인	불쌍한 개인, 가족	시민권의 결핍, 사회, 국가
변화의 주체	능력과 연민을 가진 개인	권리와 권력을 가진 시민
실천	정서적·물질적 지원 개인과 가족의 원조	시민권 자각과 시민력 향상, 공동체의 변화
실천 모델	자선조직협회	인보관 운동

사회적 약자인 개인을 돌보는 자선형 자원봉사의 필요성을 부인하는 것은 아니다. 이런 자원봉사가 필요한 사각지대는 언제나 존재할 것이다. 하지만 제도와 구조의 변화가 없으면 불쌍한 사람은 더욱 많아질 수밖에 없다. 게다가 도움을 받는 사람은 낙인감과 죄의식을 가질 우려가 있다.

기존의 자원봉사는 자선형인 데 반해 선배시민의 자원봉사는 권리형 자원봉사이다. 시민은 불쌍해지지 않을 권리가 있다. 이 권리를 자각한 사람들이 권리를 침해하는 모든 것에 대응하는 행위가 권리형 자원봉사이다. 선배시민의 자원봉사는 기존의 자선과 시혜의 철학에 대응해서 모든 시민이 연대하여 시민의 고유한 권리를 당당히 요구하고 실현해야 한다.

자원봉사에서 철학이 중요한 이유는 무엇일까? 예를 들어보자. 영유아에게 성폭력 예방 교육을 하는 동영상이 있다. 낯선 어른이 성추행을 하면 아이들에게 이렇게 외치라고 가르친다. '안 돼요! 싫어요! 하지 마세요!'

어떤 노인복지관에서 노인들이 이 내용으로 인형극을 만들어 널리 보급하는 봉사 계획을 갖고 있다면, 우리는 어떻게 해야 할까? 선배시민이 후배시민을 대상으로 하는 교육이고, 그 취지가 성추행 예방을 목적으로 하는 것이니 지지해줘야 한다고 생각할 수도 있다.

그러나 이 교육 프로그램에는 심각한 문제가 있다. 첫째, 아이들은 위급한 상황에서 힘이 센 어른이 접근하면 소리를 칠 수 없다는 점을 간과하고 있다. 둘째, 배운 대로 소리를 치면 아이가 더 위험해질 가능성이 높다. 그 사람이 순순히 물러갈 리가 만무하기 때문이다. 셋째, 이 교육은 문제의 상황이 발생했을 때 교육받은 대로 외치지 못한 아이에게 책임을 돌리는 결과를 낳을 수 있다. 어떤 아이가 성추행을 당했다면, 이것은 내가 적극적으로 소리치지 못했기 때문이라고 생각할 수 있기 때문이다. 넷째, 가해자에게 교육을 해야 하는

데 피해자를 교육하고 있는 것은 아닌가.

후배시민을 대상으로 하는 인형극이라는 형식은 좋은 시도이다. 하지만 그 내용이 타당하지 않거나, 개인의 책임만을 지나치게 강조하는 내용을 담고 있다면 재고되어야 한다. 자원봉사라고 무조건 좋은 것은 아니다. 자원봉사를 하기 전에 바탕이 되는 철학과 이에 따른 실천의 방향과 내용을 먼저 고민해야 한다.

권리형 실천의 유형

권리형 실천이라는 아이디어는 사회복지의 두 실천 모델인 자선조직협회와 인보관 운동을 비교하는 과정에서 나왔다. 자선조직협회가 취약계층에 대한 전문적인 원조활동이었다면, 인보관 운동은 지역사회에 들어가 주민들을 교육하고 조직하면서 지역주민의 역량을 발전시켰다. 자선조직협회가 클라이언트를 위한 우애방문단의 자선활동이었다면, 인보관 운동은 활동가들이 지역주민의 동료로서 그들이 스스로 권리를 자각하도록 돕고 함께 지역사회를 바꾸고자 했다. 역사적으로 인보관 운동은 '사회과학 실험실'로 불렸다. 주민 교육 및 조직화, 지역사회 실태 조사 등을 통해 다양한 변화를 만들었기 때문이다.

권리형 자원봉사는 인보관 운동의 정신과 실천을 따르고

자 한다. 따라서 '선배시민의 지역사회 실험실'에 걸맞은 내용으로 활동을 정하고, 명칭을 '봐. 봐. 봐(나를 살펴봐, 주위를 둘러봐, 함께 만들어봐)'로 했다.

권리형 자원봉사의 세 유형

유형	소크라테스 유형	헬렌 켈러 유형	은발의 표범 유형
활동명	나를 살펴봐	주위를 둘러봐	함께 만들어봐
주요 내용	• 학습과 토론 • 세대 공감 • 시민의 권리에 관한 학습과 토론	• 지역사회 조사와 연구 • 홍보와 지역사회 공감	• 사회활동 참여 • 조직화

'나를 살펴봐'는 소크라테스 유형의 자원봉사 활동명이다. 소크라테스는 늘 물었다. 그는 자신이 공동체에서 제일 똑똑하다는 신탁을 듣고, 이를 실제로 확인하기 위해 당시 공동체의 현자들을 찾아다녔다. 그리고 결론을 내렸다, 자신이 제일 똑똑하다고. 왜 그랬을까? 직접 만나 보니 현자들은 모르는 것이 많은데도 자신은 다 안다고 생각하고 있었다. 반면 소크라테스 자신은 모른다는 것을 알고 있었다. 무지를 자각해야 알려고 하는 지知에 대한 사랑이 생기고 철학은 이때부터 시작된다. 그래서 자신이 제일 똑똑하다고 한 것이다. 이때부터 소크라테스는 지역사회의 청년, 현자, 정치가 등 다양한 사람을 시장이나 거리에서 만나 토론을 했다. 그는 토론의 방법으로 산파술을 택했는데, 질문을 통해 스스로를 알아가는 방식

이었다.

소크라테스 유형의 자원봉사는 지역주민, 특히 청소년과 청년 등의 후배시민과 함께 지역의 문제를 알려고 하고 토론하고 공감하는 활동이다. 시민의 권리에 대해 학습하고 토론하고 변화를 가져올 방법을 상상하는 것이 주요 내용이다.

'주위를 둘러봐'는 헬렌 켈러 유형의 자원봉사이다. 헬렌 켈러는 장애를 극복한 여성으로 알려져 있다. 하지만 그녀는 20세 이후 늘 사회문제에 관심을 갖고 지역사회를 둘러보았다. 그녀는 88세로 사망할 때까지 지역사회와 공동체에 개입하는 활동을 했다. 여성의 참정권 운동, 노동자들의 저임금과 산업재해에 대한 비판과 변화를 위한 노력, 반전 운동, 장애인 권리 신장 운동 등 지역사회를 둘러보고 대안을 찾으려는 노력을 계속했다.

헬렌 켈러는 장애를 앞세워 동정받는 행위를 비판했다. 장애를 사회가 책임질 문제로 보고 국가에게 책임을 다할 것을 요구하는 것이 시민의 권리라고 주장했다. 그리고 지역사회를 향한 지속적인 호소를 통해 시민들을 일깨우고자 했다. 헬렌 켈러 유형의 자원봉사는 지역사회에 대한 조사와 연구를 통해 내가 속한 공동체를 이해하고, 더 나아가 그 구성원들과 공감대를 형성해가는 활동을 의미한다.

'함께 만들어봐'는 '은발의 표범Graue Panther' 유형의 자원봉사이다. 은발의 표범은 독일의 노인정당으로 자신의 문제를 정치적 세력화를 통해 공론화하는 노인들의 자발적인 모임이다. 흥미로운 것은 후배시민들도 여기에 참여한다는 점이다. 은발의 표범이 선배시민으로서 청소년과 청년 관련 정책에 관심을 갖고 활동하기 때문이다. 은발의 표범 유형의 자원봉사는 의회 모니터링, 주민참여예산 활동, 마을 만들기 등을 벌이고 각종 정책을 제안하며 협동조합과 마을기업 등 대안적 경제체제를 만들어나간다.

현실에서 세 가지 유형은 분리되어 있지 않고 함께 나타난다. 예를 들어 학습하고, 지역에 참여하는 가운데 정책적인 제안을 한다. 그럼에도 불구하고 이 분류가 유용한 이유는 권리형 실천의 내용을 범주화해서 체계적으로 이해할 수 있기 때문이다.

2. 행동의 변화: 소크라테스, 헬렌 켈러, 은발의 표범처럼

소크라테스처럼

2016년 이천시노인종합복지관에서 선배시민교육을 진행하며 90세 박종옥 할머니를 만났다. 1927년에 강원도에서 태어난 할머니는 집안의 어른이 돌아가시면 3년상을 치를 정도로 엄격하고 가부장적인 집안의 며느리였다. 그녀는 자신이 세상을 등지고 대가족을 위해서만 살았다고 회고했다. 할머니는 결혼생활을 하는 50년의 세월 동안 나 자신을 잃어버렸다는 생각에 우울증이 왔는데, 70대에 노인복지관 소개 전단을 보았다고 했다. '여기 가면 나 자신을 찾을 수 있을까?'

할머니는 남편에게 무릎까지 꿇고 사정을 했다. '저를 잠깐 놔주시면, 옛날의 나로 돌아갈 수 있다.' 남편은 딱 10년간

복지관에 나갈 것을 허락했다. 할머니는 이곳 은빛봉사단에서 한국무용을 배워 요양병원과 사회복지시설에 공연 봉사를 했고 이것을 보람으로 느꼈다. 10년이 지나자 남편이 그만 가라고 했지만, 다시 무릎을 꿇고 '이제 안 가면 다시 증상이 도진다. 일주일에 세 번은 보내주셔야 한다'고 해서 복지관에 계속 나올 수 있었다.

할머니는 선배시민교육에 참여했다. 92세의 존슨 할아버지가 글을 배우고 사회에 참여하는 것을 보고 후배시민을 위해 나도 뭔가 해봐야겠다고 결심했다. 그러고 나서 다문화가정을 방문하고 이주민 여성에게 친정엄마 같은 역할을 하려고 했다. 선배시민대학 과정이 끝나고 학습동아리를 하자는 제안에 대해 참여자들이 나이를 먹어 몸이 안 따른다며 머뭇거리자 할머니가 말씀하셨다.

나보다 나이 많은 사람은 제외하고 나머지는 함께합시다. 공부만 하고 여기서 그치면 의미가 없습니다.

할머니는 배우는 것에 열심이었고 지각, 조퇴도 한 적이 없다. 늘 맨 앞에 앉아 새로운 것을 배우는 것을 두려워하지 않았다.

제가 인문학 강좌를 듣지 않았다면 내 가족밖에 모르고 살았을 겁니다. 인문학은 나와 세상이 무엇인지 알게 해주었습니다. 그리고 저는 이제 공동체 일에 참여하고자 합니다.

안산 단원구노인복지관 노인들의 말이다. 필자가 강사로 참여한 인문학 수업에서 노인들의 반응은 놀라움 그 자체였다. 그들은 진지하게 강의를 들었고 열띤 토론을 했다. 그리고 자신들을 선배시민으로 자각하기 시작했다.[9] 단원구노인복지관 노인들은 '상록회'라는 모임을 만들어 다양한 활동을 시작했다.

성남 중원노인종합복지관은 선배시민대학 수강 이후 토론 동아리 '디딤돌'을 만들어 활발한 활동을 하고 있다. 2016년에는 사회적 이슈를 놓고 정기적으로 토론을 벌였다. 먼저 저출생 문제에 관심을 갖고 스크랩북을 만들어 토론을 준비했다. 이후 지역의 다양한 문제를 놓고 토론하였고, 이렇게 스크랩북이 열 권 분량으로 정리되었다. 이들은 토론을 통해 사회문제에 깊이 접근했다. 특히 주목할 점은 주변의 청소년, 대학생 들과 함께 소통의 광장을 열었다는 점이다.

1기 어르신들은 토론 진행을 했고 그 이후에 시의회 방청을 1회 진행했어요. 후배시민과도 토론회를 개최했어요. 대학생 후배시민들은 어르신들과 그룹으로 한 주제에 대해서 이야기를 나누고 대화 내용을 정리해 적은 후에 앞에 나와서 얘기했는데요. 이걸 하고 나서 선후배 모두 서로를 잘 이해할

수 있는 자리였다는 얘기를 많이 했어요.[10]

이상에서 보듯이 선배시민들은 소크라테스처럼 나를 살펴보는 학습을 진행했다. 그리고 후배시민들과 함께하는 토론을 진행했다. 이를 통해 나와 나를 둘러싼 공동체에 대해 눈뜨기 시작했다.

헬렌 켈러처럼

선배시민교육을 수강하면서 노인들은 나를 넘어 지역에 대해 관심을 갖기 시작한다. 일상에서 부딪치는 문제들에 대해 민감하게 반응하고 대안을 제시하기도 한다.

저희 복지관 바로 앞에서 사고가 났어요. 대학 버스에 사람 다리가 깔리는 사고였어요. 선배시민 한 분이 이걸 안건으로 제시하시더라고요. 거기 과속방지턱이 하나 있으면 좀 더 안전하지 않겠느냐. 근데 어쩌면 이게 남의 일이잖아요. 그리고 아무도 복지관에서 이 사안에 대해 이야기를 하지 않았어요. 근데 이걸 우리 마을 혹은 공동의 문제라고 생각하고 있다는 것 자체가 변화된 점입니다.[11]

중원노인종합복지관의 건강관리 동아리들은 개인이 아니라 시민들의 건강을 고민하기 시작했다. 이 동아리들은 원래 당뇨, 고혈압 등에 대한 정보를 나누는 자조모임이었다. 2015년 출범 당시 목표는 건강에 관심이 있는 동년배들과 사회적 관계망을 형성함으로써 건강도 챙기고 친교도 하는 것이었다. 이에 따라 건강관리 동아리는 2016~2017년에 자가 건강관리 능력 및 심리적 안정감 향상을 위한 프로그램을 진행했다. 예를 들어 건강관리 동아리 중에 '진선미' 동아리는 당뇨가 있는 사람들이 많아서 당뇨 관리를 공부했다.

건강관리 동아리 회원들의 생각에 변화가 일어난 것은 2017~2018년 선배시민교육을 받은 후이다. 개인만이 아니라 지역사회가 건강해야 모두가 건강해질 수 있다는 것을 깨달았다.

> 기존 건강 프로그램은 의사들을 초대해서 고혈압, 당뇨 예방법을 공부하거나, 웰다잉을 위해 죽음 준비나 자산관리 등을 학습했습니다. 선배시민교육을 받고 나서 노인들은 '개인 건강은 그동안 충분히 공부했으니, 사회가 건강한지도 한번 봅시다'라면서 지역사회 체육시설을 조사했습니다. 그리고 조사 결과를 바탕으로 정책을 제안했습니다.[12]

다음 표에서 보듯이 중원노인종합복지관에는 '꽃사슴', '우정', '진선미'라는 명칭을 가진 건강관리 동아리들이 있다. 이들은 모두 선배시민교육을 받은 후 지역 차원의 건강 문제를 조사하고, 이를 개선하기 위한 실천을 했다.

중원노인종합복지관의 건강관리 동아리 활동

동아리명	학습 가치철학 교육 및 동아리별 실천 주제 선정	자각 지역 건강문제 조사	소통 공동체 건강 돌봄 논의 및 선배시민 실천

꽃사슴	모두가
	미세먼지 없는
	깨끗한
	환경에서
	살아갈 권리
	찾기
		1) 미세먼지 발생 원인 조사·
		  신문 스크랩, 토론
		2) 미세먼지 정책토론회 참석
		3) 성남환경운동연합회와의
		  차담회에서 미세먼지
		  발생 원인과 실천 방법에
		  대해 고민 시작
			미세먼지 없는
			깨끗하고 쾌적한
			공동체를 위한
			재활용 분리
			배출 캠페인 진행

우정	시민의 건강 증진을 위한 체육시설 조사	1) 성남시 공원의 장단점 조사 2) 지역 공원 개선점 진정서 제출	성남시 공원 이용 독려 캠페인
진선미	흡연자와 비흡연자가 공존할 수 있는 환경 조성	지역 내 흡연 실태 조사 실시	건강한 사회를 꿈꾸며 후배들을 위한 프리허그 진행

예를 들어 건강관리 동아리들은 2020년 성남시의 쓰레기 문제에 대해 토론했다. 성남시의 환경 관련 단체들과 이 문제에 대해 토론하고, 쓰레기 소각장도 직접 방문했다. 이 같은 경험을 통해 쓰레기 사태가 개인 차원의 분리수거 노력을 넘어 지역사회 차원에서 함께 고민하고 해결할 문제라는 인식을 새롭게 하게 되었다. 이후 선배시민들은 분리 배출에 앞장서고, 캠페인을 진행하고, 관내 라디오 방송에도 출연하는 등 성남시 쓰레기 사태 해결을 위해 발 벗고 나섰다.

건강관리 동아리들은 성남시의 미세먼지 줄이기 공모전에
도 응모했다. 제안명은 '미세먼지는 줄이고, 포인트는 쌓이
고! 함께해서 행복한 마을환경 만들기'이다. 다음 표에서 보
듯이 환경 포인트 앱 보급을 통하여 고객의 생활 속에서 자
원이 순환되는 구조를 만들 수 있는 아이디어를 제시했다.

어느 세대나 편하게 이용할 수 있는 간단한 앱을 개발하고,
반찬 용기나 텀블러 등을 사용할 수 있는 가게 또는 유리 공
병 수거가 가능한 슈퍼마켓을 대상으로 참여 가게를 모집한
다. 그런 다음 시민들이 개인 용기를 이용하거나 유리 공병을
가져올 때마다 금액의 1%포인트를 적립해준다. 1,000원 이
상 적립 시 나눔가게 내 지역화폐로 사용할 수 있도록 한다.

건강관리 동아리 미세먼지 줄이기 계획도

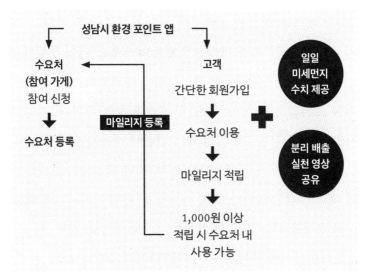

이 제안은 성남시 환경공모전에서 대상을 받았다.

이상에서 보듯이 선배시민들은 헬렌 켈러처럼 자신이 속한 공동체를 둘러봤다. 지역사회에 대해 조사하고, 발견한 문제점에 대한 문제의식을 갖고 대안을 모색하기 위해 노력했다.

은발의 표범처럼

선배시민들은 문제의 해결 방법을 정책과 제도에서 찾기 시작했다. 대표적인 사례가 진천군노인복지관 '선암회'의 조례 개정과 평택서부노인복지관 '평택사랑선배시민협의회'의 정책 제안이다. 선암회는 진천군노인복지관의 선배시민대학 졸업생들이 만든 모임으로, 삶의 경험과 지혜를 살려 민원해결사와 정책조언자가 된다는 목표를 가지고 있다. '선암先巖'이라는 이름은 선배로서 바위처럼 든든한 존재로 지역사회에 자리하기를 바라는 회원들의 염원을 담아 정했다.

선암회는 한 달에 한 번 정기모임에서 지역의 현안과 문제점을 토론하고 다음 달 주요 활동 계획을 마련한다. 취합된 자료들은 문제 해결을 위해 관계 기관에 제공하며 행정 조치, 조례 제·개정 등을 요구하기도 한다. 또한 회원들은 사회문제에 대한 식견을 높이기 위해 지자체 등 관계 기관과 간담회를 갖고 방청을 하는 등 의회 활동을 모니터링하고 있다.

선암회가 추진하는 주요 사업은 다음과 같다.

- 보행 안전을 위한 노인복지관－보건소－생거진천 종합사
  회복지관 인도 조성 사업
- 생활쓰레기 불법 투기 및 불법주차 단속 제안
- 하상주차장 안내판 설치
- 무인텔 난립 해결책 제안
- 장애인 안전사고 방지 사업
- 노인 대상 불법 상행위 근절책 제안 등[13]

  인도 조성 사업은 그동안 진천군노인복지관의 숙원사업이었다. 장애인복지관과 노인복지관을 오가는 인도가 협소한 데다 차가 자주 점거하는 등 문제가 많았다. 군청에 개선책을 여러 번 제안했지만 이렇다 할 성과가 없었다. 이런 상황에서 선암회가 문제를 제기하자 곧바로 나무 바닥으로 된 인도가 조성되었다. 이에 대해 당시 진천군노인복지관 정재택 관장은 '선암회는 우리의 든든한 울타리'라고 소개하며 자부심을 보였다.

  선암회는 이슈가 생기면 주기적으로 모여 토론한다. 인도의 문제점 해결을 위해 제안 전·중·후로 나누어 체계적으로 토론하면서 실천했다. 선암회는 무인텔 난립을 막기 위해 조례 개정도 시도했다. 선암회는 지역의 무인텔 실태와 문제점을 조사하고, 조례 개정을 건의했다. 진천군은 선암회의 제안을 받아들여 조례를 개정했다.

한편 평택서부노인복지관의 선배시민대학에서도 학습과 소통 과정을 통해 동아리들이 만들어졌다. 선배시민들은 자신들의 모임을 '평택사랑선배시민협의회'로 호명하고 선배시민으로서의 다짐을 결의했다.

평택사랑선배시민협의회는 사회적 약자를 돕는 실천부터 시작했다. 사회복지의 사각지대에 있는 소외된 사람을 찾아 지원하는 일이었다.

> 처음에는 복지 사각지대에 있는 분을 돕자는 의견이 많았어요. 우리가 선배시민으로서 그런 분들을 사회로 나올 수 있도록 해야 하지 않겠느냐는 의견이 많았어요.[14]

선배시민의 시야는 실천 과정에서 넓어진다. 사회적 약자에 한정된 시선은 지역과 후배시민으로 확장되었다.

> 올해에는 우리 자신이 행복하게 사는 데만 관심을 가지지 말고 폭넓게 보자고 어르신들끼리 이야기를 나누셨어요. 후배시민에게 유해한 것들을 직접 찾고 어떻게 해결하면 좋겠는지를 논의하기로 하시고 열두 가지 정도를 정리하셨어요.[15]

평택서부노인복지관의 선배시민 동아리는 지역의 현안에 대해 토론하고 구체적인 정책을 통해 이를 해결할 수 있도록 적극적으로 참여한다. 선배시민의 정책 참여는 소기의 성과를 거두고 있다.

토론에서 모아진 의견을 평택시 신문고에 올리셨어요. 이후
시에서 검토해서 평택사랑선배시민협의회 쪽으로 회신을 보
내왔어요. 계속적으로 검토해야 할 사항들이 있지만, 바로
개선할 수 있는 사안들은 우선적으로 시정 조치가 되었어요.
지역사회 안에서 그렇게 변화를 시도하고 있다는 것 자체가
성과인 것 같아요. 다양한 방법을 통해 내 목소리로 이야기
하고, 그 이야기한 것이 결과로 나타나는 것을 확인하는 과
정이 참 소중하죠.[16]

평택서부노인복지관의 선배시민 사례는 새로운 역할을 찾
고 있는 노인복지관들이 주목할 만하다. 선배시민들의 여가
시설에 머물렀던 노인복지관은 이제 정책을 토론하는 광장
으로 변모하고 있다. 선배시민들은 정치인을 초청해 정책에
대해 토론하기도 한다.

어르신들끼리만 토론하는 게 아니고 시의원님 세 분이 저
희 복지관에 초대되어서 다녀가셨어요. 그래서 초청토론회
까지 했어요. 우리 조직을 소개하고 어떤 활동을 했고 그 과
정에서 어떤 문제들을 발견했는지 등에 대해 이야기했습니
다.[17]

이상에서 보듯이 선배시민들은 조직을 만들고 정책과 제도 개선을 위해 노력했다, 마치 은발의 표범처럼. 선배시민들은 지역사회의 문제를 해결하기 위해 토론하고 제안하면서 공동체를 함께 변화시키기 시작했다.

3. 존재의 변화와 호모 폴리티쿠스

존재의 변화, 호모 폴리티쿠스

노인은 보통 현실에 순응하고 변화를 싫어하는 존재로 그려진다. 그러나 노인이 되었다는 것은 새로운 인생의 시작을 의미하기도 한다. 스위스의 정신의학자 폴 투르니에는 『노년의 의미』에서 노년이 쇠퇴기가 아니라, 생계를 위한 돈벌이에서 문화적 활동으로 전환하는 시기라고 주장한다. 문화적 활동이란 자신을 계발해서 꾸준히 발전하고, 인류의 발전에 기여하며, 직업 활동을 끝낸 후에도 지속될 수 있는 삶의 의미를 찾아내는 것을 의미한다.[18] 스위스의 정신의학자이자 심리학자인 카를 융의 주장에 따르면, 이 전환은 자신의 개성을 찾아내고, 삶이 지닌 의미를 이해하는 과정이다. 문화적 단계로서의 노년은 개성을 살리고 스스로에게 잠재된 모든 능력을 발휘하는 때이다.[19]

선배시민은 이런 전환에 부합하는 존재이다. 선배시민으로 자신을 자각하고 마음과 행동이 달라진 노인은 이렇게 말한다.

'내가 이렇게 의미 있는 존재인 줄 몰랐다. 그런데 왜 이제 와서야 이 이야기를 해주는가!'

선배시민들은 존재의 의미에 대해 더 일찍 알았더라면 지금의 모습과는 다른 삶을 살았을 것이라고 한다. 진천군에서 만난 한 노인은 '선배시민으로서 마을을 보니 너무 할 일이 많다. 눈에 띄는 것은 다 문제로 보인다'라고 말한다.

노인들의 변화는 사회복지사들에게 신선한 충격을 주었다. 그들 눈에 선배시민들은 독특한 존재이다.

> 사회복지사들끼리 얘기하는 게 선배시민대학 어르신들은 달라, 뭔가 달라 해요. 그분들은 이동도 자율적으로 다 하시거든요. 뭔가 과제를 드리거나 하면 알아서 고민하시고 행동하시고 결과까지 만들어내시죠.[20]

선배시민의 마음과 행동의 지향점은 불쌍한 사람을 도와주는 것에서 불쌍한 사람이 생기지 않는 사회로 바뀐다. 이것은 정치적인 행위이다. 개인과 가족만을 생각하는 경제적인 동물에서 공동체를 인식하는 존재로의 변화가 시작된 것이다. 자본주의 국가에서 호모 이코노미쿠스가 호모 폴리티쿠스가 될 수 있었던 것은 노인이 자신을 선배시민으로 자각하고 이에 걸맞은 실천을 모색했기 때문이다.

늙은이와 어르신은 정치에 중립적이어야 한다고 믿고, 정치를 혐오하는 경우도 많다. 이들은 권력에 순응한다. 액티브 시니어는 정치에 적극적이다. 투표권을 갖고 행사하는 데 관심이 많다. 선배시민은 여기서 한 발 더 나아가 자신을 정치적 존재로 인식하고 제도 정치뿐만 아니라 일상의 정치에 적극적으로 참여한다.

선배시민에게 정치란 자기 목소리로 나를 둘러싼 공동체에 참여하는 행위이다. 따라서 선배시민은 자기 공간, 예를 들어 마을, 학교, 직장 등에서 공동체의 일에 대해 이야기하고 적극적으로 참여해야 한다. 이런 일상의 정치는 제도와 시민사회와 국가를 변화시켜나갈 것이다.

조직하는 선배시민

선배시민으로 자각한 노인들은 타인과의 관계에서부터 다른 모습을 보인다. 타인이 보이기 시작한다. 그리고 그들과 토론하는 동료가 된다.

선배시민교육을 받으셨던 분들은 다른 어르신들과 융화하려는 모습을 보이세요. 신규 이용자가 방문했을 때 본인이 먼저 다가가서 안내해주시고 복지관 내 소통을 위해 역할을 많이 하세요. 어르신 간의 소통은 물론 직원과 어르신들의 소통을 위해서도 많이 힘써주세요. 전체적인 융화를 위해서도 많은 역할을 하고 계세요.[21]

토론하는 동료들은 함께 공동체로 나아간다. 이를 위한 기반은 조직이다. 평택의 선배시민들이 평택사랑선배시민협의회를 만들었다면, 성남의 선배시민들은 디딤돌이라는 모임을 만들었다.

디딤돌은 사람들이 디디고 다닐 수 있는 평평한 돌이라고 해요. 우리 어르신들이 후배들, 그러니까 후배시민들이 디디고 다닐 수 있는 돌이 되자라는 의미로 디딤돌로 정했어요. 저희 김광수 어르신께서 디딤돌이 어때요? 라고 조용하게 얘기하셨는데, 다들 동의하셨어요.[22]

현재 디딤돌은 토론 모임, 관내 선배시민 캠페인, 청소년 멘토링, 금연 홍보 등 다양한 활동을 하고 있다. 자각한 노인들은 토론 모임을 지속하는 가운데 지역사회의 문제가 제기되면 이를 해결하기 위해 구체적인 활동을 제안하고 실천한다. 지역사회의 문제를 단기·중기·장기 과제로 구분하고 어떻게 해결할 것인지 논의한다.

일례로 디딤돌은 모란시장의 금연 홍보 및 흡연 부스 설치 문제를 장기 과제로 보고, 자료조사와 홍보 등을 적극적으로 했다. 관계 기관과의 연계를 통한 문제 해결도 시도했다.

> 제가 복지관에서 뵌 선배시민들은 존경스럽기까지 해요. 예
> 전에는 노인에 대해 그런 마음이 없었거든요. 맨날 뭔가 달
> 라 그러고 자기밖에 모르고 툭하면 소리 지르고, 목소리 크
> 면 다 되는 줄 알고…. 노인에 대해 이런 인식이 저한테도 있
> 었거든요. 근데 선배시민대학 수강생들을 뵈면서 뭔가를 하
> 려고 하는 의지, 열정 같은 것을 봤어요. 그리고 '나'가 아닌
> 지역을 위해서 한번 함께 해보자는 생각을 가지고 또 하려고
> 하는 행동도 보이시니까 저도 시각이 달라졌어요.[23]

선배시민의 자각과 실천은 사회복지사의 노인에 대한 시
선과 태도를 변화시키고 있다. 자기중심적이고 의존적이라
서 부담스러웠던 노인이 선배시민대학을 통해 존경스러운
선배시민으로 달라지는 모습을 실제로 목격했기 때문이다.

상상은 지속된다

한국의 노인은 그동안 늙은이, 어르신, 액티브 시니어
로 인식되어왔다. 선배시민은 필자들이 노인 대상 교육을 하
면서 2009년부터 제안하고 있는 대안적인 담론이다. 이 담론
을 이론화하면서 '시민교육과 사회정책을 위한 마중물(이하
사단법인 마중물)'이 중심이 되어 일부 복지관과 도서관에서

선배시민대학을 운영했다. 선배시민교육은 한국노인종합복지관협회(이하 한노협)가 2016~2017년에 선배시민대학을 운영하면서 활성화되었다. 2018~2019년에는 선배시민 자원봉사를 실천했다. 이때 선배시민론은 노인 활동이 권리형 자원봉사로 확장될 수 있다는 것을 보여줬다.

권리형 자원봉사를 실천하던 선배시민들은 구체적인 정책을 고민하는 단계에 이르렀다. 2019년 9월 한국방송통신대학교(이하 방송대) 전주지역대학에서 한노협 주최로 선배시민토론회를 개최했다. 이때 '탈북모자 아사사건'(2019. 9. 21.)과 여인숙 장기투숙 노인사망사건(2019. 8. 19.)을 소재로 토론했다. 열 명씩 조를 만들어 토론하고, 조별 발표를 했다. 이때 필자는 정리 강의에서 다음과 같이 말했다.

한국사회에서 평범한 노인들이 사회문제를 집단적으로 토론하고 문제를 제기한 사례는 거의 없습니다. 우리나라 「노인복지법」은 1981년 제정되었습니다. 이는 저소득 취약계층 노인을 주요 대상으로 합니다. 급속한 고령화 속에 우리 사회의 노인 관련 제도와 정책은 선배시민의 철학과 실천을 담아내지 못하고 있습니다. 이제 선배시민들이 공동체의 문제에 대해 지속적으로 관심을 갖고, 정책하는 존재가 되어야 합니다.

이 자리에서 한노협 전용만 회장은 정책대회를 약속했다.

그리고 2020년 12월 한노협(회장: 박노숙)은 선배시민 지역총회를 거쳐 선배시민정책대회를 개최했다. 이로써 선배시민은 학습하고, 실천하고, 정책하는 존재가 되었고, 앞으로도 이 같은 변화는 계속될 것이다. 이 모든 과정이 가능하려면, 학습을 통해 선배시민의 철학을 알고 실천하려는 시민들이 풀뿌리처럼 광범위하게 존재해야 한다. 이를 위해 선배시민을 대상으로 한 교육은 물론 이들을 교육할 강사 양성이 필수적이다. 2024년 현재 사단법인 마중물의 '선배시민지원센터'는 마중물민주시민대학에서 선배시민교육과 강사 양성을 하고 있다.

선배시민론은 대학으로 확장되고 있다. 방송대 사회복지학과 학부에 〈선배시민론〉 교과목을 개설했다. 방송대 대학원을 시작으로 다른 대학의 대학원에서도 선배시민론을 체계적으로 다루려는 움직임이 나타나고 있다. 한노협도 선배시민 강사 과정(선배시민 클래스 100)을 진행해왔다. 현재 사회복지 현장, 특히 노인복지관은 선배시민 철학을 사업과 프로그램에 녹여 실천 중이다. 중원노인종합복지관은 자체적으로 선배시민 워크북을 만들어 선배시민교육을 하고 다양한 실천 노력을 기울이고 있다. 이런 실천은 50플러스센터, 자활센터, 도서관, 마을 만들기 등으로 확산되어왔다.

선배시민 운동은 어디로 가야 할까? 선배시민교육은 기본적으로 시민교육이다. 시민은 자기 목소리로 공동체에 참여할 권리와 의무를 가진 존재이다. 따라서 시민교육은 자신이 첫째 자기 목소리로 말할 자유를 가진 존재이고, 둘째 시민으로서 권리와 의무를 가진 존재이며, 셋째 공동체에 참여하여 당당하고 풍요로운 공동체를 실현하는 존재라는 인식을 공유하는 과정이다. 노인에게만 특화된 시민교육이 아니라 전 연령대 시민들에게 보편적으로 적용해야 하는 교육이다. 따라서 모든 시민을 대상으로 교육할 수 있는 콘텐츠를 개발해야 한다. 또한 교육에만 그치는 것이 아니라 이론과 실천을 연계하는 프락시스를 해야 한다. 더 나아가 학습동아리를 조직해 토론과 실천을 일상적으로 할 수 있는 체제를 갖추어야 한다.

선배시민 운동은 한국사회를 변화시키는 핵심 동력이 될 것이다. 경기도는 선배시민조례를 제정하고 이를 구체화하기 위해 선배시민 연구 프로젝트를 진행했다. 이 연구는 노인복지의 6대 사업을 선배시민의 철학을 지향하는 사업으로 전환하는 방법을 담고 있다. 또한 커뮤니티 광장으로서 선배시민지원센터 건립을 제안하고, 선배시민의 실천이 사회복지 현장을 넘어 사회적인 운동이 되어야 할 필요성을 강조하고 있다.

향후 한국사회 사회운동의 중심은 노년운동이 될 것이다. 1980년대에 학생운동이, 1990년대에 노동운동이, 2000년대에 시민운동이 사회운동의 중심에 있었다면, 2020년 인간화된 세상을 위한 운동은 노년운동이 이끌 것이다. 누구도 배고프지 않은 소크라테스의 공동체를 이루기 위해서는 시민권을 주산물로 하는 국가농사를 잘 지어야 한다. 이 같은 변화는 더 이상 자식농사로 노년을 보장받을 수 없는 노인들이 선배시민으로 자각하는 것에서 시작된다. 노인의 수가 지속적으로 늘고 있다. 특히 한국사회가 초고령사회로 향하고 있는 가운데 베이비부머들이 노인 세대로 진입하고 있다는 데 주목해야 한다. 이들은 민주화를 경험한 세대로서 산업화 세대의 노인과 다른 특징을 지닌다.

필자는 선배시민 운동의 지향을 노래 〈호모 폴리티쿠스〉에 담았다.

1절
생각하는가 생각당하는가
우리는 세상을 읽는다, 토론하는 동료와 함께
이상이 일상이 되도록 상상하고 상상하라. 상.상.상.상.

2절
변화하는가 안주하는가
우리는 세상을 만든다, 내 공간에서 나답게
상상이 일상이 되도록 마을에서 실천하라. 상.상.마.실.

3절
창조할 것인가 따라갈 것인가

우리는 역사를 일군다, 모두의 자유를 위해
우리가 걸어가면 새로운 길이 될 것이다. 우.걸.새.길.

후렴
이상이 일상이 되도록 상상하고 상상하라. 상.상.상.상!
상상이 일상이 되도록 마을에서 실천하라. 상.상.마.실!
우리가 걸어가면 새로운 길이 될 것이다. 우.걸.새.길!

이 노래는 선배시민의 상상, 실천, 역사적인 역할을 담고 있다. '정치의 삼각형'에 따르면, 어떤 세력이 자신의 철학을 정책으로 관철하는 것이 정치이다. 이때 정치는 의미를 묻는 실천, 즉 프락시스를 의미한다. 2009년부터 시작된 선배시민 철학을 심화하고 발전시키는 역할은 2022년에 창립된 선배시민학회가 담당하고 있다. 선배시민 철학을 실현하기 위한 세력의 구심점은 2024년에 창립된 당사자 운동단체인 선배시민협회이다. 2023년에 경기도선배시민조례가 제정되었고, 2024년 현재 제주도, 전라북도 등 다양한 지자체에서 조례가 만들어졌거나 만들기 위한 논의가 진행 중이다. 우리가 걸어가면 새로운 길이 될 것이다.

epilogue. 철학은 엄격하게 실천은 유연하게

철학은 엄격하게

노인은 저마다 다른 경험, 성격, 개성, 생각을 가진 존재이다. 그런데 나이가 들었다는 이유만으로 하루아침에 No 人으로 인식되는 불쌍한 사람이 된다. 어떻게 해야 나이 든 보통 사람으로 평범한 삶을 살아갈 수 있을까? 시민과 인간으로 늙어가면 된다. 이때 빵은 인간답게 살 수 있는 최소한의 조건이므로 국가가 시민의 기본 권리로 보장해야 한다.

노인은 시민으로 당당하게 늙어갈 수 있어야 한다. 이것이 가능한 사회를 만드는 출발점은 노인들이 빵을 품위 있게 얻을 권리를 가진 존재, 즉 시민으로 자신을 인식하는 것이다. 이상은 저절로 실현되지 않는다. 시민으로서 자신의 권리를 자각하고, 자기 목소리로 공동체에 참여하여, 자신의 의무와 권리를 실천할 때 가능하다. 또한 선배시민은 선배로서 후배들과 시민성을 나누고, 시민권을 기반으로 후배시민과 함께 공동체를 돌봐야 한다. 이런 내용을 필자는 「선배시민 선언문」[1]에 담았다. 선언문은 세 부분으로 구성되어 있다. 첫째, 선배시민이라는 존재의 선언, 둘째, 시민의 집인 공동체에 대한 선언, 셋째, 선배시민의 실천에 대한 선언이다.

「선배시민 선언문」첫 번째 부분은 노인의 정체성을 담고 있다. 노인은 선배시민, 즉 시민이자 선배이다.

우리는 선배시민이다.

우리는 시민이다. 공동체에 대한 권리와 의무를 가진
시민이다.
우리는 선배이다. 후배시민과 소통하고 공동체를
돌보는 일에 앞장서는 선배다.
그러므로 우리는 최소한 인간답게 살 수 있는 권리를
요구하고 후배시민과 함께 공동체를 돌보는 의무를 다한다.

선배시민은 시민으로서 시민들의 안전과 행복을 추구할 권리를 갖는다. 이 권리는 개인과 가족의 차원을 넘어 공동체가 노력해야 실현될 수 있다. 「베버리지 보고서」에서 말한 것처럼 이 공동체에 다섯 개의 악, 즉 소득 결핍, 무지, 질병, 불결, 나태가 들어오지 못하도록 했을 때 실현 가능하다. 선배시민은 시민으로의 권리를 자각하고 선배로서 이 거인들을 막는 일을 앞장서서 실천해야 한다.

「선배시민 선언문」 두 번째 부분은 선배시민이 상상하는 세상에 대해 말한다.

우리는 서로에게 당당하고 풍요로운 세상을 꿈꾼다.

우리는 돈, 지위, 학벌 앞에 침묵하고 순응하는 것이
아니라 누구나 당당하게 말할 수 있는 정의로운 세상을
꿈꾼다.
우리는 시민들을 위협하는 사회적 위험에 함께 맞서
누구나 안전하고 생존의 문제를 걱정하지 않는
풍요로운 세상을 꿈꾼다.
그러므로 우리는 차이가 편안히 드러나는 광장에서
서로에게 당당하고 풍요로운 세상에 대해 말하고
상상할 것이다.

선배시민의 세상은 첫째, 당당한 시민이 존재한다. 시민은 자기 목소리를 갖고 공동체에 참여하는 존재이다. 둘째, 이를 위해 공동체가 풍요로워야 한다. 안전하고 생존의 문제로부터 해방되어야 한다. 셋째, 당당한 시민이 풍요로운 공동체에 대해 광장에서 말해야 한다. 차이가 편안히 드러나는 광장의 시민은 그들의 목소리로 자유와 평등의 공동체를 설계하고 만들어나간다.

지금까지 살펴본 선언문은 노인이 시민이자 선배라는 것을 자각하고, 시민권을 실현함으로써 모두가 당당한 공동체를 꿈꾸는 내용을 담고 있다. 「선배시민 선언문」 세 번째 부분은 실천을 강조한다.

우리가 걸어가면 길이 된다.

우리는 무기력한 늙은이도, 자신과 가족만을 생각하는
개인주의자도 아니다.
우리는 선배시민이 되기 위해 늘 함께 생각하고,
질문하고, 상상할 것이다.
우리는 이제 더 이상 돌봄의 대상이 되기를 거부하고,
후배시민과 공동체를 돌보는 일에 적극적으로
참여할 것이다.
그러므로 우리 선배시민이 걸어가면 그것은 곧
공동체의 새로운 길이 될 것이다.

선배시민은 이상을 일상, 즉 현실로 만들기 위해, 첫째, 함께 상상한다. 둘째, 적극적으로 참여한다. 셋째, 공동체의 새로운 길을 만든다.

「선배시민 선언문」은 이 책을 관통하는 주제와 내용을 압축해서 담은 것이다. 첫 번째 선언은 선배시민 존재론에 대한 것이다. 나는 누구인가, 나는 선배시민이다. 두 번째 선언은 선배시민의 공동체 비전이다. 즉 시민들은 서로에게 부끄럽지 않고 당당한 세상을 꿈꾼다. 당당한 세상이란, 돈과 직위 때문에 상대를 부러워하지 않고, 그 앞에서 부끄러워하지 않는 세상이다. 또한 이것은 차이가 편안히 드러나는 세상이다. 차이가 편안히 드러나는 세상이란 지위 고하를 막론하고 누구나 자신의 의견을 말할 수 있고, 차별과 우열이 아닌 평등과 차이의 세상을 말한다. 세 번째 선언은 선배시민의 실천론이다. 나는 무엇을 해야 하는가? 선배시민의 비전을 실현해야 한다. 이로써 우리는 노인이 시민으로 사는 세상으로 가는 길을 닦는 존재가 될 것이다.

실천은 유연하게

이상이 일상이 되도록 상상하라.
우리가 걸어가면 길이 된다.

두 문장은 선배시민론의 핵심 모토이다. 여기서 말하는 이상은 선배시민 차원에서 무엇인가? 그것은 선배시민 운동의 방향, 관점, 철학을 의미하는 것으로 「선배시민 선언문」에 담겨 있다. 선배시민은 시민으로서, 시민선배로서 그리고 인간으로서 자신을 당당한 존재로 자각하고, 불쌍한 사람이 생기지 않는 누구에게나 풍요로운 공동체를 꿈꾼다. 철학은 방향타이기 때문에 타협의 대상이 되어서는 안 된다.

철학이 엄격하다고 해서 실천까지 엄격해야 하는 것은 아니다. 이상을 일상으로 만드는 실천은 유연해야 한다. 왜 유연성이 중요할까? 우리가 선배시민 실천에서까지 엄격함을 고수하려 할 경우, 선배시민이라는 이상이 소수의 공상에 그칠 우려가 있기 때문이다. 선배시민 철학에 동의하지 않는 사람이 있다면 토론과 타협의 과정을 거쳐야 한다. 따라서 선배시민의 이상을 실현하는 과정은 현실에 발을 디딘 가운데 이뤄져야 한다. 결과적으로 차이가 편안히 드러나는 광장에서 토론하는 벗들과 함께 이상을 실현하는 일상화의 과정은 불가피하다. 이상이 일상이 되는 선배시민의 실천 원칙은 다음과 같다.

〈원칙 1〉 글자가 아닌 세상을 읽자.
〈원칙 2〉 토론하는 동료들과 함께하자.
〈원칙 3〉 자신의 공간을 커뮤니티 센터로 만들자.
〈원칙 4〉 내 공간에서 나답게 실천하자.

〈원칙 1〉은 프레이리 교육학의 핵심이다. 글자 읽기가 앎을 교양이나 지식으로 국한하는 것이라면, 세상 읽기는 내가 살고 있는 세상을 사회적 권력관계와 공동체 속에서 이해하는 과정이다. 세상 읽기는 우리가 걸어갈 길의 방향을 잡는 토대가 된다. 그렇다면 어떻게 이것을 실현할 것인가? 명망

가나 정치가의 이슈 치고 빠지기에 기대할 수는 없다. 전문가나 활동가가 아닌 시민들이 자기 목소리를 스스로 낼 때, 세상은 변할 수 있기 때문이다. 세상 읽기는 혼자가 아니라 함께 해야 하고, 토론 속에서 해야 한다. 토론하는 동료들이 세상을 바꿀 수 있다고 믿는다.

토론하는 동료들과 함께하는 것이 실천의 〈원칙 2〉이다. 노인의 경우, 특히 우정이 행복의 필수요소이다. 동료들뿐만 아니라 세대를 넘나드는 우정, 즉 후배시민과의 소중한 우정이 필요하다.[2] 이는 노인이 사회적 관계와 공동체 속에서 살아갈 수 있는 원동력이기 때문이다.

〈원칙 3〉은 자신의 공간을 케어의 공간이 아니라 커뮤니티 거점 센터로 만드는 것을 의미한다. 노인복지관의 경우 그동안 불쌍한 사람을 돕는 케어센터였다. 이곳에 오는 사람들은 도움을 필요로 하는 클라이언트였다. 이제 이 공간은 시민들이 와서 지역사회 문제를 토론하는 곳이 되어야 한다. 복지관뿐만 아니라 도서관, 주민자치회, 협동조합 등도 편의를 위한 이용시설을 넘어 시민들의 토론의 광장이 되어야 한다.

〈원칙 4〉는 내 공간에서 나답게 실천하려는 노력의 중요성을 강조한다. 거창한 것만 실천이 아니다. 소크라테스처럼 자각하고, 헬렌 켈러처럼 내 주변을 둘러보는 것, 은발의 표범처럼 공동체를 바꾸는 것 등이 실천인데, 내 공간에서 나답게 시작하면 된다. 프로그램과 학습모임에 참여하는 것에서부터 시민단체, 노년 유니온, 협동조합, 마을 만들기, 의회 모니터링단, 정당 서포터즈 등 다양한 방법이 존재한다.

늙음은 고독일 수도 있고 자유일 수도 있다. 고립일 수도 있고 연대일 수도 있다. 편협함일 수도 있고 지혜로움일 수도 있다. 고통일 수도 있고 평안함일 수도 있다. 이것은 정해져 있는 것이 아니라 늙음을 어떻게 해석하고 어떤 공동체를 만드는가에 달려 있다. 선배시민론은 누구나 어떤 상황에서라도 보통 사람으로 살 수 있도록 인생길을 새롭게 해석하고 안전한 시민의 공동체를 만드는 마중물이 되려 한다. 토론하는 동료들과 함께 떠나는 즐거운 소풍길을 예비하는 길잡이가 선배시민이다.

나이 든 보통 사람이 만들어가는 운명

선배시민 운동은 누구나 나이 들어도 보통 사람으로 살 수 있는 세상을 꿈꾼다. '나이 든 보통 사람'은 빵을 걱정하지 하지 않고, 삶의 의미가 있으며, 이것을 함께 나눌 친구가 있어야 한다. 하지만 실제 노인들은 빵의 결핍을 걱정하고, 연령차별주의 속에서 비인간으로 살아가고 있다. 특히 우정을 나눌 친구가 없어 고독 속에 있다. 이 문제의식을 〈나이 든 보통 사람〉이라는 노래 가사에 담았다.

1절
보통 사람이란 누구일까
직장이 있어 적어도 배고프지 않을 것
친구들이 있어 적어도 사회적 우정을 나눌 것
왜 사는지 하나쯤의 이유는 있어서 의미 있는 삶이라고
여길 것

2절
노인은 보통 사람일까
퇴직한 이후 늘 생존의 문제를 걱정한다
가족과 친구 들을 떠나보내서 고독 속에 있다
쓸모없는 존재로 짐짝 취급을 받고
고립되어 있다

3절
나이 든 보통 사람은
빵과 장미를 권리로 누릴 수 있어야 해
공동체에 참여하여 새로운 우정을 만들어야 해
좋은 공동체를 마중하는 선배시민으로 자기 목소리를
내야 해

후렴
쉬워 보이지만 어려운 길, 보통 사람
나이 든 보통 사람이 가능할까

정해진 인생의 길은 없다
노년의 길은 우리가 만들어갈 운명이기 때문이다

노래 가사에서 보듯이 '나이 든 보통 사람'의 삶은 저절로 주어지지 않는다. 자신의 운명을 개척해야 한다. 노년의 새로운 운명을 만들어가기 위해 노년운동을 해야 한다. 이상이 일상이 되도록 상상하고 상상하는 것을 넘어서서, 그 상상이 일상이 되도록 도처에서 실천해야 한다.

부록_선배시민론을 공부하며 만난 질문들

1. 선배시민과 시민선배의 차이는 무엇인가요?

이 책에서는 노인을 선배시민과 시민선배라고 부른다. 어떤 차이가 있을까? 앞의 단어를 괄호 안에 넣어보면 (선배)**시민**과 (시민)**선배**가 된다. 즉 노인은 시민이자 선배이다. 시민이 시민성과 시민권을 소유한 존재라면, 선배는 직장선배, 동네선배, 군대선배 등 특정 범주에서 경험, 경력, 나이 등이 많은 사람을 의미한다. 이를 토대로 두 개념을 풀어 써보자.

(선배)시민=(경험, 경력, 나이 등이 많은)시민
(시민)선배=(시민성을 갖는 존재로 시민권을 권리로서 얻기 위해 실천하는)선배

선배시민은 노인의 존재론적인 속성, 즉 시민성과 시민권을 가진 시민이라는 점을 잘 드러내는 말이다. 한편 시민선배는 선배는 선배인데 시민됨에 있어 선배라는 측면, 즉 노인이 후배들과 함께 시민의 권리를 위해 실천하는 모습을 담고 있다. 결론적으로 선배시민과 시민선배는 노인의 모습에 대한 강조점이 다르다. 선배시민은 시민의 특성을 강조한다면, 시민선배는 선배의 특성을 부각하는 것이다.

강의 도중에 질문을 받았다. "선배시민이라는 개념은 이해가 된다. 노인을 지칭하기 위해 앞에 '선배'라는 단어를 써야 하기 때문이다. 그런데

선배시민과 시민선배

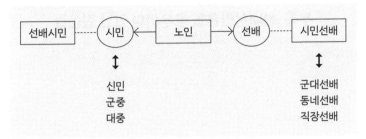

시민선배는 그냥 선배라고 써도 될 것을 왜 시민이라는 말을 붙여서 헷갈리게 하는가?" 이것은 중요한 질문이다. 선배시민론 공부를 시작할 당시, 필자도 선배시민이라는 개념만 염두에 두었지 시민선배라는 개념은 생각하지 않았다. 선배시민론에서 선배는 당연히 시민권을 추구하는 선배라고만 생각했기 때문이다. 그런데 실천 현장을 다니다 보니 선배시민론을 시민성과 시민권이라는 시민의 측면에서가 아니라 솔선수범하는 선배의 모습으로만 이해하는 경우가 많았다. 즉 선배시민론을 시민권과 관련된 시민론이 아니라 후배를 위해 희생하는 선배론으로 오해하는 경향이 있었다.

따라서 그냥 선배가 아니라 시민으로서의 선배임을 강조할 필요성이 생겼다. 그래서 선배시민론 강의를 할 때 다음과 같이 말한다. '노인은 시민이자 선배인데, 이때 선배는 시민으로서의 선배, 즉 시민선배입니다. 선배시민론은 선배론이 아니라 시민론입니다.'

2. 선배시민은 Know人과 액티브 시니어와 어떻게 다른가요?

노인의 특징이 반영된 용어로 Know人과 액티브 시니어가 있다. Know人은 경험과 지혜를 가진 현자의 이미지를 내포하고 있다면, 액티브 시니어는 건강하고 활동적이며 주체적으로 삶을 살아가는 존재이다.

선배시민은 노인을 시민이라는 관점에서 규정하는 용어이다. 즉 노인은 시민으로서 권리를 갖는 존재이며, 이런 시민의 권리를 알고 공동체의 일을 하며 실천해야 한다. 다음 표에서 보듯이 Know人의 Know(앎)를 개인적 측면에서만이 아니라 시민이라는 차원에서도 접근해야 한다. Know人은 시민의 권리와 의무를 가진 존재로서 권리를 관철하기 위해 자신의 의무를 다해야 한다는 것을 '아는' 존재이다. 즉 Know人의 덕목으로 시민의 측면에서의 앎이 강조되어야 한다.

한편 액티브 시니어는 청바지를 입은 노인이라고 표현될 정도로 노인이 되어서도 적극적으로 활동하는 존재이다. 취미, 여가, 직업, 교양 등의 영역에서 활력 있는 삶을 살아가는 존재이다. 이때 액티브한 측면은 개인의 삶에 초점이 맞춰져 있다. 반면 시민은 자기 목소리로 공동체에 참여하는 존재이다. 즉 시민의 측면에서 노인은 공동체 일에 관심을 갖고, 시민의 권리에 관한 결핍에 맞서는 일을 위해 액티브(활동)해야 한다.

이상에서 보듯이 일반적으로 통용되고 있는 Know人의 'Know'와 액

시민권의 측면에서 본 Know人과 액티브 시니어

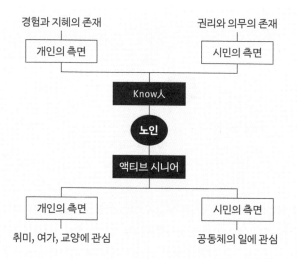

티브 시니어의 '액티브'는 시민성이라는 개념이 결여되어 있었다. 따라서 선배시민이라는 측면에서 다시 규정해볼 때, Know人이 알아야 할 것(Know)의 핵심으로 시민권을, 액티브 시니어가 활동해야 할 것(액티브)으로 시민권을 공동체에 관철하는 활동이라는 의미가 추가되어야 한다.

3. 선배시민이라는 용어가 등장했으니 이제 어르신이라는 호칭은 버려야 할까요?

서구에서는 상대방을 이름으로 부르기 때문에 노인일지라도 호칭 선택의 어려움이 없다. 그런데 한국에서 노인에 대한 마땅한 호칭을 찾기가 어렵다. 노인복지관에서 자주 쓰는 호칭은 어르신이다. 어르신보다 더 친근한 것이 어머님·아버님이고, 조금 점잖은 말이 선생님이다. 그런데 이 호칭들에는 결함이 있다. 이 호칭들을 들은 노인들은 '나 선생 아닌데', '내가 당신 어머니야?', '어르신이라고? 뒷방 늙은이 취급하지 마' 등의 반응을 보이기 때문이다.

노인에 대한 호칭

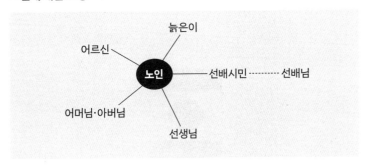

그렇다면 선배시민론에서는 노인에 대한 호칭을 무엇으로 하자는 것일까? 선배시민론을 받아들인 노인복지관에서는 '○○○ 선배시민이 말씀하셨다'거나 '○○○ 선배님'으로 노인에 대한 용어를 바꾸어 사용하는

경향이 있다. 이것은 마땅한 것일까?

엄밀하게 말하면, 선배시민론은 일종의 노인에 대한 존재론이자 실천론이다. 노인의 존재에 대한 특징과 본질에 대한 해석을 시도하고 시민선배로 공동체에 참여해야 한다는 실천론을 담고 있는 것이다. 즉 선배시민론은 노인이라는 존재의 실천에 대한 논의이지 개개인을 부르는 호칭에 관한 논의는 아니다. 따라서 어르신, 어머님·아버님, 선생님 등 기존의 호칭을 폐기할 필요는 없으며, 선배님, 선배시민님 등의 호칭을 추가하는 것도 개개인이 자유롭게 선택할 수 있다.

4. 선배시민론은 똑똑한 노인만 이해할 수 있나요?

선배시민론에 대한 큰 오해가 있다. 선배시민론은 어렵기 때문에 식자층인 노인들만 이해할 수 있다는 생각이다. 과연 그럴까? 선배시민론을 이해하려면 시민권 이론을 이해해야 하는 것은 사실이다. 그런데 시민권은 거창한 것이 아니다. 시민권에 대해 다음과 같이 이야기하면 누구나 이해할 수 있을 것이다.

'공동체의 일원, 즉 시민이라면 누구나 어떤 상황에서도 소득, 의료, 교육, 주택, 돌봄 등의 영역에서 인간답게 살 권리가 있고, 국가는 이를 보장해줄 존재의 이유가 있다.'

문제는 시민권 이론을 이해하기 어려운 것이 아니라, 이것을 인정하기 어렵다는 데 있다. 시민권이 보장되려면 소득 이전이 되어야 한다. 따라서 시민권은 가난의 책임에 대한 인식의 문제, 세금 납부의 문제, 불평등에 대한 인식의 문제, 연대의 문제와 관련이 있다. 강의를 하다 보면 빈곤한 동네보다 부유한 동네의 노인들이 시민권에 더 부정적인 경우가 많다. 이들은 복지에 대해 비판적이다. 이처럼 시민권을 권리로 인식하고 자신이 권리의 결핍 상태에 있다고 느끼는 사람이 더 쉽게 선배시민론을 이해한다.

선배시민론이 지식의 문제가 아니듯, 시민이라는 존재도 똑똑한 사람만 될 수 있는 것은 아니다. 지능 지수로 내 자식의 자격이 결정되지 않듯이, 시민은 기본적으로 특정 국가에서 태어난 국민이기만 하면 될 수 있다. 즉 시민이라는 지위는 똑똑한 사람에게만 주어지는 것이 아니라, 천부인권처럼 하늘로부터 부여된다. 시민은 누구나 자기 목소리를 갖고, 공동체 일에 참여한다. 자기 목소리는 어린아이부터 노인까지, 무학자에서 식자층까지, 성별과 상관없이 누구나 가진다. 그리고 이런 목소리를 통해 공동체에 자신의 권리, 의무, 관계를 이야기하고 형성해간다.

선배시민론은 노인의 시민권에 관한 이론이다. 똑똑한 노인만이 아니라 누구나 자신의 권리와 결핍을 이야기할 수 있다. 선배시민론은 어려운 것이 아니다. 선배시민론을 받아들이느냐의 문제는 선배시민으로서 권리에 대한 인식과 인정의 여부에 달려 있다.

5. 선배시민론은 민원 발생의 원인으로 너무 정치적인 것은 아닐까요?

'노인들의 권리 의식이 높아지면 민원이 발생할 소지가 많다. 선배시민론은 노인의 권리에 대한 이론이기 때문에, 민원 발생의 요인이 될 것이다!'

복지관에서 강의를 할 때 한 사회복지사가 한 말이다. 과연 그럴까?

선배시민론은 시민의 권리와 선배의 의무에 대해 이야기한다. 선배는 후배들을 시민이자 동료로 대우해야 한다. 그리고 잃을 것이 없는 노인은 후배들을 대변해야 한다. 특히 시민으로서의 선배는 시민권을 보장받기 위해 노력함으로써 모든 시민이 인간다운 삶을 살 수 있도록 해야 한다.

선배시민론 강의가 끝나면 노인들은 그냥 가지 않고 책상 등을 정리한다. 한 노인에게 이유를 물었다. 그가 답했다. '내가 선배시민이잖아! 사

회복지사들은 내 후배고! 그러니까 내가 도움을 줘야지.'

어떻게 이것이 가능할까? 시민성에는 기본적으로 공공성이 담겨 있다. 이기주의를 넘어 공동체와 공동체의 동료시민에 주목하게 한다. 이런 점에서 선배시민론을 제대로 이해한다면, 개인의 이익을 위한 민원이 아니라 공동체의 일에 적극적으로 참여하게 된다. 선배시민은 골치 아픈 민원인이 아니라 든든한 울타리가 될 수 있다.

선배시민론이 정치적이라는 평가도 들은 적이 있다. 이 말은 맞기도 하고 틀리기도 하다. 정치적이라는 말이 권력을 탐하고, 권모술수의 기술로 치부된다면 틀렸다. 하지만 인간은 개별적이고 고립된 존재가 아니라 공동체의 일에 참여하는 존재론적 본성을 갖고 있다는 의미에서 정치적이라고 정의한다면, 선배시민론이 정치적이라는 평가는 맞다. 선배시민론은 노인이 개인의 여가나 취미 혹은 교양 등 사적인 일을 넘어 공동체의 일에 참여하여 공공성을 추구해야 한다고 말한다. 이런 점에서 선배시민은 매우 정치적이다.

6. 선배시민 자원봉사는 기존의 자원봉사와 어떤 차이가 있을까요?

노인에 대한 관점을 정립한 선배시민론의 실천 방법 가운데 하나로 자원봉사가 있다. 그런데 선배시민 자원봉사와 기존의 자원봉사는 차이가 없다고 생각하는 경향이 있다. 과연 그럴까?

기존의 자원봉사는 '어려운 이웃을 돕는 것'을 목표로 했다. 취약계층에 주목하고 이들의 생존에 필요한 것을 제공했다. 예를 들어, 빈곤 독거노인에게 연탄, 김치, 도시락 등을 나눠주고, 도배를 해주는 등의 활동을 했다. 이것은 자선형 자원봉사로 규정할 수 있다.

그러나 선배시민 자원봉사는 이와 다른 관점에서 접근한다. 빈곤 독거노인의 빈곤 상태와 쪽방의 나쁜 주거 환경 문제는 자선형 자원봉사를 통해 일시적으로 해소할 수도 있지만, 본질적으로는 시민권의 보장을 통해 해결되어야 한다. 따라서 선배시민 자원봉사는 노인 빈곤 문제에 대해 토론하고, 조사하고, 정책적 제안까지 한다.

예를 들어, 유치원 어린이와 노인 들이 자주 다니는 신호등의 보행신호 주기가 짧다고 해보자. 기존의 자원봉사라면 이들을 위해 건널목에서 신호 안내나 차량 통제 활동을 할 수 있다. 그런데 선배시민 자원봉사라면 이곳의 보행신호 주기를 늘린다든지, 육교를 설치한다든지 하는 환경과 구조의 변화를 통해 이 문제를 해결하는 활동을 할 수 있다. 이것을 요구하는 것은 시민의 안전을 위한 권리이기 때문이다.

선배시민 자원봉사는 자선을 통한 해결이 아니라 시민의 권리의 관점에서 권리의 실현을 통한 변화를 추구한다. 즉 노후에 빈곤하지 않을 권리, 아파도 병원비와 돌봄을 걱정하지 않을 권리, 문화적 혜택과 사회 참여를 통해 인간다운 삶을 살 권리를 제도적·구조적으로 보장받아야 한다. 이런 점에서 선배시민 자원봉사는 기존의 자원봉사와 비교하여 방향과 실천의 내용이 다르다.

7. 왜 국민의 집이 아니고 시민의 집인가요?

선배시민은 안전한 공동체인 '집'을 권리로 요구한다. 이 집에서는 평등하고, 배고프지 않으며, 인간다운 최소한의 삶이 가능하다. 이 집을 무엇이라고 할까? 한국의 경우, 이 집을 가리키는 용어인 'people's house'에 대해 진보적인 단체에서는 민중의 집이라고, 보통은 국민의 집이라고 번역해왔다. 그런데 이 책은 이런 집을 시민의 집이라고 부르고자 한다. 왜 그럴까?

국민은 근대 국민국가의 구성원으로, 배타적이며 분절적인 개념이다. 그런데 오늘날에는 다문화 가족이나 외국인 노동자, 유학생 등 국가 구성원의 개념이나 범주가 모호해지고 있다. 또한 지구촌이 되면서 주변 국가나 주변 지역에서 일어나는 일도 나에게 영향을 미친다. 이런 관점에서 국민은 이제 협소한 개념이 되었다. 국가의 울타리를 지구촌으로 확대하고 구성원들이 인간으로서 권리를 갖는다고 할 때에는, 시민이라는 개념이 더 유용하다. 국민보다는 연대성을 담고 있는 시민이 국민국가를 넘어 인간 자체에 주목하는 개념이다.

8. 노인들에게 선배시민으로서 후배시민들과 소통하고 돌보라고 하는 것은 너무 큰 부담을 지우는 것 아닐까요?

선배시민은 시민권을 권리로 누려야 하는 존재이다. 그런데 시민권은 어느 날 갑자기 하늘에서 떨어지거나 정치권력이 시혜로 베풀어주지 않는다. 노인이 소득, 돌봄, 의료, 주거 등에서 시민권을 누리려면, 시민권을 권리로 자각하고 목소리를 내야 한다. 노인이 시민으로서 품위 있게 늙어가기 위해서는 선배시민이 되어야 하는데, 이때 후배시민과의 만남 또한 중요하다. 왜 그럴까?

첫째, 노인들을 위한 시민권을 얻는 데는 사회적 지지가 필요하다. 후배시민들이 노인을 잉여 존재로 인식하고 그들의 권리를 부정한다면, 노인들의 시민권 운동은 성공하기 힘들다. 후배시민들이 힘을 보태야만 노인들이 시민권을 획득하고 시민력을 기를 수 있다.

둘째, 선배시민은 후배시민들에게 경험과 지혜를 나누어줄 수 있지만, 후배시민에게 배울 것 또한 많다. 특히 지금과 같은 정보화시대에는 후배시민들의 지식과 경험이 필요하다. 이런 점에서 선배시민은 후배시민과 소통해야 한다.

셋째, 선배시민은 시민의 집에서 공동체와 후배시민을 위한 역할을 함으로써 존재의 가치를 더 느낄 수 있다. 노인이 돌봄의 대상에 그치지 않고 돌보는 주체로서 스스로를 자각하고 존재할 때, 선배시민은 보람을 느낄 수 있다.

시민으로 살아가다 보면 선배시민은 후배시민을 만날 수밖에 없고, 이들과의 만남에서 자신의 의미를 찾고 힘도 얻게 된다. 이런 점에서 선배시민과 후배시민은 시민으로서 동질적이면서도 상보적인 관계에 있다고 할 수 있다.

　다시 말해 후배시민과의 만남은 부담이 아니라 노인이 힘을 확장하고 새로운 것을 배울 수 있는 기회이다. 이것이야말로 새롭고 즐거운 놀이이고, 자신의 역할과 존재의 의미를 찾는 자연스러운 행동이다.

이 책을 만든 사람들

    이 책은 유범상·유해숙 남매가 일상적인 토론과 실천 현장에서 만난 선배시민들, 그리고 학교의 동료들과 활동가들과 함께한 시민교육의 결과물이다. 2008년 인하대학교 평생교육원 교수였던 유해숙과 막 유학에서 돌아온 유범상은 프로젝트를 맡아 노인교육을 진행했다. 이때 노인을 시민정치의 관점에서 설명할 필요성을 느꼈다. 당시 노인 대상 강의가 취미, 여가, 교양, 자기계발 등 개인에 초점을 두고 있었기 때문이다. 하지만 초기 강의안은 노인지도사들을 대상으로 하는 강의에서 진보적인 정치교육이라는 반발에 직면하며 시행착오를 거듭했다. 이 과정에서 보편적으로 받아들일 수 있는 관점과 이론을 만들기 위해 고심했다. 그 결과 '선배시민'이라는 담론과 이론 그리고 실천 방법이 만들어졌다. 따라서 이 책은 연구실만이 아니라 노인교육의 현장에서 함께 쓴 기록이다.

    남매는 동료들과 함께 사단법인 마중물을 창립했고, 사단법인 마중물에서는 2009년부터 선배시민교육을 자체적으로 해왔다. 산하에 '선배시민지원센터'를 두고 선배시민 교육콘텐츠 개발, 선배시민 강사 양성, 선배시민 프로그램 운영 관련 사회복지사 교육 등을 진행해왔다. 한편 인하대학교 평생교육원에서 시작된 노인교육은 인천 남구노인문화센터, 성남 중원노인종합복지관, 안산 단원구노인복지관 등 개별 복지관과 자원봉사센터, 도서관 등에서 진행되었다.

이 과정에서 2015년 사단법인 마중물은 경기도노인종합복지관협회(이하 경노협)를 만났다. 현재 사단법인 마중물의 선배시민지원센터장을 맡고 있는 당시 중원노인종합복지관 고상진 관장과 배승룡 경노협 회장의 노력 덕분에 사단법인 마중물과 경노협은 선배시민교육 협약을 맺고, 많은 교육을 진행했다. 경노협은 선배시민 연구 프로젝트를 의뢰했고 그 결과물이 「선배시민교육을 위한 이론과 교재개발에 관한 연구」(연구기관 마중물, 연구책임자 유범상, 2015)이다. 경노협과의 협업은 지금도 지속되고 있다. 이 자리를 빌어 윤호종 경노협 회장에게 감사드린다.

2016년 사단법인 마중물은 한노협과 손을 잡았다. 이를 계기로 선배시민론이 전국으로 확산되었다. 한노협은 공동모금회 프로젝트의 일환으로 선배시민대학을 열었고, 당시 담당자였던 전혜원 부장이 선배시민에 대한 연구와 프로그램 개발을 필자에게 의뢰했다. 그리고 이어진 보건복지부 프로젝트로 2018년부터 선배시민의 실천, 즉 선배시민 자원봉사 프로그램을 진행했다. 이는 2020년 지역별 선배시민총회와 전국 단위 선배시민 정책대회로 성장했다. 2021년에는 '우리가 꿈꾸는 세상이 다음 세대의 미래입니다'라는 주제로 정책대회가 이어졌다. 이 프로그램에 전국 200여 개 노인복지관의 8,000여 명의 노인이 참여했다. 선배시민 정책대회는 매년 열리고 있다. 이처럼 선배시민론은 전국적인 시민교육과 실천의 기반이 됐으며, 정책 결정 과정과 정치에 참여하는 선배시민을 위한 이론과 방향을 제시했다.

선배시민론은 그동안 학회 발표와 다양한 공간에서 기조 강연으로 소개되었다.[1] 앞서 소개한 경노협 프로젝트 보고서와 한노협의 프로젝트 성과물(「선배시민대학 실천론 개발」, 연구기관 마중물, 연구책임자 유범상, 2017) 등도 나왔다. 이 과정에서 대중서로 출간되어야 한다는 요청이 많았다. 바쁘고 다른 일에 치여 미루다가, 2022년 이 책이 탄생했다.

선배시민론 연구도 지속되고 있다. 특히 유미선 박사는 선배시민의 실천 현장 고찰을 통해 「노인복지관 선배시민교육 참여자의 지역사회 실천 경험에 관한 근거이론 연구」(서강대 박사학위 논문, 2023)를 썼다. 경기도의회와 국가인권위원회가 의뢰한 연구도 선배시민의 관점에서 진행되고 있다. 연구에 참여해준 이현숙, 김영애 교수, 오봉욱, 신명희 관장, 유미선 박사, 김향미 국장에게 감사드린다. 방송대를 중심으로 여러

대학과 대학원에서 〈선배시민론〉 교과목이 개설되고 있다.

이 책을 정리한 이는 필자들이지만, 실제로 만든 이들은 사단법인 마중물, 선배시민학회, 선배시민협회, 경노협, 한노협, 그리고 이와 관련된 활동가와 사회복지사 들이다. 사단법인 마중물은 지혜와 실천의 보고이다. 이 지면을 빌어 마중물의 토론하는 동료들에게 깊은 연대의 마음을 전한다. 특별히 선배시민론의 자료 정리에 도움을 준 김향미 국장과 〈선배시민론〉 교과목 제작에 함께해준 이현주 차장에게 감사드린다. 그리고 4년여 동안 선배시민 강사 과정에 함께 참여해서 논의했던 사회복지사들에게 고마움을 전한다. 한노협의 이호경, 전용만 전임 회장과 박노숙 회장, 실무를 맡아 궂은일을 도맡아 해준 한정미 팀장에게도 심심한 감사의 말씀을 전한다. 한노협과 함께한 선배시민대학, 선배시민 자원봉사 프로그램은 이분들의 지지로 계속될 수 있었다.

2021년 한노협에서 선배시민 강사 양성 과정을 진행했다. 한노협의 100시간 프로그램으로 1~3기를 진행하면서 많은 것을 정리하고 생각했다. 함께한 참여자들에게 감사한다. 중원노인종합복지관의 경우 특별히 더 언급할 것이 있다. 중원노인종합복지관에서 9년째 직원교육을 진행해왔고, 신명희 관장과 사회복지사들은 6개의 학습동아리를 운영하고, 사회복지사들이 수업안을 만들어 선배시민교육을 진행했다. 그 결과 2024년 현재 20개의 선배시민 학습동아리가 운영되고 있다. 이상이 현실이 되는 확신을 갖게 한 순간이었다. 중원 노인종합복지관의 사회복지사들과 함께 이 귀한 사례를 『우리는 선배시민의 길을 만든다』라는 제목의 책으로 펴냈다.

특별히 언급할 세 조직의 사람들이 있다. 선배시민학회, 선배시민협회, 그리고 선배시민조례 제정 관계자들이다. 철학과 이론을 제시하는 선배시민학회는 이현숙, 신명희 두 부회장과 김영애, 고상진, 김성미, 오봉욱, 박란이 분과위원장이 있었기에 가능했다. 선배시민 철학을 실천하는 당사자 조직인 선배시민협회를 위해 헌신하는 이수홍, 박진상, 공군자 부회장에게 감사한다. 선배시민조례는 선배시민론을 정책으로 실현하기 위한 중요한 기반이다. 경기도의회 김미숙 의원이 없었다면 선배시민조례 제정은 불가능했을 것이다. 이 자리를 빌어 감사드린다.

필자에게는 일상적으로 토론하는 동료가 있다. 방송대 사회복지학과의 동료인 이현숙, 김영애, 강상준, 인지훈, 박미진 교수이다. 식구처럼 늘 밥을 함께 먹으며 토론해왔고 선배시민에 대한 이론과 실천 또한 공유했다. 고마움을 전한다.

꼭 언급해야 할 것이 있는데, 선배시민과 방송대의 관계이다. 방송대는 시민들의 평생교육기관이다. 필자는 선배시민론이 방송대의 지향과 잘 부합한다고 생각한다. 방송대학TV는 선배시민을 다룬 심도 있는 프로그램을 통해, 선배시민론의 확산에 큰 기여를 하고 있다. 김주혁, 김지연, 방태석, 심주

현, 정위은 PD와 스태프에게 감사드린다. 선배시민학회에서 애정과 유머가 가득 담긴 의미 있는 축사를 하고, 물심양면으로 지원을 아끼지 않은 고성환 총장께도 고마움을 전한다. 특히 이 모든 과정에 함께 해준 방송대 학생들에게 깊은 감사와 존중을 보낸다.

본 개정판을 내는 감회가 새롭다. 초판 1쇄가 나온 때가 2022년 3월이니 본 개정판이 나오기까지 2년 7개월이 흘렀다. 이 짧은 시간에 선배시민 운동은 크게 확장되었다. 각각 2022년, 2024년 설립된 선배시민학회와 선배시민협회가 구심점 역할을 하고 있다.

선배시민학회는 학계, 실천 현장, 사단법인 마중물이 함께 하며 선배시민 연구, 선배시민교육, 선배시민 실천 등의 분야에서 발전을 모색하고 있다. 선배시민학회를 통해 선배시민론이 불평등과 차별이 만연한, 위험한 세상에 맞서는 시민교육론으로 더욱 발전하길 소망한다.

선배시민협회는 선배시민 당사자들의 조직이다. 선배시민학회가 철학과 이론을 고민한다면, 선배시민협회는 선배시민들의 목소리를 모아 시민권을 실현하는 정책을 실천하는 노년운동 단체이다. 선배시민협회는 시민권 토론 및 교육, 선배시민 실천가 양성, 전국 조직화 등을 바탕으로 노년의 인간다운 삶과 사회문제 해결에 적극적으로 참여한다.

선배시민학회, 선배시민협회를 중심으로 많은 세미나, 조직화, 이론화 등의 실천이 이루어졌다. 개정판에 이 내용을 최대한 담고자 했다.

일례로 개정판에는 선배시민과 관련한 여러 노래가 소개되고 있다. 2014년 방송대학TV는 〈No人인가 Know人인가〉를 주제로 8강의 영상을 만들었다. 2024년 현재 이 영상의 후속편 〈선배시민, 공동체의 길을 만들다〉를 총 10강 규모로 기획하고 있다. 2025년 3월에 방영될 예정으로 선배시민 노래 6곡을 선보이며 전국에서 촬영할 계획이다. 개정판에 이 노래 가사를 담았다. 노래 가사가 압축적으로 선배시민론을 이해하는 데 도움이 된다는 판단에서이다.

책이 나올 때마다 책이 필자만의 것이 아님을 깨닫는다. 출판사가 어떤 의미와 자세로 원고를 대했는가에 따라 책의 품격은 달라진다. 늘 함께해주고 마음을 내어 응원해주는 공미경 디자이너, 깊은 애정으로 읽고 수정해준 정안나 편집자, 그리고 최종 책임을 맡아 일상적으로 토론하고 논평한 김민하 대표에게 큰 빚을 진 느낌이다.

특별히 영감을 주고 이끌어준 이들은 열심히 살아온 이 땅의 선배시민들이다. 선배시민의 롤모델인 우리 부모님께도 감사드린다. 마지막으로 척박한 땅에서 태어나 전쟁과 산업화를 거치면서 이 땅을 일궈온 선배시민들께 이 책을 바친다.

주

prologue. 시민으로 늙으려면

1. Beauvoir, 1972, p.1.

2. 최윤정, "'선배'와 '시민'의 균형, 어떻게 실천할 것인가", 〈선배시민 강사 클래스 100〉 발제문, 2021.06.15.(〈선배시민 강사 클래스 100〉은 필자가 한국노인종합복지관협회와 함께 2021년 진행한 100시간의 선배시민 강사 양성 과정이다.)

1장 No人인가 Know人인가

1. 2015년 선배시민 실천 척도 개발 과정에서 사회복지사를 대상으로 한 조사.

2. Nussbaum, 2017, p.120.

3. Beauvoir, 1972, p.110.

4. 테인, 2012, 97쪽.

5. https://nadulmokvision.com/bbs/board.php?bo_table=note102&wr_id=94

6. 베르베르, 2003, 79-96쪽.

7. Nussbaum, 2017, p.186.

8. Nussbaum, 2017, p.114.

9. 크룩섕크, 2018, 40쪽.

10. 크룩섕크, 2018, 323-324쪽.

11. 로스네 외, 2014, 109쪽.

12. 한비자, 2016, 352-353쪽 참조.

13. 메나주, 2013, 104쪽.

14. Beauvoir, 1972, pp.108-109.

15. Beauvoir, 1972, p.110.

16. 오봉욱, "우리가 바라는 '노인의 상'은 선배시민인가", 〈선배시민 강사 클래스 100〉 발제문, 2021.06.15.

17. Cicero, 2016, pp.141-143.

18. 유범상, 2024, 78쪽.

19. 황진미, "왜 '꽃보다 할배인가'", 〈한겨레〉, 2013.07.18.

20. 이가옥 외, 2004, 8쪽.

21. 최희경, 2010, 44-48쪽.

22. Minkler and Fadem, 2002, p.229.

23. 메나주, 2013, 203쪽.

24. 이재규, 2009, 129쪽.

25. Holstein and Minkler, 2003, p.787.

26. 크룩섕크, 2018, 323-324쪽 참조.

27. 정경희 외, 2006, 34쪽.

28. Nussbaum, 2017, p.140.

29. Nussbaum, 2017, p.140.

30. Beauvoir, 1972, pp.219-220.

31. MBC, 2021.06.12.

32. Nussbaum, 2017, p.22.

33. Nussbaum, 2017, p.114.

34. 코글린, 2019 참조.

35. 사르트르, 2020, 30쪽.

2장 새로운 노인상을 찾아서

1. "짤짤이 순례길을 아십니까", 〈PD수첩〉, MBC, 2015.04.21.

2. "가난한 나는, 노인입니다", 〈시사기획 창〉, KBS, 2017.04.20.
   참고로 현재 기초연금의 기준연금액(단독가구)은 월 33만 4,810원(2024년)이며, 노인 일자리 월 평균 임금은 33만 원(2022년)이다.

3. 부양의무자 기준은 완전폐지를 공언했으나, 2024년 현재까지도 의료급여에 대해 남아 있다.

4. "행복의 조건, 복지국가를 가다 6부 노후", 〈EBS 다큐프라임〉, EBS, 2013.01.23.

5. "리어왕 원전 그대로, 이순재 연기인생 65년 투혼", 〈한겨레〉, 2021.09.29.

6. Oppenheim, 1911.

7. 『성경』, 「누가복음」 15장 참조.

8. Beveridge, 1942.

9. 「세계인권선언」 제25조, 1948.12.10.

10. 국가인권위원회, 2017, 10쪽.

11. 「마드리드 국제고령화 행동계획」.

12. Beauvoir, 1972, p.542.

13. Nussbaum, 2017, pp.120-121.
14. 누스바움, 2021, 8쪽.
15. 누스바움, 2021, 36쪽.
16. Nussbaum, 2017, p.205.
17. 은예린, 2015, 139쪽.
18. 〈동아일보〉, 1920.05.28; 은예린, 2015, 138쪽 재인용.
19. "어른들", 〈지식채널e〉, EBS, 2016.06.01.
20. 헤밍웨이, 2020, 49쪽.
21. 헤밍웨이, 2020, 25쪽.
22. 헤밍웨이, 2020, 10쪽
23. 헤밍웨이, 2020, 104쪽.
24. 헤밍웨이, 2020, 125쪽.
25. 헤밍웨이, 2020, 127쪽.
26. 크룩섕크, 2018, 381쪽.
27. 크룩섕크, 2018, 431쪽.
28. 크룩섕크, 2018, 433쪽.
29. 정진웅, 2012, 92쪽.
30. 윤호종, "고목나무에도 싹이 튼다", 〈선배시민 강사 클래스 100〉 발제문, 2021.06.15.
31. 테인, 2012, 408-409쪽; 정진웅, 2012, 85쪽 재인용.
32. 크룩섕크, 2018, 341쪽.
33. 크룩섕크, 2018, 373-383쪽 참조.
34. 한병철, 2012.
35. 유범상, 2014 참조.
36. 성남의 중원노인종합복지관은 선배시민 철학을 모든 사업에 적용하여 실천하고 있다. 이에 대해서는 유범상·중원노인종합복지관 사회복지사들, 2023 참조.
37. 유범상 외, 2024, 126-198쪽 참조.
38. 유범상 외, 2024, 131-142쪽 참조.

3장 시민이라면 아파도 실패해도 괜찮아

1. Cicero, 2016, pp.15-17.
2. Cicero, 2016, p.45.
3. Cicero, 2016, pp.34-35.
4. Cicero, 2016, p.76.
5. Jessop, 1990.
6. Nussbaum, 2017, pp.185-186.

7. 조정진, 2020, 103쪽
8. 김정현, 2017, 270쪽.
9. Beauvoir, 1972, p.215.
10. 신광영, 2016, 255쪽.
11. 버먼, 2010, 242-243쪽.
12. 앤더슨, 2007, 53-62쪽 참조.
13. 후지타, 2017, 26쪽.
14. 통계청, 「2022년 1월 고용동향」, 2022, 10쪽.
15. 조정진, 2020, 7쪽.
16. 후지타, 2017, 260쪽.
17. 후지타, 2017, 250쪽.
18. 조정진, 2020, 195쪽.
19. 김정현, 2017, 273-274쪽.
20. 일리치, 2014, 6-7쪽.
21. 후지타, 2017, 239쪽.
22. Nussbaum, 2017, pp.199-202.
23. Lee, 2011.
24. 오쿠마, 2000, 25쪽.
25. 오쿠마, 2000, 38쪽.
26. 오쿠마, 2000, 66쪽.
27. 오쿠마, 2000, 67쪽.
28. 조기현, 2019, 109쪽
29. 오쿠마, 2000, 39쪽.
30. 조기현, 2019, 164쪽.
31. 조기현, 2019, 131쪽.
32. 조한진희, 2019, 325쪽.
33. 조한진희, 2019, 332쪽.
34. "70대 치매 노인, 아들 사망 모른채 시신옆서 나홀로 생활", 〈연합뉴스〉, 2020.01.10.
35. 조기현, 2019, 9쪽.
36. 조기현, 2019, 41쪽.
37. 조기현, 2019, 18-19쪽.
38. 조기현, 2019, 170쪽.
39. 통계청, 「2023 고령자 통계」, 2023.
40. 조정진, 2020, 7쪽.
41. 조정진, 2020, 7쪽.

42. 조정진, 2020, 8쪽.
43. 조정진, 2020, 249쪽.
44. 조정진, 2020, 152쪽.
45. 조정진, 2020, 248쪽.
46. 조정진, 2020, 7-8쪽.
47. 조정진, 2020, 180쪽.
48. 조정진, 2020, 110-111쪽.
49. 조정진, 2020, 122쪽.
50. 조정진, 2020, 122-123쪽.
51. "다른 사회를 상상한다 배우며 즐기는 노년", 〈경향신문〉, 2009.08.09.
52. 유범상·이현숙, 2008.
53. 통계청, 「2023 고령자 통계」, 2023.
54. 후지타, 2017, 93쪽.
55. 후지타, 2017, 94쪽.
56. 프레인, 2017, 309쪽.
57. 프레인, 2017, 313쪽.
58. Beauvoir, 1972, p.542.
59. Beauvoir, 1972, p.487.
60. 프레인, 2017, 309쪽.
61. 프레인, 2017, 31쪽.
62. 일리치, 2014, 99-164쪽 참조.

4장 '나 때는'보다 '너 때는'에 귀 기울이는 선배

1. 1972년 수정안 기준. 2007년 개정된 「국기에 대한 맹세」에서는 몸과 마음을 바쳐 충성을 다한다는 표현은 빠졌다.
2. 밀러, 2009 참조.
3. 마이클 영, 2020, 279쪽.
4. 프레이리, 2007, 113쪽.
5. 유범상 외, 2015, 68쪽.
6. 만하임, 2013, 144쪽.
7. "'88만원' 청년 세대·'빈털터리' 노년… 모두가 피해자", 〈세계일보〉, 2019.01.01.
8. "'세대 갈등의 골' 더 깊어진 한국", 〈세계일보〉, 2019.01.01.
9. 노진귀, 2012, 57쪽.
10. 석재은·이기주, 2016, 112쪽.
11. 전상진, 2018.
12. 밀, 2003, 35쪽.

13. 플라톤, 2011, 36쪽.

14. Keller, 1916.

15. Keller, 1912.

16. FBI가 공개적으로 헬렌 켈러를 탄압하지는 않았다. 그녀가 대중들의 존경을 받는 데다가 중증장애인을 조사하는 것이 쉽지 않았기 때문이다. (허먼, 2001, 452-457쪽.)

17. "사회운동가 헬렌 켈러", 〈지식채널 e〉, EBS, 2011.11.03.

18. "이재형의 통계이야기", 〈단비뉴스〉, 2019.03.23.

19. "이재형의 통계이야기", 〈단비뉴스〉, 2019.03.23.

20. "인생을 바꾸는 '배움터' 인도 맨발대학 탐방기", 〈머니투데이〉, 2007.11.26.

21. https://www.ted.com/talks/bunker_roy_learning_from_a_barefoot_movement/transcript?language=ko

22. https://blog.naver.com/ohneww/150032489703 참조.

23. "회원만 4008만명… 스스로 지키는 노년의 권리", 〈아시아경제〉, 2018.11.06.

24. 고양곤, 2001.

5장 노년에 부르는 자유의 노래

1. 유범상, 2014, 183-184쪽.

2. 프레이리, 2003, 83쪽.

3. 프레이리, 2003, 21-22쪽.

4. 최규석, 2011, 29쪽.

5. 실천에 대해서는 이 책의 6장을 참조.

6. Nussbaum, 2017, p.234.

7. Nussbaum, 2017, p.231.

8. Nussbaum, 2017, p.232.

9. Nussbaum, 2017, p.231.

10. Nussbaum, 2017, p.229.

11. Nussbaum, 2017, p.230.

12. 쇼의 묘비명 원문과 뜻은 "I knew if I stayed around long enough, something like this would happen(오래 버티면 이런 일이 일어날 줄 내가 알았다)"이지만, 오역이 더 널리 알려져 있다.

13. 강석규, 2008.

14. 부경대학교 인문사회과학연구소 노년인문학센터, 2012, 136쪽.

15. 테인, 2012, 186쪽.

16. Cicero, 2016, pp.55-57.

17. 메나주, 2013, 16-17쪽.

18. 메나주, 2013, 21쪽.

19. Beauvoir, 1972, p.543.

20. Cicero, 2016, p.57.

21. Cicero, 2016, p.71.

22. Cicero, 2016, p.35.

23. Cicero, 2016, pp.37-39.

24. Cicero, 2016, p.39.

25. Cicero, 2016, p.87.

26. Cicero, 2016, p.93.

27. Cicero, 2016, p.107.

28. 테인, 2012, 186쪽.

29. Nussbaum, 2017, p.11.

30. Beauvoir, 1972, pp.7-8.

31. Beauvoir, 1972, p.1.

32. Nussbaum, 2017, p.1.

33. Beauvoir, 1972, p.540.

34. 김훈, 2019, 74쪽.

35. Cicero, 2016, pp.149-151.

36. Levmore, 2017, p.95.

37. Nussbaum, 2017, p.232.

38. Nussbaum, 2017, p.227.

39. Nussbaum, 2017, pp.228-229.

40. Nussbaum, 2017, p.226.

41. Nussbaum, 2017, p.229.

42. Cicero, 2016, p.143.

43. Cicero, 2016, p.141.

44. Cicero, 2016, pp.147-149.

45. Nussbaum, 2017, p.232.

46. 세네카, 2016, 297쪽.

47. Nussbaum, 2017, pp.141-142.

48. Nussbaum, 2017, pp.137-140.

49. Nussbaum, 2017, p.76.

6장 내 공간에서 나답게

1. 이복란 인터뷰, 유범상, 〈"No人인가 Know人인가" 7강〉, 방송대학TV.

2. 최풍자 인터뷰, 유범상, 〈"No人인가 Know人인가" 8강〉, 방송대학TV.

3. 메나주, 2013, 229쪽.
4. A 사회복지사, 유범상 외, 한국노인종합복지관협회, 2018.
5. B 사회복지사, 유범상 외, 한국노인종합복지관협회, 2018.
6. 프레이리, 2013, 52-53쪽.
7. 유범상, 2021.
8. Nussbaum, 2017, p.206.
9. 유해숙, "노인과 선배시민", 〈경기일보〉, 2012.02.07. 참조.
10. 유해숙, "노인과 선배시민", 〈경기일보〉, 2012.02.07. 참조.
11. C 사회복지사, 유범상 외, 한국노인종합복지관협회, 2018.
12. D 사회복지사, 유범상 인터뷰, 2021.
13. "진천군노인복지관 선배시민대학 선암회", 〈진천자치신문〉, 2016.11.17.
14. E 사회복지사, 유범상 외, 한국노인종합복지관협회, 2018.
15. E 사회복지사, 유범상 외, 한국노인종합복지관협회, 2018.
16. E 사회복지사, 유범상 외, 한국노인종합복지관협회, 2018.
17. E 사회복지사, 유범상 외, 한국노인종합복지관협회, 2018.
18. 투르니에, 2015, 17쪽.
19. 투르니에, 2015, 29-30쪽.
20. F 사회복지사, 유범상 외, 한국노인종합복지관협회, 2018.
21. G 사회복지사, 유범상 외, 한국노인종합복지관협회, 2018.
22. H 사회복지사, 유범상 외, 한국노인종합복지관협회, 2018.
23. I 사회복지사, 유범상 외, 한국노인종합복지관협회, 2018.

epilogue. 철학은 엄격하게 실천은 유연하게

1. 이 선언문은 필자가 2018년도 '전국자원봉사대축제'(보건복지부·한노협 주최)를 위해 쓴 것이다.
2. Nussbaum, 2017, p.205.

이 책을 만든 사람들

1. 유범상, 2016 ; 유범상, 2018 ; 유범상·이현숙, 2021.

참고문헌

강석규, 2008, 「어느 95세 어른의 수기」, 『신동아』, 593호.

고스타 에스핑 앤더슨, 박시종 옮김, 2007, 『복지자본주의의 세 가지 세계』, 성균관대학교출판부.

고양곤, 2001, 「특집 논문: 외국 노인의 정치참여와 권익운동」 『노인복지연구』, 14(단일호), 7-33쪽.

국가인권위원회, 2017, 「노인 인권 종합보고서」.

김정현, 2017, 「한국은 새로운 노후대비책이 필요하다」, 후지타 다카노리, 『과로노인』, 청림출판.

김훈, 2019, 『연필로 쓰기』, 문학동네.

노진귀, 2012, 「정년연장에 대한 노동계 입장: 쟁점과 대안」, 『월간 노동리뷰』, 제90호, 한국노동연구원.

데이비드 프레인, 장상미 옮김, 2017, 『일하지 않을 권리: 쓸모없는 인간에 대한 반론』, 동녘.

도로시 허먼, 이수영 옮김, 2001, 『헬렌 켈러-A Life: 고요한 밤의 빛이 된 여인』, 미다스북스.

루키우스 안나이우스 세네카, 김남우 옮김, 2016, 『세네카의 대화: 인생에 관하여』, 까치.

마거릿 크룩섕크, 이경미 옮김, 2018, 『나이 듦을 배우다: 젠더, 문화, 노화』, 동녘.

마사 누스바움, 한상연 옮김, 2021, 『역량의 창조: 인간다운 삶에는 무엇이 필요한가?』, 돌베개.

마이클 영, 유강은 옮김, 2020, 『능력주의: 2034년, 평등하고 공정하고 정의로운 엘리트 계급의 세습 이야기』, 이매진.
베르나르 베르베르, 이세욱 옮김, 2003, 『나무』, 열린책들.
부경대학교 인문사회과학연구소 노년인문학센터, 2012, 『인문학자, 노년을 성찰하다』, 푸른사상.
석재은·이기주, 2016, 「베이비붐세대와 정년연장 혜택의 귀착」, 『한국사회복지학』, 68권 제2호, 한국사회복지학회.
셰리 버먼, 김유진 옮김, 2010, 『정치가 우선한다』, 후마니타스.
소준철, 2020, 『가난의 문법』, 푸른숲.
슐람미스 사하르 외, 안병직 옮김, 2012, 『노년의 역사』, 글항아리.
신광영, 2016, 「사회민주주의 복지사상: 뮈르달 부부와 에스핑 앤더슨을 중심으로」, 『스칸디나비아 연구』, 17권.
아리스토텔레스, 최명관 옮김, 1991, 『니코마코스 윤리학』, 서광사.
아서 밀러, 강유나 옮김, 2009, 『세일즈맨의 죽음』, 민음사.
어니스트 헤밍웨이, 김욱동 옮김, 2020, 『노인과 바다』, 민음사.
오쿠마 유키코, 노명근·노혜련 옮김, 2000, 『노인복지 혁명』, 예영커뮤니케이션.
유범상, 2014, 『필링의 인문학』, 논형.
유범상, 2016, 「선배시민론: 노인담론에 대한 비판적 재구성, 성공한 노년에서 선배시민으로」, 비판사회학회.
유범상, 2018, "노년교육과 시민성", '노년교육학회 춘계학술대회' 기조 강연.
유범상, 2021, "나눔의 예술: 나눔은 상상이다", 6강, 사랑의열매·사단법인마중물.
유범상, 2024, 「어른 담론에 대한 비판적 고찰: 키케로의 〈노년에 관하여〉를 중심으로」, 『통합인문학』, 16권 2호.
유범상·유미선·신명회·오봉욱, 2024, 『전환의 시대, 경기도 노인복지프로그램에 대한 성찰과 공동체 참여형 프로그램 운영 방안 제안』, 경기도의회.
유범상·유해숙·이현숙·고상진·정연정, 2015, 「선배시민교육을 위한 이론과 교재개발에 관한 연구」, 경기도노인종합복지관협회.
유범상·이현숙, 2008, 「영국의 복지유형과 의식의 괴리: 그 기원과 시사점」,

『한국사회복지연구회』, 38권 38호.

유범상·이현숙, 2021, 「노인담론에 대한 비판적 연구: 늙은이, 어르신, 액티브 시니어에서 선배시민으로」, 『생명연구』, vol. 61.

유범상·중원노인종합복지관 사회복지사들, 2023, 『우리는 선배시민의 길을 만든다』, 마북.

은예린, 2015, 『강우규 평전: 항일 의열 투쟁의 서막을 연 한의사』, 책미래.

이가옥·우국회·최성재, 2004, 「노인독립 담론에 대한 비판적 성찰: 독립과 의존의 재개념화」, 『한국사회복지학』, 56호 1권, 한국사회복지학회.

이반 일리치, 허택 옮김, 2014, 『누가 나를 쓸모없게 만드는가: 시장 상품 인간을 거부하고 쓸모 있는 실업을 할 권리』, 느린걸음.

이재규, 2009, 『노년의 탄생』, 사과나무.

장 폴 사르트르, 이희영 옮김, 2020, 『실존주의란 무엇인가』, 동서문화사.

전상진, 2018, 『세대 게임: '세대 프레임'을 넘어서』, 문학과지성사.

정경희·한경혜·김정석·임정기, 2006, 「노인문화의 현황과 정책적 함의 : '성공적 노화' 담론에 대한 비판적 검토를 중심으로」, 한국보건사회연구원.

정진웅, 2012, 『노년의 문화인류학』, 한울.

조기현, 2019, 『아빠의 아빠가 됐다』, 이매진.

조엘 로스네 외, 권지현 옮김, 2014, 『노인으로 산다는 것: 개인에게는 축복, 사회에는 재앙』, 계단.

조정진, 2020, 『임계장 이야기』, 후마니타스.

조지프 F. 코글린, 김진원 옮김, 2019, 『노인을 위한 시장은 없다: 고령화의 공포를 이겨낼 희망의 경제학』, 부키.

조한진희, 2019, 『아파도 미안하지 않습니다: 어느 페미니스트의 질병 관통기』, 동녘.

존 스튜어트 밀, 김형철 옮김, 2003, 『자유론』, 서광사.

최규석, 2011, 『지금은 없는 이야기』, 사계절.

최희경, 2010, 「'신노년' 정책 담론에 대한 비판적 재검토: 활동적 노화, 성공적 노화, 생산적 노화를 중심으로」, 『한국사회정책』, 17권 3호, 한국사회정책학회.

카를 만하임, 이남석 옮김, 2013, 『세대 문제』, 책세상.

콜레트 메나주, 심영아 옮김, 2013, 『노년예찬: 나이 든 사람은 행복해야 할 책임이 있다』, 정은문고.

파울로 프레이리, 교육문화연구회 옮김, 2003,『망고나무 그늘 아래서』,
　　아침이슬.

파울로 프레이리, 남경태 옮김, 2013,『페다고지』, 그린비.

파울로 프레이리, 사람대사람 옮김, 2007,『자유의 교육학』, 아침이슬.

팻 테인, 안병직 옮김, 2012,『노년의 역사: 고정관념과 편견을 걷어낸 노년의
　　초상』, 글항아리.

폴 투르니에, 강주헌 옮김, 2015,『노년의 의미』, 포이에마.

플라톤, 황문수 옮김, 2011,『소크라테스의 변명, 크리톤, 파이돈, 향연』,
　　문예출판사.

한병철, 2012,『피로사회』, 문학과지성사.

한비자, 2016,『한비자』, 휴머니스트.

후지타 다카노리, 홍성민 옮김, 2017,『과로노인』, 청림출판.

Beauvoir, S. d., 1972, *The Coming of Age*(Patrick O'Brian trans.), W. W.
　　Norton & Company.

Beveridge, W., 1942, *Social Insurance and Allied Services*.

Cicero, M. T., 2016, *How to Grow Old: Ancient Wisdom for the Second Half
　　of Life*(Philip Freeman trans.), Princeton and Oxford.

Holstein, M. and Minkler, P., 2003, "Self, Society, and the 'New
　　Gerontology'", *The Gerontologist*, Vol. 43, No. 6.

Jessop, B., 1990, *State Theory: Putting Capitalist States in Their Place*,
　　Penn State University Press.

Keller, H., 1912, "How I Became a Socialist", in Helen Keller Reference
　　Archive.

Keller, H., 1916, "Strike Against War", Speech at Carnegie Hall, New York
　　City, January 5, 1916, Under the Auspices of the Women's Peace Party
　　and the Labor Forum.

Lee, H. S., 2011, *A Comparative Study of Carers of Older People with
　　Dementia in Scotland and Korea*, Edinburgh University PhD.

Levmore, S., 2017, "Can Wrinkles Be Glamorous?", *Aging Thoughtfully:
　　Conversations about Retirement, Romance, Wrinkles, and Regret*,

Oxford University Press.

Minkler, M. B. and Fadem, M., 2002, "Successful Aging: A Disability Perspective", *Journal of Disability Policy Studies*, Vol. 12. No. 4.

Nussbaum, M. C., 2017, *Aging Thoughtfully: Conversations about Retirement, Romance, Wrinkles, and Regret*, Oxford University Press.

Oppenheim, J., 1911, 「Bread and Roses」, Jewish Women's Archive, jwa.org/media/bread-and-roses-poem.